U0522829

思勉人文讲演系列

中国叙事与世界历史
当代史学前沿

郁振华 主编

商务印书馆
The Commercial Press

图书在版编目(CIP)数据

中国叙事与世界历史:当代史学前沿/郁振华主编.—北京:商务印书馆,2020
(思勉人文讲演系列)
ISBN 978-7-100-19021-3

Ⅰ.①中… Ⅱ.①郁… Ⅲ.①世界史-史学史-研究-中国 Ⅳ.①K091

中国版本图书馆 CIP 数据核字(2020)第 167085 号

权利保留,侵权必究。

中国叙事与世界历史
当代史学前沿
郁振华 主编

商 务 印 书 馆 出 版
(北京王府井大街36号 邮政编码100710)
商 务 印 书 馆 发 行
上海新艺印刷有限公司印刷
ISBN 978-7-100-19021-3

2020年11月第1版   开本710×1000 1/16
2020年11月第1次印刷 印张 19.25
定价:88.00元

"思勉人文讲演"系列丛书编委会

(以姓名拼音为序)

陈赟、方笑一、茅海建、谭帆、
许纪霖、杨国荣、郁振华

鸣　谢

本书出版承"2019 年华东师范大学文化项目"支持

总　序
杨国荣

2007年,华东师范大学筹建思勉人文高等研究院。为提升学术之境、推进学术交流,高研院筹建之初,便设立了思勉讲座,广邀海内外各个领域的名家,在此论道。本系列所汇集的,是其中的部分讲演。

王国维在20世纪初曾提出"学无中西"之说,这一观念在一个世纪之后依然显示着其内在的生命力。纵观思勉讲座的演讲篇目及演讲学人,所论兼及东西,论者无分中外;东西、中外之间已不复判然划界。思想和观念的如上贯通不仅在形式的层面展示了学术交流的扩展,而且在实质的层面体现了世界的视域。如所周知,近代以来,中西之学的相遇、互动,已成为基本的历史事实,这一现象在更广的意义上以历史已成为世界的历史为其前提。从学术文化的演化看,在相当长的时期中,中西之学主要都在各自的传统下相对独立地发展,然而,在历史成为世界历史以后,思想与学术便第一次能够在实质的意义上超越单一的理论资源和传统,真正运用人类的多元智慧推进对世界的理解。在"学无中西"的视域下,中西之学都呈现为世界文化发展的相关之源,而中国文化与学术的现代延续,也由此获得了更为深刻的意义。本系列的内容从不同方面具体地体现了以上的历史趋向。

在宽泛的意义上,学术思想的演进呈现为二重形态:它既以编年意义上的历史为其表现形式,又体现于具有内在思想关联的逻辑脉络之中。逻辑脉络中的历史展示的主要是学术思想演化过程中的内在条理、内在秩序和内在的逻辑关系,编年意义上的历史则主要表现为学术思想史上各种体系之间的先后发生、前后相继的关系,这种关系往往可以用描述的方式加以把握。当然,逻辑脉络中的历史与编年意义上的历史并非互不相关,事实上,二者是同一思想演化历史过程的不同面向。

与学术思想史的以上区分相应,从研究方式上看,可以区分两种进路,其一侧重于历史的考察,其二则更多地指向理论的阐释。理论的阐释主要以思想的内在逻辑关系作为出发点,侧重于揭示思想演化的内在脉络。作为研究方式,理论的阐释的特点具体表现在两个方面。就特定的思想系统而言,理论的阐释主要在于揭示、把握一种学说系统的主导原则与观念,并进一步分析这个主导的观念和其他相关论点之间的关系。在考察、梳理具体的思想系统时,理论的阐释的方式侧重于把某一思想系统的多方面的内容归属主导的原则,或者说,将一种体系的不同内容纳入其主导脉络或主导原则。以理论的阐释为方式,体系中的多重思想趋向,往往被置于同一主导原则或宗旨下加以理解;体系之中各种观念之间的联系,也每每被视为主导原则的体现或逻辑展开。从不同的学说体系之间的关系来看,理论的阐释的方式更多地侧重于揭示各个体系之间内在的共同趋向、思想脉络、逻辑关系,等等。

与理论的阐释相对的是历史的考察的方式。历史的考察以思想史上具体的思想情景作为出发点,更多地关注一个思想体系自身的多重性和多方面性,包括思想可能具有的内在张力。

在确认思想体系内含多方面性、多重性的同时,历史考察进一步试图从不同的侧面分析其形成的原因,如果存在内在张力,则具体考察这种张力对体系的内在影响以及它形成的内在根源,等等。同时,它又更为关注思想发生的历史背景,注重考察一种具体的学说系统与一定时代的社会历史背景之间的关系。此外,它也注意从经验的层面上考察制约思想体系的多重因素,包括生活处境等对思想家思想演化过程的影响。质言之,历史的考察的方式更多地表现为将思想体系还原到它所处的具体历史背景(具体的思想史情境)中,由此再现其具体性、多样性和丰富性,并对这种具体性、多样性和丰富性形成的根源给予历史的解释。

从学术思想史研究来看,理论的阐释的方式和历史的考察的方式都不可或缺,如果忽视理论的阐释的方式,仅仅专注于历史的考察,往往会使思想史研究流于对一些枝节的琐碎关注,把注意之点主要放在那些思想史上的个别、特殊的细节,而难以真正把握思想演化过程所具有的内在的逻辑关联与脉络,这样的思想历史在某种意义上容易变成材料的罗列或单纯的语境分析。反之,如果仅仅关注理论的阐释的方式,而忽视历史考察的方式,思想史研究往往会忽略思想演化过程本身所具有的丰富而具体的内容,将思想史简化为抽象的概念演化过程,在具体研究过程中就会有意无意地略去思想史本身所具有的多方面的丰富规定,使之成为一种抽象、空洞的逻辑框架。

进而言之,历史的考察与理论的阐释之间的关系,同时涉及历史的回溯与理论建构的互动。学术思想史的研究不仅仅是一个就史论史或为历史而历史的过程,在更深的层面,它同时也与我们今天的理论建构和理论思考相联系。从历史上看,每一个时代原创性的学者,总是在回顾、总结以往学术思想成果之后,进而提出他们自己的见解,而不是仅仅停留在历史的叙述之上;而学术思想史的研究,则为这种理论的发展提供了思想的资源。不难看到,在历史的考察与理论的阐述以及理论的建构之间,存在着积极的互动过程。当然,在具体的研究中,二者可以有所侧重,但有所侧重不能理解为彼此划界,史与思无法截然分离。

收入本系列的讲演,将从不同方面体现以上学术进路。相对于书斋中的研究,学术讲演具有某种公共的品格:它在一定意义上使学术由个体的沉思走向公共之域。讲演面对的是具有不同学科背景的听众,如何将专业领域的知识化为不同学科的听众都能理解的内容,是演讲过程无法回避的问题。较之以特定学术共同体为对象的学术论著,讲演往往少了专业的艰涩,多了为公众喜闻乐见的形式。当然,易于理解,并不意味着弱化讨论问题的深度,事实上,语言的明快是思想明快的结果,用不同学科的听众都能接受的方式加以表达,常常是以对相关问题更为深入的思考为前提的。质言之,讲演所扬弃的是形式的艰涩,而不是内容的深沉。

思勉讲座的讲演者,大都是海内外各个学术领域中的知名学者。他们或纵横文史,或贯通古今;或俯瞰国际风云,或指点社会变迁。作为在各自领域卓有建树的学人,讲演者给人们展示的,是一幅一幅绚丽多彩、富有个性的思想画卷;我相信,读者从中不仅可以获得具体的知识,而且更能领略智慧的意境。

自 2007 年 11 月至 2020 年 6 月,思勉讲座前后延续了十余载,所积讲演已有 500 余次。随着岁月的更替,思勉讲座所涉领域、问题无疑也在发生变化。然而,就讲座本身而言,虽经时间的变迁,但其中的思想洞见已在绵绵相续的学术长河中得到沉淀。

2020 年 9 月 12 日

目　录

第一编　时代：中国叙事

吕思勉："新史学"向社会史的会通实践⋯⋯王家范　003

历史是进步的？

　　——近现代中国对进化论的批判

　　　　⋯⋯⋯⋯［德］阿克塞尔·施耐德（Axel Schneider）　048

一时代有一时代之叙事

　　——叙事传统与讲好中国故事⋯⋯⋯⋯傅修延　064

第二编　帝国：文明传统与世界历史

天下与海内：秦始皇的海洋意识⋯⋯⋯⋯王子今　089

秦汉帝国的边境：来自周边的帝国观

　　⋯⋯⋯⋯⋯⋯⋯⋯⋯⋯⋯⋯⋯⋯［韩］金秉骏　096

中华文明的黄金时代⋯⋯⋯⋯⋯⋯⋯⋯吕正惠　107

宋人的"华夷之辨"与"中国"意识

　　——以出使辽金行记为中心的考察⋯⋯江　湄　123

第三编　中土世界：古代中国的社会、政治、文化

仪式、象征、教化

　　——先秦两汉婚姻礼仪中的宇宙观、伦理观与

　　　　政教论述 ………………………………… 林素娟　157

人群、生计与社会

　　——中古时代的滨海地域 ………………… 鲁西奇　175

中古内陆欧亚的物种、图像与传说 …………… 尚永琪　199

中古货币史的结构特征 ………………………… 陈彦良　217

"狸猫换太子"传说的虚与实

　　——后真宗时代：宋代士大夫政治下的权力博弈

　　　　………………………………………… 王瑞来　241

编后记 ………………………………………………… 297

第一编

时代：中国叙事

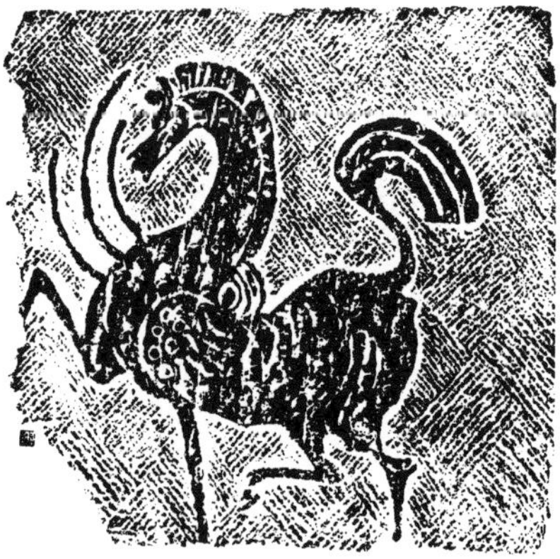

吕思勉:"新史学"向社会史的会通实践 *

王家范

> 学问在于空间,不在于纸上。要读书,先得要知道书上所说的,就是社会上的什么事实。

从"新史学"之名由梁启超于1902年正式揭出算起,至今已有105年。吕思勉自述6岁至8岁即和史学发生关系,13岁起读梁先生的文章,治学的道路实受康、梁的影响,虽父师不逮。16岁起读"正史",至23岁已将正续《通鉴》、"二十四史"与"三通"①读过一遍,从此专意治史。在往后50年的生命历程里,吕先生笔耕不辍,把毕生的精力都贡献给了"新史学"事业,给我们留下1 000余万字的遗著、遗文。笔者不揣浅陋,兹就吕先生的学术创造与"新史学"的关系,以及"思勉人文学术"的特点,略抒己见,以纪念先生逝世50周年。

---

* 本文由作者据其2007年11月28日所做报告《"新史学"旨趣实践会通第一人——纪念吕思勉先生逝世50周年》改定。——编者注

① 生平纪事请详参李永圻:《吕思勉先生编年事辑》,上海:上海书店出版社,1992年。"三通"之中,吕先生最推崇马端临348卷《文献通考》。中国通史合"理乱兴亡"(政治史)与"典章经制"(文化史)两大板块的想法,就是受马氏的启发。

一、引子:"燕石"之为宝在识与不识

吕思勉先生在世时,不喜张扬,远离名利之场,但其孜孜以求的业绩早为学界通人看重。1945年,顾颉刚盘点已编著出版的新式通史,不下四五十部,看得上眼的有七部,吕先生一人占据两席。这就是1923年出版的中国第一部《白话本国史》,以及1940年、1944年先后出版的《中国通史》上、下册(今命名为《吕著中国通史》)。顾先生对前者已赞扬其为通史写作的"新纪元",而对后一部再加71字点评,可见欣赏备至。① 追溯至四年前,吕先生把全部"二十四史"从头至尾至少阅读过两遍,系统读完正续《通鉴》、"三通"的时间要更早些,由此而被前辈誉为史界传奇。②

吕先生离世50年后,超过1 000万字的遗著、遗文大部分都获得了重印出版,另有一些未刊的文字亦在整理之中。其中除大家熟悉的两部通史、四部断代史、一部近代史外,两套完整的

---

① 对《吕著中国通史》,顾颉刚的评点如下:"其体裁很是别致,上册分类专述文化现象,下册则按时代略述政治大事,叙述中兼有议论,纯从社会科学的立场上,批评中国的文化和制度,极多石破天惊之新理论。"(顾颉刚:《当代中国史学》下编第二节,上海:上海古籍出版社,2006年,第85页)

② 先生自谓《史记》《汉书》《三国志》四遍,《后汉书》《新唐书》《辽史》《金史》《元史》三遍,其余都只是两遍而已。但这是1941年时说的话。(参见《从我学习历史的经过说到现在学习的方法》,《吕思勉遗文集》上册,上海:华东师范大学出版社,1997年,第33页)黄永年教授的回忆:"吕先生究竟对《二十四史》通读过几遍,有人说三遍,我又听人说是七遍,当年不便当面问吕先生,不知翼仁同志是否清楚。但我曾试算过一笔帐:写断代史时看一遍,之前朱笔校读算一遍,而能如此作校读事先只看一遍恐怕还不可能,则至少应有四遍或四遍以上。这种硬功夫即使毕生致力读古籍的乾嘉学者中恐怕也是少见的。"(黄永年:《回忆我的老师吕诚之(思勉)先生》,《学林漫录》第4集,北京:中华书局,1981年)

初高中教材在长期隐没后，也将陆续重新面世。①正值新时期中学历史课程改革颇多争议之际，建议教学界给予应有的关注，相信细读之下必会产生不少启发。②

先生从六岁起就开始读经史古籍，每读不仅句读批点始末，且认真写作札记，68年风雨不辍，积箧累筐。③1937年3月，先生把从少年起就开始写作的读史札记汇辑成《燕石札记》，第一次交商务印书馆出版。上年10月，先生写成《自序》，称这些札记为"半生精力所在，不忍弃掷"，自谦地说："千虑一得，冀或为并世学人效土壤细流之助而已。倘蒙进而教之，俾愚夫不至终宝其燕石，则所深幸也。"④

这里说的"愚夫""宝其燕石"，先生在后来的著述和演讲中多次使用，源自《后汉书·应劭传》。《太平御览》把这则故事演

---

① 据目前不完全统计，吕先生编著的大学与中小学中国通史教材，按时间顺序先后有：《新式高等小学历史教授书》（六册，与庄启传合著，上海：中华书局，1916—1917年）、《国立高等师范学校中国历史讲义》（1920年，未刊）、《自修适用白话本国史》（上海：商务印书馆，1923年）、《更新初中本国史》（四册，上海：商务印书馆，1924年）、《新学制高中教科书本国史》（上海：商务印书馆，1924年）、《复兴高级中学教科书本国史》（二册，上海：商务印书馆，1934年）、《高中复习丛书本国史》（上海：商务印书馆，1935年）、《初中标准教本本国史》（四册，上海：中学生书店，1935年）、《吕著中国通史（上册）》（上海：开明书店，1940年）、《吕著中国通史（下册）》（上海：开明书店，1944年）、《初中本国史补充读本》（上海：中学生书店，1946年）等，另有许多提纲、教学参考与演讲、问答等通史教学样式。四部断代史实是先生另创的"史钞"样式大通史的一大半。此处六部计其代表作。

② 对吕先生在中学历史教材方面的成就，笔者另有《吕著中国历史教材研究刍议》（《历史教学问题》，2008年第1期）。

③ 钱穆先生回忆："(1945年后)诚之师案上空无一物，四壁亦不见书本，书本尽藏于其室内上层四周所架之长板上，因室小无可容也。及师偶翻书桌之抽屉，乃知一书桌两边八个抽屉尽藏卡片。遇师动笔，其材料皆取之卡片，其精勤如此。"(李永圻编：《吕思勉先生编年事辑》，上海：上海书店出版社，1992年，第292页)

④ 在2005年，上海古籍出版社汇总了先生的全部已刊和未刊札记共762条，总成《吕思勉读史札记》，恢复了过去许多删文。

绎得更细一些。说是宋国有一个"愚夫",从齐国宫室"梧台"以东觅得一块燕石,以为是无价珍宝,西归收藏于室,遐迩闻名。有一位周人慕名前去观宝,主人郑重其事,"端冕玄服"接待客人,打开里三层外三层的丝绸包裹,宝藏终于露面。不想这位客人见后,掩口卢胡而笑曰:"此燕石也,与瓦甓不异。"主人大怒,自此藏之愈固。①用"燕石"典故或可视为一般的自谦,若联系先生学术的百年遭际,则觉得内中大有意思。

先生不喜走访知名人士,自述见名人辄自远,不涉无谓的社会交际。没有学历学位,无党无派,遵从父训,一生唯好教书授业,小学、中学、大专、大学都教过。1926年进入光华大学,不久即受聘为新办的史学系系主任,遂自托为终身归宿,重要的学术创作都是在这里完成的,前后凡三十余年。他多次提到,与康、梁、章、严、蔡这几位当世名人皆不曾谋面,虽无雅故,但读其书想见其为人。尤其是康、梁,治学宗旨和路径受他们的影响,远远超过亲炙的父亲和老师。②先生读了不少国外社会科学的书,多靠"和文汉读",以及当时为数不多的中译本。日看报章杂志,自少年时就养成习惯,时事动态了然于胸。可以说,先生的拜师问道是不论古今、不拘门户,众采博取的,但也绝不依傍借重,随风披靡,始终一依自己的秉性,治学讲求沉稳平实。唯其沉稳内敛,不好张扬,议论的深刻往往也只有在反复品味后,读者才会突如其来获得顿悟,眼前为之一亮。

---

① 参见《后汉书·应劭传》,又载于《太平御览》卷51引《阙子》。
② 先生自谓:"予年十三,始读(梁)先生所编之《时务报》(创刊于1896年——笔者按)。嗣后除《清议报》以当时禁递甚严,未得全读外,梁先生之著作殆无不寓目者。粗知问学,实由梁先生牖之,虽亲炙之师友不逮也。"(《吕思勉先生编年事辑》,第10页)对康、梁、严、章、蔡,先生均撰有纪念文章(参见《吕思勉遗文集》上册,第385—406页)。

仅举一例，以为"引子"。1952年，先生写有一篇《三反及思想改造学习总结》，《遗文集》收录这篇未刊手稿时改题为《自述》，全文约12 000余字。先生殚心竭虑，精细写作，把一生治学观世的经历，以及学术事业、个人思想方面的变迁过程，做了要言不烦的综述，没有一句空话假话，却不少委婉曲折的笔法。对研究晚清民国以来知识阶层的复杂心态，这是一份难得的"原生态史料"。①

此文内容涉及太广，这里不可能做专门的讨论。有一情节，颇见先生历史通论的特色。当1952年高校思想改造之时，先生说自己的思想来源"属于资产阶级"，不同意一些人把他定性为"有封建时代余习"。理由申述，着实叫人惊叹，由近及远，由此及彼，恣肆发挥开去，简直成了一篇有关"时代与个人"主题的史学宏论。

先生说：因为我的立身行事常常以古贤士大夫为楷模，喜好引用他们的话，所以往往把我看作有封建时代余习的人。这样的看人，这样的人物鉴识，太粗糙，太浅了。因为人的性质，在深处自有其根底。所处的环境与这种根底没有伤害的时候，可以接受环境的熏染。到了两不相容的时候，这种德性的根底就可以把过去的习性弃如敝屣。

接下来一段时代总括，就显示出先生历史通贯的水平。他说：人类的德性，随社会的发展而发展。"封建主义时代曰勇，资本主义时代曰智，社会主义时代曰仁。"这不能不使我联想到司马迁论三代风气周转如环的那段著名史评，那种史学名家独有的大气。②

---

① 参见《吕思勉遗文集》上册，第434—452页。
② 《史记》卷8《高祖本纪》："太史公曰：夏之政忠，忠之弊，小人以野，故殷人承之以敬。敬之弊，小人以鬼，故周人承之以文。文之弊，小人以僿，故救僿莫若以忠。三王之道若循环，终而复始。"

先生兹后的解释，列举了好些古代人物的典型习性，用以论证封建时代之德性为"勇"，亦即是"忠"。又回到了正题，反问：后世还有这样的人物吗？难道就不再有像他们那样看重志节、视死如归的人了吗？不是。只是因为社会的变化，他们的心理安顿也发生了变化，知道不应该再是效忠于一个人。资本主义兴起，人日益向"智"的方向发展，知道个人是不足为之效忠的。因此也可以说，封建主义久绝于中国，死灰是不可复燃的。"在今天，有进于社会主义而涤除其资产阶级之积习者，守封建主义之余习而未达资产阶级之思想者，则无有也。"

最后一句话，是夫子自道，但意义不止于此。发挥开来，是说知识阶层随时代行进，思想陈陈相因，相叠相变，十分复杂，内含有关于人类之德性乃至社会的变迁均连续累进而非绝对断层决裂的历史睿智。一个人的思想，特别是处在社会动荡转折时期，哪有像划阶级成分这么地铁定单一？其实，社会的变迁也何尝不是如此？新旧并陈，因缘交叠，抽刀断水水自流。这一意思乃是先生毕生史学通贯功力的透出，绝非信手写来。

读这篇《自述》也有许多难点。例如前头曾交代过自己的思想有过三期变迁，大意是第一期信康梁之说，笃信大同之境及张三世之说；第二期，信仰开明专制主义之说，但以改善政治为大同之第一步，认为法家督责之术可以治政治上的弊病；第三期，深为服膺社会主义，认为这是大同之境的可致之道，人类之行动可致转变一新方向。① 到思想改造交代个人阶级属性时，可以理解当时不便以"社会主义思想"自居，然而却给自己套上"资产阶级"的帽子，初读莫明所以，殊不可解。

---

① 参见《吕思勉遗文集》上册，第439—440页。

再读下面一段话,就觉得先生竟有几分难得的幽默,幽默中不乏犀利。先生紧接转向又一话题。先生说:现在有人认为亲美、崇美、恐美,大学教授比比然如此,这都是资产阶级思想在作怪。那么你有没有?没有(大概当时认为先生乃属于旧式民族主义者,故并不怀疑他会亲美——笔者按),怎么说你也属于资产阶级思想呢?先生回答说,亲美、崇美、恐美,不能说是资产阶级思想。资产阶级无亲,唯利是图。资产阶级,特色在智。智则知人之所至,我亦能之,何足崇焉?唯利是图,知己知彼,力足敌之,则抗之矣,又何恐焉?故真资产阶级,当赞成抗美。其不然者,其利依附美帝,所谓买办阶级也,直奴才耳。①

上述那种设问与论证,层层剥笋,环环力逼,很像孟夫子的善辩文风。先生虽然套了当时习用的"封建"和"资产阶级"等词,但显然是在"现代性"胜过"封建性"的意义上使用的,是在讨论"数千年未遇"的社会变迁,以及时代精神的演进。而在今日,较有些谈论"现代性"的,特别像回答"全球化"与本土意识这类两难诘问上,还是棋高一着,说得深透。"资本主义精神"帮助人类发现了自我,这种"智"的精神,即民智的开发,传播到哪里,自我中心的意识便高涨到哪里。由此,我们到20世纪末、21世纪初便看得更清楚了,"全球化"的风潮刮得越厉害,个人主义、民族主义也随之喧嚣奔腾。看似矛盾冲突,实为世界变迁的一体两面,不能割舍。什么叫作识大而会通?这就是。

这虽然是比较特殊的一例,但像这样有深意的历史通识或时事见解,在先生的学术论著中随处可见。除初、高中本国史教材和一些演讲稿比较好读外,四部断代史、一部《中国制度史》,包括最

---

① 参见《吕思勉遗文集》上册,第448—449页。上述原文,有些地方因多带文言语气,笔者不揣陋拙,试译为语体文。但关键处,不敢径改。

负盛名的《吕著中国通史》,不说大学生,就像我这样教了多年的通史,也是慢慢细读,读了好几遍,才逐渐品出一点醇香来。

　　历史待我们终究还是宽厚的。先生的学术成就终于得到了如实的肯定,值得欣慰。经得起时间考验而传世的,一定有长久的价值在。如何准确估计和透彻认识"思勉人文学术"的独特价值,真正把先生毕生凝聚的学术精神和治学路径学到手,正是作为学术后辈的我们需要做的事情,是对先生最有意义的纪念。

二、梁启超构建新式中国通史理想的实现

　　我最初读的是吕先生的四部断代史,作为教学依托,觉得资料非常丰富,省了许多检阅古书之劳。20世纪90年代后,终于能读到《吕著中国通史》和《吕思勉遗文集》。读得多了,有点觉悟,才进而想到我们应如何定位吕先生的学术成就比较准确。前几年做百年史学历程与通史编纂的回顾,在几篇文章里约略说过一些不成熟的看法。①现在我试做这样的定位:吕先生既是梁启超"新史学"旨趣的实践会通第一人,又是把新史学向中国社会史方向开拓的先驱者。是否准确妥帖,不敢自信,诚恳期待学界批评指教。

　　在中国,近代意义上的"新史学",特别是编纂新式通史,是由梁启超先生倡导、鼓动起来的。对梁任公,吕先生是崇敬有加。13岁起就从《时务报》上读梁文,除被禁的《清议报》不得阅览,那时"梁先生的著述殆无不寓目耳"②。照吕先生的说法,梁任公是狂与狷兼而有之。唯其狂,故敢开风气之先,登高一呼,

---

① 参见拙著:《史家与史学》,桂林:广西师范大学出版社,2007年。
② 《吕思勉先生编年事辑》,第10页。

树立起"新史学"的大纛。作为新史学的开创者,当时代的潮音初到,他比别的人更早敏感,而且有那种本领,能够用振聋发聩的方式,唤醒旧环境中人起而变革。从后来史学的进展来看,梁先生的许多看法确实极具前瞻性,但也不免有些偏激和粗糙。吕先生在1941年说:"梁先生的史学,用严格的科学眼光看起来,或许未能丝丝入扣。从考据上讲起来,既不能如现代专家的精微,又不能如从前专讲考据的人的谨严。他所发表的作品,在一时虽受人欢迎,到将来算起总账来,其说法能否被人接受还是有问题。但他那种大刀阔斧,替史学界开辟新路径的精神,总是不容抹煞的。现在行辈较前的史学家,在其入手之初,大多数是受他的影响的。"①吕先生始终忠实于"新史学"的旨趣,通过自己的努力,在后来的实践中丰富也修正完善了梁先生的新式通史计划。吕先生虽不曾亲炙,却从不忘梁任公引领启牖他走上新史学道路的"师恩"。

梁启超的大志在政治上,奔走呼号,席不暇暖。尽管后期多次动摇,屡屡反悔,直至临终之前,外界环境和他本人的心志,仍不容许他专心史学。那为什么还要选择史学变革展开大动作呢?在以前的中国,什么学问最发达?为帝王"资治通鉴"的历史学。与世界其他国家相比,最丰富的学问是什么?还是"资治通鉴"的历史学。②试想经、史、子、集四部,其他三部也都是史材。再进一步说,中国历史学的核心内容是什么?政治。从上古三代起,历代当政者无不推崇史学。几千年来,一般人受的教育,环境里受熏染的,也都是这些东西。所以说,中国人的政治意识特强,运用政治斗争的手段和经验往往也滚瓜烂熟,人人有一手。这里头

---

① 吕思勉:《史学上的两条道路》,《吕思勉遗文集》上册,第469页。
② 参见梁启超:《中国历史研究法》,上海:上海古籍出版社,2006年,第13页。

祸福相倚，但从长时段的社会变迁来看，梁启超认为，史学专注于王朝政治，专注于少数帝王将相、大人物，"群体"的历史、"普通人"的历史被冷落掩盖，旧法子、陈药方不断被沿用而缺乏自省，民主意识不容易成立，毕竟祸大于福。"今史家多于鲫鱼，而未闻有一人之眼光有见及此者。此我国民之群力群智群德所以永不发生，而群体终不成立也"①，梁先生说这话时是痛心疾首的。

梁启超在政治上多半是失意的，但他对这方面的思考应该说相当有深度。他比较早就意识到，愈后愈强烈，旧邦维新，要使帝制中国变为现代民族国家，"新国"必先"新民"。他从正反两方面都强烈地感受到了，要想成功地改造中国社会，不改善国人的知识素养，势将悬木求鱼。这就想到了要改造原为统治者"资治通鉴"用的旧国史，用新文化、新方法编写国史，让新一代人用现代的眼光检讨中国的过去，以利于走向未来。②因此，梁启超提出"史界革命"的同时，就立志要编写一部全新的《中国史》，把"新史学"的主张转化为可以广泛传播的通史教材。可梁先生又实在是太忙了，心志虽高，终无真正静下心来做学问的充裕时间。算到1921年在南开做"历史研究法"的演讲，"蓄志此业逾二十年"，先生自己说已经积累了不少初稿。从现在掌握的材料来看，直至临终前，除了两份草拟目录外，只有《战国载记》《社会组织篇》属通史计划之内，其余学术史、思想史的论著都是为之做准备的。最后一次与清华同学聚会在1927年夏，先生已经转为寄希望于同志和清华同学用二三十年工夫集体编著《中国通

---

① 梁启超：《新史学》，《饮冰室合集》文集之九。
② 日本明治维新的一个经验，就是借编写历史教科书刷清一代人的思想，故明治时期编教科书风气极盛。后来，内藤湖南倡"唐宋变革论"和新东洋史，也是通过其与弟子合编中等学校教科书《新制东洋史》广为传布。梁启超受到日本这方面的影响，也不可忽视。

史》,力不从心的怅惘,溢于言表。①

梁氏"新史学"后继有人是不成问题的。因为这不纯是个人的意向,而是时代潮流使然,是社会变革在召唤。从成果方面评估梁启超"新史学"的传播及其影响,可以从两方面来展开:一是"专门史"的成绩,即"史"的分支领域的开拓,不少新分支确是直接受"新史学"主旨的启发,由成立而壮大,从事的学者也最多,不在本文论列范围。二是"普通史"(通史)的成绩,这方面从事的人相对前者要少得多。其中梁氏及门弟子张荫麟、萧一山均得"新史学"通史旨趣之真传,成绩卓然,但都没有能够一通到底。一个开头至东汉,不幸英年早逝,戛然而止;一个以清代收尾,未能如老师所许,回头收拾,中间空缺大半截,梁氏通史的壮志终未能在自己的弟子手里实现,殊为遗憾。②可梁先生怎么也没有想到,真正实践其旨趣,并完成他构建中的新通史理想的,竟是一位从未谋面、从旧学走来的东南"私淑弟子"吕思勉。凭两部出色的中国通史、四部中学教材,以及四部功力非凡的断代史(实际是先生精心设计的"史钞"样式"大通史"③),说吕先生

---

① 有关情况我在《萧一山与清代通史》《中国通史编著百年回顾》两文里有过简略的介绍。不赘。《战国载记》收入《饮冰室合集》专集之四十六,专集之四十七收有《地理与年代》,专集之四十八收有《志语言文字》,专集之四十九收有《志三代宗教礼学》,后附两份通史目录,详拙文后议。《中国文化史·社会组织篇》则被收入《饮冰室合集》专集之八十六,全文八章,最见先生通史撰新意。

② "专门史"与"普通史"相对待的说法,自西方史学引进,为 20 世纪二三十年代中国学者所习用,我们在梁启超与吕思勉著作里经常可以见到这样的区别法。普通史,一译"普遍史",就是今天所说的通史。断代史,严格意义上是不能称"普通史"的。梁启超原希望萧一山在完成清代史后,续写全部通史,却未能遂愿,参见拙著《史家与史学》有关章节。

③ 已出版的有《先秦史》(1941 年)、《秦汉史》(1947 年)、《两晋南北朝史》(二册,1948 年)、《隋唐五代史》(二册,1959 年)。先生晚年体衰多病,余下两部断代史《宋辽金元史》《明清史》已做了史料摘录,惜未能完稿,是为史学界一大遗憾。此一样式,在《中国史籍读法》中先生有说明:"现在史学界最需要的,实为用一新眼光所作的史钞",搜选材料,仍依原文,已见则别著之。(参见吕思勉:《史学与史籍》,上海:华东师范大学出版社,2002 年,第 89—90 页)

是梁启超"新史学"旨趣实践会通第一人,我想梁先生在泉下也会首肯的。需要特别补充说一句的,吕先生的六部大、中学通史教材不仅学术含金量高,而且都是从远古一直写到编著时的当下,个人独著,一通到底,往时罕见,今也无有。

历史就是那么有趣,虽不能说是梁先生"桃李不言",但还是应了梁先生开出的新路径"下自成蹊"的佳话。偶然中还有必然,这是学术史上的一种因缘,因缘中的一种互缘,特别值得说一说。

这种因缘首先来自学术的内在理路。关于梁启超的"新史学",学者多侧重从"变革"张扬其作用,却多少轻忽了其承继前学而来的脉络。1923年北大历史系创始人朱希祖为萧一山作《清代通史叙》,先生曰:"清代学术,以考据之学为最长,直超出乎汉唐以上;而斯学发达之原因,有正因,有旁因。每观世人泛举旁因,而不能抉发正因,诚为治史者一大憾事。"[①]朱先生竟从明中期文章复古之风追溯起,谓欲复秦汉之文,必读古书,必先能识古字,于是说文之说兴焉,由此而音韵之学兴,继而实学训诂之风起,再至欧洲算数舆地之学输入中夏,乃由综贯中西的考据之学起而易为今之新学。这一梳理学术脉络的长篇大论,无疑是借萧一山的创作,提示"新史学"不是凭空而起,无源不能成活水。

20世纪以来,像梁启超、朱希祖那样,殷切期待有一部足以担当得起开发新民智的"中国全部通史",几乎是所有新知识阶层的共识。然而对承担这一任务的史家说,目标是那么高大,条件又是十分苛刻,能之者百无一二,以致傅斯年当年认为编写新

---

① 朱希祖:《清代通史叙》,参见华东师范大学出版社2006年新版萧一山《清代通史》前列原序。

通史的时机远不成熟,而张荫麟在1940年,一方面强烈感觉到"一个民族在空前大转变时期"非有一部新的中国通史作为"自知之助",一方面却感叹"编写中国通史永远是一种冒险"。吕先生1952年议论到华东教育部组织专家研讨中国通史教学大纲的编写,尽管他也拟出了一份大纲,但劈头即说:"中国通史是一个极重要而亦极难讲授的科目。"①

基本的一条,要编写"中国全部通史",必先通读完中国历史最基本的史料,对史料搜辑、考据、述论、编纂诸事要有一定的阅历和造诣。梁启超在正、补两编《中国历史研究法》里开出了一长串书单,分门别类,可谓精要周到,以为是治史者所不可不读的,但在《自序》里还是如实地承认:即使是从幼童时读起,"白首而不能殚,在昔犹苦之,况以百学待治之今日,学子精力能有几者?"梁先生感叹这样的标准,"在昔"苦读诗书的时代还少有人做得到,而今新式学校是觅不得这样的宝了。像梁启超这样的天赋聪明,无暇坐冷板凳,看书稍粗糙些,不免也被非议。所以,吕先生反复强调"苟讲学问,原书必不可不读","不论在什么时代,学问之家,总有其所当循的门径,当守的途辙,此即所谓治学方法"。②以此衡量,治通史的"入门线"是很高的。此非笔者妄自造作吓人,特引章太炎1933年在"上海各大学教职员联合会"上的讲话,就可以见得当时几有共识的"入门"标准,恐怕今天的博士生也难能做到:

> 太炎先生曰:《史记》文义平易,每日以三点钟之功,足阅两卷有余。"二十四史"三千二百三十九卷,日读两卷,四年

---

① 吕思勉:《拟中国通史教学大纲》,《吕思勉遗文集》上册,第537页。
② 吕思勉:《史学上的两条大路》,《吕思勉遗文集》上册,第469—474页。

可了。即不全阅,先读四史,继以正续《通鉴》、《明通鉴》,三书合计,不过千卷,一日两卷,五百日可了。不到十七个月,纪事之书毕矣。欲知典章制度,有《通考》在。三通除去冗散,不过四五百卷。一日两卷,二百余日可了,为时仅须八月。地理书本不多,《元和郡县志》《元丰九域志》《明清一统志》大致已具,顾氏《读书方舆纪要》最为精审,不可不读,合计不过五百卷,半年内外可毕。《历代名臣奏议》,都六百卷,文字流畅,易于阅读。一日两卷,不过十月。他如《郡国利病书》《清史稿》等,需时要亦无多。总计纪事之书,需时半年,典章之书,需时八月,地理之书,需时半年,奏议之书,需时十月。以三年半程功,即可通贯。诸君何惮而不为此乎?①

所幸天不绝人,"在昔苦读"的人那时还有少数保存。梁氏通史的计划要由这些稀有的、梁先生素不相识的"读书种子"来完成,很像是传奇故事。以笔者有限的阅读,除吕先生而外,当时还有像范文澜等少数老先生,兼通新旧两学,在通史的大天地里皆能出入自如,不失通史原旨。②

吕先生的读书不仅完全符合上述"入门线",而且加数倍之

---

① 吕先生在1939年写有《史学杂论》一文,内云:"苟讲学问,原书必不可不读。"文内记述自身体验称:小时读康南海《桂学答问》,尝见其劝人读正史,卷帙实亦无多,不过数年,可以竣事,倘能毕此,则所见者广,海涵地负,何所不能乎?当时读书之精神为之一壮。及近年,复见章太炎在"上海各大学教职员联合会"之讲话(二十二年五月)。谓正史大概每可读一卷。史乘之精要者不过三四千卷,三年之间,可以竣事。其言与南海如出一辙。(上述章氏引文,见录于《吕思勉先生编年事辑》,第202页)

② 参见拙文:《范文澜:追求神似的马克思主义史学家》,《史家与史学》,第22—25页。

力超额完成。1941年先生在《从我学习历史的经过说到现在学习的方法》里说苏常一带读书人家,本有一教子弟读书之法,使其先读《四库全书书目提要》,不啻在读书之前让他先了解目录学和学术史。此项功夫,先生在16岁已经做过,经、史、子三部都读完,唯集部仅读一半。故先生不无骄傲地说:"我的学问,所以不至于十分固陋,于此亦颇有关系。"17岁,先生受同乡"小学"名家丁先生的指示,把《段注说文》阅读一过,又把"十三经注疏"阅读一过,后来经史出入自在、相互打通,植基于此。至于遍读正史、三通,前节已详,更是奇迹。此外,先生早年读《日知录》《廿二史札记》十分用心,特别服膺亭林先生经世之学。①对章太炎的文字学,先生也用过功,对训诂考据之法相当重视。但先生认为:考据是由读书时发现问题才去应用,而发现问题,一半系天资,一半由学力,不能刻意追逐。大抵涉猎的书多了,自然读一种书时,容易觉得有问题,就需要考据。所以讲学问,归根到底,根基相当的宽阔最为重要。②

在立志治史之前,先生就已经读了那么多的书,称绝于常州。这是因为吕先生是在数百年读书仕宦世家长大的,父母两人合力悉心培养,完全按照严格的经、史、子、集四部之学来训练;常州又为"今文经学"派的文渊之乡,硕儒众多,习经成

---

① 先生自谓6岁从塾师读《四书》,仍属于一般常规。其后这位薛先生竟让还是幼童的学生开始读《通鉴辑览》《水道提纲》和《读史方舆纪要》,着实令人惊讶。9岁时,夫人为其爱子讲解《纲鉴正史约编》,10岁后又从魏先生读《纲鉴易知录》,将《易知录》从头至尾点读一遍。其后,父亲让先生通读《四库全书总目提要》,更令先生泛读《日知录》《廿二史札记》和《清经世文编》。从此顾炎武、赵翼,后来加龚自珍,成为先生最早私淑的史学三先生。16岁后先生立志治史,开始独立并系统阅读正续《通鉴》、《二十四史》与"三通"。(详参《吕思勉先生编年事辑》)

② 参见《吕思勉遗文集》上册,第407—411页。

风。先生从幼童起就熟读古代经书、史书，浸染于"经世济民"的精神领域里，又受到父亲"隐而不仕"人生观的影响。他的读书没有个人功利的目的追求，崇尚的是知性和德性的奠基。但必须看到，如果不是遭遇"数千年未有之大变局"，不是内乱外患的激烈震荡，吕先生要想成为他心目中所崇拜的顾炎武，恐怕也难。没有切肤的亡国之忧，没有新思想的浇灌和深入骨髓的历史反思，就既无动力也无营养滋补。最好也只是赵翼、王鸣盛、钱大昕再世，常州学派中多了一位更以史学见长的传统学者。受康梁问道之学的启牖，在"新史学"的召唤之下，方有先生一生通史事业的创造。现在有学者研究指出，由今文经学的"经世"转轨为"新史学"，是学理内在的自然脉络①，吕先生恰恰正是连接两者"转轨"成功的典范。在梁先生是平生不识吕常州②，可算是意外收获；而在吕先生，读书无意"急用"，乃最后显为大用。

梁启超壮志未酬，留下两份草拟的通史目录，前已说过。我发现《吕著中国通史》的构架非常符合梁先生殚精竭虑设想的原旨；不同处，吕先生的通史目录较为简练合理，更切合大学通史教材的实际。兹将梁先生草拟的通史目录与《吕著中国通史》目录列表于下，读者可以对照③：

---

① 参见路新生：《经学的蜕变与史学的转轨》，上海：上海古籍出版社，2006年。

② 1923年，吕先生《白话本国史》出版，同年写有长文与梁任公《阴阳五行说之来历》商榷，刊于《东方杂志》（今收入《论学集林》，上海：上海教育出版社，1987年，第19—33页）。此为先生早年第二篇正式发表的史学论文。文末云"倘梁先生不弃而辱教之，则幸甚矣"。未见梁先生有回应，故有"不识"之语。

③ 梁先生的两份目录，到林志钧编辑出版《饮冰室合集》后，方始为外界读到。是书由林氏于1932年编就，中华书局1936年排印出版。吕先生对社会史的考虑，始于1920年，目录成于1929年。先生是否看过这两份目录，从现有见到的文字里找不到确证，有理由认为，属于心通暗合。

原拟中国通史目录	原拟中国文化史目录	吕著中国通史
一、政治之部	（不分部）	（分上下编）
朝代篇	朝代篇	下编政治史（目录略）
民族篇	种族篇上下	婚姻
地理篇	地理篇	族制
阶级篇	＊＊＊	政体
政制组织篇上中央	政制篇上	阶级
政制组织篇下地方	政制篇下	财产
政权运用篇	政治运用篇	官制
法律篇	法律篇	选举
财政篇	财政篇	赋税
军政篇	军政篇	兵制
藩属篇	教育篇	刑法
国际篇	交通篇	实业
清议及政党篇	国际关系篇	货币
二、文化之部	饮食篇	衣食
语言文字篇	服饰篇	住行
宗教篇	宅居篇	教育
学术思想篇上中下	考工篇	语文
文学篇上中下	通商篇	学术
美术篇上中下	货币篇	宗教
音乐戏曲篇	农事及田制篇	
图籍篇	语言文字篇	
教育篇	宗教礼俗篇	
三、社会生计之部	学术思想篇上	
家族篇	学术思想篇下	
阶级篇	文学篇	
乡村都会篇	音乐篇	

续表

原拟中国通史目录	原拟中国文化史目录	吕著中国通史
礼俗篇	载籍篇	
城郭宫室篇		
田制篇		
农事篇		
物产篇		
虞衡篇		
工业篇		
商业篇		
货币篇		
通运篇		

*** 读者当会注意到,梁先生前一目录有两处列有"阶级篇",可见太忙,不暇校订。后一目录未见有"阶级篇",则非漏列,而是与梁先生对这一问题的观点变化有关。

《吕著中国通史》上篇目录,最初酝酿于1929年,是时先生在常州中学讲授《中国文化史六讲》,大体内容已经具备。①关于目录透出的结构体系,体现了"新史学"什么样的目标意义,将在下节再论。从上面的目录对照可以看出,梁启超"新史学"的通史计划,由吕先生实践而落到实处,不仅符合梁先生理想中的知识储备要求,而且目标和构想也灵犀相通。由"坐而言"的倡导,至"起而行"的实现,这是一个需要极大毅力和长久耐性的创作过程。吕先生积极地担当起了这个责任,加以修正完善,成就了自己在"新史学"中的独立地位。

---

① 参见吕思勉:《中国文化史六讲》,《吕思勉遗文集》上册,第95—146页;《中国阶级制度小史》,同上,第273—314页。前者当时未刊,后者1929年由上海中山书局初版。

三、"新史学"旨趣的丰富和会通

梁启超先生呼唤"新史学"之起,实因晚清内外时事形势的逼迫,偏重于"功利"方面的考虑,合乎当时的实情。"宣言"一段结论性的话,给人的印象至为深刻:"今日欲提倡民族主义,使我四万万同胞强立于此优胜劣败之世界乎?则本国史学一科,实为无老、无幼、无男、无女、无智、无愚、无贤、无不肖所皆当从事,视之如渴饮饥食,一刻不容缓者也。然遍览乙库中数十万卷之著录,其资格可以养吾所欲,给吾所求者,殆无一焉。呜呼!史界革命不起,则吾国遂不可救。悠悠万事,惟此为大。"① 再看"宣言"给出的史学定义:"史学者,学问之最博大而最切要者也,国民之明镜也,爱国心之源泉也。今日欧洲民族主义所以发达,列国所以日进文明,史学之功居其半焉",仍着眼于"爱国""民族"的意义。因此,当梁启超1902年发表"宣言"之时,论其思想,民族主义意味的浓烈不容掩饰;论其宗旨,则显为救亡图存、革故鼎新、创立现代民族国家的目标服务。

这种"功利"的考虑,最能说明梁启超是站在时代潮流前头的先进代表。梁启超关于"新史学"主旨的基本看法,直到今天也还没有过时。但发表"宣言"的当时,目标固然高远,用什么手段、怎样去完成,尚不及细细琢磨。还有一点容易被人忽略,或许也是新旧转换不可避免的"过程"。凡带有革命性质的运动,它初起时的一个策略,往往喜欢把新与旧转换成黑与白的对立。既要说明"新"的东西应该产生,就千方百计,甚至不惜危言耸听

---

① 梁启超:《新史学》。

地开出"旧"的必须死亡的理由,许多人相信极端才会产生魅力。这样的策略用之于政治斗争可能成功,毕竟政权是可以取而代之的。但用之于学术变革,何况是历史悠久的历史学,这就比较繁难。知识是连续累进的,新的树木还须从旧的土壤里慢慢生长起来,其中也离不开旧的养分滋润。吕先生在1937—1938年撰有《论基本国文》一文,估计是在光华大学的演讲,内中特别指出:国文与其他学科一样,异常复杂,均由"堆积"而成,这是常识,不待费词。所以新的既兴,旧者不会废,也不能废,因为社会的文化非常复杂,旧者仍有其效用之故。①

较早意识到梁启超"新史学宣言"提法过于偏激,有可能诱导走古今割裂极端之途的是东南大学的柳诒徵先生。他曾直言不讳地说:"此等风气,虽为梁氏所未料,未始非梁氏有以开之。"②我觉得吕先生对梁启超的人品和学术的鉴识,比起柳诒徵要平恕得多。先生在1930年著文说道:"梁任公是冰雪聪明的人,对于人情世故见得极其通透。早年的议论,还未能绝去作用;到晚年,心更趋于平实了,然亦只是坐而言不是起而行的人。"③

综合梁启超当年批判旧史学"四弊二病三恶果"的内容,他理想中的"新通史"实际包含有两大改革目标:一是通史内容的改革,二是通史体例的改革。④前者是带有根本性的改造,"史界

---

① 参见吕思勉:《论基本国文》,《吕思勉遗文集》上册,第679页。
② 柳诒徵对梁氏的批评见《国史要义·史德第五》。柳先生对梁氏视《二十四史》为帝王家谱、为断烂朝报、相斫书等等议论耿耿于怀,非关个人恩怨,有关情况参见拙著:《史家与史学》,第91—108页。
③ 吕思勉:《从章太炎说到康长素梁任公》,《吕思勉遗文集》上册,第392页。
④ 梁启超在《新史学》一文内称旧史学有"四弊二病",并由此产生"三恶果"。四弊为:"一曰知有朝廷而不知有国家";"二曰知有个人而不知有群体";"三曰知有陈迹而不知有今务";"四曰知有事实而不知有理想"。二病为:"其一,能铺叙而不能别裁";"其二,能因袭而不能创作";"合此六弊,其所贻读者之恶果,厥有三端:一曰难读……二曰难别择……三曰无感触。"

革命"的意义就集中体现在这里;后者则要起枝叶扶疏的匹配作用,也需要别出心裁,才能相得益彰。对这两大改革目标的定位准确与否,以及改革的广度和深度如何,不仅会影响到"新史学"事业的发展前程,也将规定"新史学"在什么意义上说它是真正成功了。因此,百年回头看,新史学目标的提出,固然需要有石破天惊的勇气,唯有改革先知者能为之。但相比较提出高远的目标,既能传达新的意义,又能在学术上充分站住脚跟,切实地编写出为世人钦服的"新通史",就不是那么容易。在变革的过程中,有太多的荆棘,太多的险关,需要许多人切切实实地开拓耕耘,需要许多人艰难地用力于攻关拔寨。这里,不仅不会有凭"精神胜利法"美梦成真的神话出现,也不可能提起头发完全离开原土壤。它必将是一次学术上具有"推陈出新"意义的创造。

吕先生与梁启超不同,一直生活在社会的基层,对国事和民生都非常关心,但从不愿涉入政界,故旁观者清,有浓厚的平民意识。①他的看法较少掺杂近视的政治功利考虑,心中有大理想,但平实而沉稳。这不仅体现在当时写的一些时事评论里(可惜大多尚未系统整理出版),对"新史学"发展进程中出现的一些现象,意识到并做出批评的时间也较早。

早在1920年撰写《白话本国史》的"序例"时,先生已经不指名地批评近来所出的教科书,随意摘取材料,随意下笔,凭虚臆度,把自己主观羼入,失掉古代事实的真相,甚至错误到全不可据。②

---

① 吕思勉先生自述:早年无意于科场功名。稍后目睹戊戌变法以来,苞苴盛而政事益坏,朋党成而是非益淆。辛亥革命起,予往来苏常宁沪者半年,此时为予入政界与否之关键。如欲入政界,觅一官职之机会甚多,亦可以学者之资格,加入政党为政客。予本不能作官;当时政党之作风,予甚不以为然,遂于政治卒无所与。(详参《吕思勉先生编年事辑》与《吕思勉遗文集·自述》)

② 参见上海古籍出版社2005年版《白话本国史·序例》。

同年，在《新学制高级中学教科书本国史》的"序例"里又说："本书力矫旧时历史偏重政治方面之弊，然仍力求正确及有系统。须知道偏重政治方面固然有弊，然而矫枉过正，拉着什么书就抄，不管它正确不正确，而且都是些断片的事实，其流弊亦很大。"①到1934年写《复兴高级中学教科书本国史》的"序例"时，则在"绪论"里明白道出他盘旋已久的忧虑，说"凡讲学问必须知道学和术的区别"，批评前人常说的读历史乃在知道"前车之鉴"，失诸肤浅实用，须知"世界是进化的，后来的事情决不能和已前的事情一样。病情已重而仍服陈方，岂惟无效，恐更不免加重"。②在经历了许多时事的变迁和内心的思考，他的看法趋向深沉，对史学急于眼前的功用觉得不妥，觉得需要把史学变革引向"根本"之途。他在《蔡孑民论》开首发表了一通议论，言辞委婉，却饱含深意。先生讥刺关于"有用之学"的说法，认为总不免有轻学术而重事功的味道："其实学问只问真伪，真正的学术，那有无用的呢？"接着，正面的见解就上来了："当国家社会遭遇大变局之时，即系人们当潜心于学术之际，因为变局的来临，非由向来应付的错误，即因环境的急变，旧法在昔日虽足资应付，在目前则不复足用。此际若再粗心浮气，冥行擿涂，往往可以招致大祸……所以时局愈艰难，人们所研究的问题，反愈接近于根本。"③

---

① 《新学制高级中学教科书本国史》，商务印书馆1924年初版，1927年第四版。此书今尚未重印。
② 此教材前教材由文言改白话，篇幅亦由12万字扩充至40万字，商务印书馆1934年分上下册出版。今重印本见上海古籍出版社2006年推出，改名为"吕著中国史"。其实仍称"高中本国史"，有什么不好？
③ 吕思勉：《蔡孑民论》，《吕思勉遗文集》上册，第402—403页。其实早在1920年撰写的《白话本国史》"序例"里，已有委婉的批评：随意摘取几条事实，甚且是在不可据的书上摘的，毫无条理系统，现加上凭虚臆度之词，硬说是社会进化现象，却实在不敢赞成。

诚如吕先生所忧虑的,检阅百年来"新史学"的发展历程,梁启超当初对"新史学"旨趣的论述,那种不注重"根本"、急于"作用"的隐患,引发某种负面影响,并非完全是意外事故。两千多年来,在中国人的观念里,"朝廷"与"国家"、政权与社会原就是混通不分的,用"国家"取代"朝廷",也就极容易滑向新的"资治通鉴",政权意识盖过社会意识,重视意见发表,将当下政见、方略的不同硬与历史认识纠缠一起,不重疏通知远,不从整体上通盘检讨历史,厘清中国历史自在的轨范和发展理路无从谈起,那么所治者多在标不在本,徒费口舌,难有真正的收获。

吕先生对中国历史所持见解,有异于此。在吕著的论述里,频率出现最多的用语,就是:"观其会通""摄其全体"和"深求其故",而这一切又最后归之于史学的根本在"认识社会发展过程及其变迁因果"。这些道理在梁氏《中国历史研究法》里,前两者未得到应有的强调,第三条似与梁氏反复申述的"因果律"说相通,然意境亦很不一样。至于用"社会"取代"国家"作为主题词,则是通史主旨的一大深化。因此说吕先生丰富和修正完善了"新史学"的旨趣,在这些方面体现得比较明显。

吕先生论著反复申述"观其会通""摄其全体"的重要,有很强的针对性。先生于1945年有与梁氏《中国历史研究法》的近名之作①,其中特别讲了读史固然有益,但读史不得法也会造成大害,再次告诫诸生:"须知道,应付事情,最紧要是要注意学与术之别。学是所以求知道事物真相的,术则是应付事物的方

---

① 本书作于抗战后,1945年由上海永祥印书馆出版,故流传不广,至1981年始为上海人民出版社收入《史学四种》。抗战前,先生在光华大学有《史籍与史学》讲义,观其文意,前后相通。该讲义虽两次被收入,均不全,且有删节。至华东师范大学出版社2002年版《吕著史学与史籍》始完璧归赵。

法……由于一切事物,有其然,必有其所以然,不知其所以然,是不会了解其然的性质的",所以浅薄的应付方法(术士)终必穷于应付而后已,而深求其故,寻根究底,会通全体,则是治史者的任务(学者)。先生说明,纯为"应付"而把历史知识当作实用的,足以误大事,这也是为治人者贡献"策论"常有的通病和大弊。举的例子是筹安会诸人策划袁世凯做皇帝。他说:当时大家看到这个通电,就说袁世凯想做皇帝了。我却不以为然。我以为生于现今世界,而还想做皇帝;还想推戴人家做皇帝,除非目不识丁,全不知天南地北的人,不至于此。后来事情果然是如此。你说他们没有历史知识?袁世凯和筹安会中人,何尝没有他们的历史知识?在中国历史上,皇帝是如此做成的,推戴人家做皇帝是如此成功的,例子多得很。反对的人从来就有,岂不可期其软化收买?即有少数人不肯软化收买,又岂不可望其动用武力削平?(这使我马上想到了赵匡胤"陈桥兵变"的故事——笔者按)但说到底,造成策士误事的,不是历史知识,还是历史知识的不足,是执一端而不顾全体,不能会通古今中外历史。这一事例说的策士就是杨度,梁任公则草文坚决反对,说明有无历史通识,对一个人的进身处事关系也至深。

反观梁启超对通史新体制的考虑,打破以政治史为核心的旧樊篱是必需的,借助各种学科的帮助,欲将考察的范围扩充至更多领域的意图也很明显(参见前目录,其中也包含有社会史的内容)。但仅有"多",仅有领域的扩大,没有一以贯之的东西去总笼,体系骨架也就显得散乱。看来他当时还不及从容考虑,只是采纳了西方文化形态史观,想用"大文化"的观念来组织新通史,因此在晚年把新通史径直改名,是为《中国文化史》。吕先生则思虑比较深入周详,认为要改造旧史学,仅有泛泛的构想,火花四溅,仅是壮观而已;要摇动一棵树,枝枝而摇之则劳而不遍,只有抓住"根本",才能摇动整体,枝枝俱动。①

吕先生为什么特别提出通史必须抓"根本",方能"多"而不散,才有一贯的精神、一贯的体系呢?还得回到中国通史难写的话题上,才能细细体味。

"新史学"再怎么"新",假若不姓"史"了,也就不会有人承认他是"史学"。史学的共性就是必须基于史料,由史料入手获取事实,一切都得靠史实说话。梁启超的《中国历史研究法补编》,明说是为补充前书不足的,因此在"总论"开头对历史的定义就变化了,说"历史的目的在将过去的真事实予以新意义或新价值",把"真事实"作为"第一性"加以强调,且专列小节特讲如何"求得真事实"。这个例子,再好不过地说明吕先生对梁氏的观察和评论非常到位,有鉴于早年的偏激,"到晚年,心更趋于平实"。

前辈史家均有共识,史学之难,难在真事实的获取,大海捞针,反复比勘,苦不堪言。说史学本是一种功夫,怕苦偷懒的人绝对不要去干这个行当,就是从这个道理上说的。进而言之,史学著作之难,还难在事实的"别择"(鉴别选择)。而编写通史尤难,诚如张荫麟所体验的,难在"剪裁"。显然谁也没有本事把全部中国历史的事实,细大不捐,应有尽有都写进去。通史水平的高下,取决用什么方法"剪裁"才堪得当。在这一意义上,张荫麟甚至发挥说:史学不仅是一门科学,也是一种人文艺术。

吕先生对这种通史创作的艰难,不唯体验深切,而且一生都在反复琢磨和提炼。他对清代章学诚的见解非常推崇。章氏把

---

① 吕思勉:《论基本国文》:"古人有言,要摇动一棵树,枝枝而摇之则劳而不遍,抱其干而摇之,则各枝一时俱动了。一种学问,必有其基本部分,从此入手,则用力少而成功多。"(《吕思勉遗文集》上册,第 678 页)

史材和史学著作(史籍)分为两物,提倡储蓄史材,务求其详备;作史则须钩玄提要,使学者可读。"钩玄提要"实际上是张荫麟说的"剪裁"所必须达到的境界,非此不是胡剪乱裁,便是史材堆砌成团,不成章法。吕先生评价章氏的这种见地实可谓史学上一大发明,说"章学诚和现代的新史学只差了一步,而这一步却不是他所能达到的。这不是他思力的不足,而是他所处的时代如此。如以思力而论,章氏在古今中外的史学界中,也可算得第一流了"①。

"只差一步",这是什么样的一步呢?就是史学必须得西方近代社会科学之助,特别是有关社会整体状况及其变迁的学说,为观察历史增添显微镜和望远镜,才可能"钩玄提要",透识其整体。所以先生多次强调,古今中外,国家政权多变,各类人物如走马灯,其底下都是社会的变化使然,绝非像过去人误解的那样,以为舞台不会变,演员在屡变而已。在这一点上,吕思勉先生的认识,不仅没有一丝"遗老"的气息,而且称得上得风气之先,是一位名实相副的思想先进者。

西方到了近代,学科的分化成为一种普遍的趋势。这种风气传到中国(这方面,梁启超借助于日文介绍,敏感得很早,可惜无暇细读钻研),史学在各门现代学科的推动下,专业内分化的趋势也发动起来了,于是而有政治史、经济史、文化史、民族史、外交史、科技史等,它们之中还分出更多、更细的专题。论"新史学",专门史的成绩最显著,令人称羡。专门史的范围毕竟要小一些,而且那时多般都是做专题,还谈不上做专中之通,能够把"竭泽而渔"作为高目标。史学作为一门学科,做得越是仄深越

---

① 吕思勉:《历史研究法》,《吕著史学与史籍》,第12—13页。

见功夫,这是最符合职业特点的做法,容易为业内所承认,故有唯专为"家"、通不成"家"的习惯偏见。但基于社会变迁的要求,新式学校的广泛兴起,培养一代新人对中国的过去与未来有一种正确的态度,通史再难也不可或缺。傅斯年"暂不宜编通史",是从专家的角度高调要求,生怕粗糙的制品泛滥出来误人子弟。但首先鼓动张荫麟接受编写中国历史高中教材任务的,不就是傅孟真先生吗?

专门史走的是由"合"而"分"的道路,而普通史(通史)则是要将"分"重新返回"合"。这不是简单的拼凑合拢,新的回归应该有所综合、有所升华。吕先生认为通史可以走出困境,开辟新境界,但应该学习专门史创新的榜样,需要在众多与"社会科学"各分支相关的内容间架构一座桥梁,才能通向新的综合。桥梁的架构方法,吕先生认定了,它就是"社会学"。

查阅先生各时期的论著,正面的回答应是连贯的,即向社会史方向开拓。新通史必要以研究社会为枢纽,以考察社会变迁为主线,方能转动全局,开出新境界。据现在查考得到的资料,吕先生这一史学新主旨的表述最早见之于《白话本国史》,时间在1920—1923年,也正是梁启超宣告从政界隐退,酝酿制订新通史体制(草拟目录),并且写出了《社会组织篇》,真有点灵犀相通的味道。吕先生在"绪论"第一章开宗明义即说:"历史究竟是怎样一种学问?我可以简单回答说:历史者,研究人类社会之沿革,而认识其变迁进化之因果关系者也。"在全书的纲目中,我们看到按历史顺序穿插了一些名目全新的章节,如第一篇"上古史"第三章"三皇五帝"中的第一节"三皇五帝时代社会进化的状况",第八章"古代社会的政治组织"(共有六节),第九章"古代社会的经济组织"(共有三节),第二篇"中古史"(上)第六章"社会革命","中古史"(下)第三章"从魏晋到唐的政治制度和社会情形"(共有七节),第三篇"近古史"(下)第五章"宋辽金元四朝的社会和政治"(共有八节),第四篇"近世史"(下)第五章"明清两代的政治和社会"(共有八节)等。至于不标出"社会"两字的内容在许多章节里也有渗透。对社会情形和社会生活的叙述,在当时是非常新鲜的事。这全仗先生对史料的通贯圆熟,比较梁氏的《社会组织篇》文稿要翔实深入得多了。①这本在20世纪20年代初就出版的《白话本国史》,已经被学界公认为我国第一部用白话文写的系统新通史,却至今还很少有人注意到,它也是一部把通史引向社会史方向的开拓性著作,不能不说有点遗憾。②

从1922年《白话本国史》开始试验和探索,到1941年应《中美日报》副刊之约,专题写作《从我学习历史的经过说到现在学习的方法》,先生已经完成了《吕著中国通史》的写作,思虑和考量非常成熟,语气也显得特别的坚定。他说:"史学是说明社会

---

① 《白话本国史》,原名《自修适用白话本国史》,从1920年底确定"序例",至1922年完成。1923年由上海商务印书馆初版发行。这是中国第一部完整的白话中国通史,初版后一再重印,影响广泛。初版后做过几次局部修订。现在由上海古籍出版社于2005年再版,以初版本为底版,参照了作者生前的修改和其女吕翼仁的校计,为最完善的本子。1949年后,历五十余年始能重新排版面世,感慨系之。

② 据笔者阅读所得,较早使用"社会史"名词的是1902年8月邓实在《政艺通报》上发表的《史学通论》,邓氏称旧史"则朝史耳,而非国史;君史耳,而非民史;贵族史耳,而非社会史。统而言之,则一历朝之专制政治耳"。这里的"社会史"是与"贵族史"相对,亦即有"民众史"的意思。通史著作采用社会进化阶段说的,早者推1904年6月出版的夏曾佑《最新中学中国历史教科书》上册,夏氏云:"凡今日文明之国,其初必由渔猎社会以进入游牧社会。自渔猎社会改为游牧社会,而社会一大进","又由游牧社会以进入耕稼社会。自游牧社会改为耕稼社会,而社会又一大进","天下万国,其进化之级,莫不由此。"这实际上也只是文明史即文化形态观的一种表达,尚未自觉地借助社会学方法把通史引向社会史的开拓。同年12月出版的刘师培《中国历史教科书》(国学保存会版)也类似于此。这些资料都说明吕先生采纳社会学运用于通史编写,有时代的背景,有前辈的影响,非纯粹代表个人,而是晚清以来新旧史学蜕变过程中早晚要走出的一大步。

之所以然的,即说明现在为什么这个样子。对于现在社会的成因,既然明白,据以猜测未来,自然可以有几分用处了。社会的方面很多,从事于观察的,便是各种社会科学。前人的记载,只是一大堆材料。我们必先知道观察之法,然后对于其事,乃觉有意义,所以各种社会科学,实在是史学的根基,尤其是社会学。因为社会是整个的,分为各种社会科学,不过因为一人的能力有限,分从各方面观察,并非其事各不相干,所以不可不有一个综合的观察。综合的观察,就是社会学了。"①

今天谈多学科交叉渗透无甚稀奇了。只要看从本科生的毕业论文到博士生的学位论文,就知道已经成了时尚流行,无不声称自己是采用这种"骄傲"的方法研究课题的,后面跟着就是一个不短的多学科清单。在吕先生那个时候,西方社会科学理论还只是初潮骤至,找书不易。梁启超很早就注意到"群学"(即社会学),吕先生也受到影响。斯宾塞的《群学肆言》、甄克思的《社会通诠》、马林诺夫斯基的《两性社会学》等,可能是先生最早直接读到的西方社会学译著。②先生在1920年已经关注到马克思主义的引入,到47岁(1930年),因友人的介绍,开始阅读马克思主义的书籍,对唯物史观看重经济基础的作用,非常之欣赏。③

---

① 吕思勉:《从我学习历史的经过说到现在学习的方法》,《吕思勉遗文集》上册,第411—413页。梁氏《社会组织篇》共八章,与《中国文化史》原拟目录不尽相同,亦见梁先生对通史的结构安排一直游移不定。出处参前注。

② 先生的著作文章不喜借别人自重,征引他人书籍或言论者极少,文内偶有"斯宾塞有言"之类,言简意赅。具体看过哪些西人的书,不易寻得证据。此处据张耕华为上海古籍出版社2006年版《中国史》(即上海商务印书馆1934年版《复兴高级中学教科书本国史》)写的"导读"。耕华教授从李永圻整理先生论著多年,熟悉先生家中藏书情况,当有所据。其他书名省略,可参阅张文。

③ 吕先生对唯物史观的接触较早,也很敏感。见到的文字为1920年在沈阳时所写的《沈游通信》,源自先生读《太平洋杂志》的介绍文章(《吕思勉先生编年事辑》,第87—88页)。后者参见先生《自述》(《吕思勉遗文集》上册,第440页)。

同乡挚友陈协恭1933年为《先秦学术概论》作序,谓先生天资极高,兼弘通与精核二者而有之,且深研近世社会学家之说,非徒专事古书疏通证明可与之同日而语者。①相比于褊狭考据风气,先生的通达尤其显得突出。从今日情景而言,又与颇多新派生搬硬套、作势唬人者不同。先生借"社会学"之助,全在细心领会其观察视角与思想方法的优点,反观中国历史事实,融通不离治史精核的要求,反对凿空泛言,生硬灌注。因此先生运用"社会学",见不到新名词、新概念满天飞,什么模型、模式的莫名堆叠,一如陈寅恪借西方"人类学"的启示,发明隋唐政治制度渊源奥妙,运用存乎一心,了无痕迹。这就是学界老前辈新旧之学兼通的高明。

吕先生接触到的西方社会学理论还处在孔德—斯宾塞初创原理的阶段,什么功能、冲突、交换、结构等分派分系的理论与方法尚未进入。看先生强调"社会学"是对社会的"综合观察",与孔德当时的意思最切近。后来那种以西方现代社会为模型,通过愈益烦琐化、形式化得出的所谓理论"概念"和"范式",还不致像现在这样"污染"到古代社会的观察,折腾得不伦不类。吕先生对"社会学"原理的领会,最能证明前面老友所说"天资极高",对孔德"吾道一贯"的独到领悟,恐怕连这位西方"孔"夫子也会叹息"后生可畏"。孔德把"社会"比喻似人体那样的生命有机体,是更为复杂的"超级有机体";又模仿物理学原理,说社会运行有"静力学"和"动力学"两种定律。我们看吕先生一开口,立足点很高,意境很远。他用本土化语言描述的"社会学",注重揭示的是社会整体运动,富有强烈的历史感:人类以往的社会,似

---

① 参见陈协恭:《先秦学术概论序》,《吕思勉先生编年事辑》,第163页。

乎是一动一静的,这节奏像是人生的定律。昔时的人,以为限于一动一静的定律是世界一治一乱的真原因,无可如何。这种说法是由于把机体所生的现象与超机体现象并为一谈,致有此误。人个体活动之后,必继之以休息,社会则可以这一部分动,那一部分静。人因限于机体之故,不能自强不息地为不断的应付,正可借社会的协力,以弥补其缺憾。社会固然也会有病态,如因教育制度的不善,致社会中人,不知远虑,不能豫烛祸患;又因阶级对立尖锐,致寄生阶级不顾大局的利害,不愿改革等。我们借社会的协力,就能矫正其病态,一治一乱的现象,自然可以不复存在,而世界遂至于郅治了。这是研究历史的人最大的希望。①这段议论,对孔德—斯宾塞之说有所超越,对早期西方社会学曾有过的庸俗生物学偏向有"先天"的免疫力,把它转化成了一种看重社会制度变迁、积极进取的社会变革学说。这难道不是创造性地借用西学而别出境界的一个很好事例?

如何用这种新的社会学眼光观察历史,逮住"社会"这一历来为治史者陌生的"动物"(西人有言社会为不易捕捉的狡猾动物,即指其似有形似无形,变动而不居),是个难点。首先就是史材方面的困难。我们看历史学与社会学的结合,即便到了改革开放后,也仍然有不少人以为只有社会生活方面的史料可以利用开发,而原来正史大部分都不得不因"无用"而被废,"社会史"便无奈地变向朝史学一个分支"社会生活史"的窄路上走去。不能否认,这方面的史料开发和研究有许多突破,但这只是一支专门史的成立,而非当年"新史学"期待中的"普通史"的成功,甚至弄不好,还可能偏离"新史学"的旨趣,与认识中国社会特点、推

---

① 参见吕思勉:《吕著中国通史》"绪论",上海:华东师范大学出版社,2005年,第5—6页。

动社会变革的目标显得隔膜不合。

借"社会学"之助,疏通知远,通观其变,目的是为了认识中国社会整体状态及其变迁的方向,先生毕生精力尽萃于此,是他认为须臾不可疏离的"新史学"主旨。从这个角度上考量,细致梳理并深入认识先生在社会史开拓方面究竟有哪些突出的建树,就显得很有必要了。

片面理解甚至夸张梁启超对旧史学批判的某些意见,先生向存不同意见。他说:旧史偏重政治,人人所知。偏重政治为治史之大弊,亦人人所知。然(一)政治不可偏重,非谓政治不可不重。(二)政治以外的事项,亦可以从政治记载之中见得。此二义亦不可不知。现在很多人喜欢说社会史是眼睛向下,写民众的历史,当时新史家称"人群的历史"。但若从史材而论,至近现代天地稍宽,越是往前史材愈少,悬木求鱼,久为史家苦恼。至于人民为历史的主人,这是从宏旨大义上说的,政权不为人民所有,情景就难以一言而尽。对此,先生的见解比较切近实际。他说人民方面的材料虽云缺乏,但须知(一)此乃被压迫阶级不能自有政权,而政权乃为压迫阶级所攘夺,自不能与政府方面的材料相比;(二)正史中也绝非一无所有,要在费心开发。先生毕生花在这方面的精力真不少,打破了靠旧材料不能编著新通史的疑虑,开发的范围除史部外,兼及经、子、集,对集部价值的敏感也最早,故后来有集萃史材大成的"史钞"通史——四部断代史的编纂(今人对文集的开发正渐成风气,明清数量太大,故稍嫌迟缓)。①

史材之开发,已如上论。由史材出史识,则一靠眼光,二靠

---

① 参见吕思勉:《中国史籍读法》,《吕著史学与史籍》,第 97、75—77 页。

灵气(先生则说一由功夫、二由天赋)。先生常说"社会体段太大",举一端而概全体,无有是处。正确的方法,就是先得有一种全局性的眼光,把社会看作是综合的、流动的、进化的,活用中国古人的老话就是"通观其变"。

回顾百年史学的历程,吕先生所做的建树,无论史材还是史识,下功夫最深的是制度通史,成就也最为卓著。最早可追溯到1925—1926年在沪江、光华两大学对历史系学生的讲授,讲义初名"国故纲要""国故新义",一度改为"政治经济掌故讲义",后改名为"中国社会史",原稿设18个专题。其中5个专题于1929年正式出版,是为《中国国体制度小史》《中国政体制度小史》《中国宗族制度小史》《中国婚姻制度小史》《中国阶级制度小史》。①这方面的研究始终在深入,心得愈后愈成熟,最后完善、凝聚于1940年出版的吕著《中国通史》上册。从47岁至58岁,经历了由"不惑"到"知天命",也标志着先生的学术生命达到巅峰,炉火纯青。

通观吕先生的学术编年史,在20世纪20年代前期完成《白话本国史》和初高中教材编著之后,精力转注于制度史的研究。治史者都有体会,制度史研究,特别是贯通古今、涉及全方位的制度渊源沿革,要从详纪传人物、略制度事物,细琐繁复、茫无头绪的正史材料中,梳理制度沿革的线索脉络,不博览群书,没有分析综合、比较鉴别的功力,绝难摸到边际。为什么要去干别人

---

① 初由上海中山书局于1929年初版发行。1936年4月上海龙虎书局增订第三版,改书名为"史学丛书"。1985年上海教育出版社出版,易名为"中国制度小史",然《中国阶级制度小史》被省删。《中国阶级制度小史》后收入《吕思勉遗文集》下册(第273—314页)。据张耕华教授告知:今年年底,古籍将推出这部重印书,不仅恢复吕先生自己的命名"中国社会史",原删去的部分:阶级一部,商业、财产、征榷、官制、选举、刑法诸部中近代以后的叙述,以及各专题内的一些分析、评论的段落,总计十余万字,全部恢复。

看来事倍功半的这等苦活呢?

笔者现在终于读得明白了一些。先生凭着自己治学积累的特长,触悟到历史学与社会学的结合,社会历史学的本土化,必须通过制度史入手,方能曲径通幽。先生自我的表述,有下面两层意思:(一)《文献通考序》把史事分为理乱兴衰和典章经制两大类。前者是政治上随时发生的事情,今日无从预知明日;后者则关于国势盛衰、民生大计的内容最多,是预定一种办法,以控制未来,非有意加以改变,不会改变。前者可称为动的历史("社会动力学"),后者可称为静的历史("社会静力学"),当然这是仅就形式而言,不可泥执。①(二)进言之,历史上的一切现象,都可包含在这一动一静的交叉变化之中(实际上,动与静也是相对的,动中有静,静中有动。这一点,先生的阐述还不够清晰)。先生说"理乱兴衰",就是古人所说的求治法之善与不善,精力不可谓不多。不可继行的制度不变,治平之世不可得。然当政者对制度的保守为一种集体无意识的惰性,常转为抗阻革新之弊;只有制度的革新,才能治丝益棼、排难堵乱,开出历史新局面。而入至近世,情境又变,青年经历未深、阅读不广,民之情伪未知,嚣嚣然以为天下事无不可为,举武辄踬,戊戌变法以来,屡变而终不得其当,实由是也。先生把会通这两方面的情况看得极重,明乎此,研治历史则探骊而得珠,教授史学之意义亦由此而达彼岸。②

吕先生还从另一角度申述这种历史认识方法的意义。过去的人总说"史也者,记事者也",史事仅止于叙事而已。但历史上发生过的事情实在记不胜记,不能尽记,也不必尽记。深求其

---

① 参见吕思勉:《中国史籍读法》,《吕著史学与史籍》,第97页。
② 参见吕思勉:《中学历史教学实际问题》,《吕思勉遗文集》上册,第479—480页。

故,必从社会制度上着眼,方见得深,看得透。例如以往专重特殊的人物和特殊的事情,却不知道这些特殊的人物和事件总在发生一定的制度环境之中,是那时社会关系和社会环境的结果。制度总在不停地"潜运默移",重大事件看起来像"山崩"那样激烈,却是由社会的长期"风化"积累而成的,由此而造成所谓"世运"的转移,划分出中国历史内在各个时段的变迁。①过去因为没有"社会"这个概念,遇到时局艰难,囿于所谓历史的经验,便误以为只要古代的某某出来,只要用过去的某某方法,就能解决问题。若知道社会是动态的,变动而不居,历史便是维新的佐证,而不会再是守旧的护符。"深求其故",还要讲清历史各个方面相互发生的因果关系。社会是整体的,任何现象必与其他的现象有关系。这因果关系看似复杂,但其中必有影响力大小的不同,有时此重彼轻,有时彼重此轻,但以物质为基础,经济发展的力量总是历史变化的原动力。有这样的历史认识,就可以改变许多陈旧的认识习惯。例如中国的旧史学一向以政治为核心,习久了就误以为政治才是社会的原动力,国家的治乱兴亡全由于政府中几个人措置的得失。时局不行,换些人就可以了。真知道历史的人,便懂得改善制度比人治更重要,制度变迁的后面,又是由经济变迁慢慢推动的。

　　在这样一种识史方法观照下,开出会通历史的新境界是自然之理。阅读《吕著中国通史》,有许多具体历史情节,后之史家研治专深,更赖史料新的开发,呈现得更为细密可靠(最出色者当如严耕望的地方行政制度研究,从宏通处着眼,精密则称雄一

---

① 吕先生对中国历史分期问题的见解,有专题研讨的价值,容后再论。有关情况,可参见张耕华为上海古籍版《中国史》所写的"导读",对先生的分期法有具体的介绍。

世①),但先生许多精彩通观评论,直击要害,能传达出常人轻易看不出的历史意韵,让读者享受知性旅行的愉悦,得益的不仅仅是历史知识的丰富,更是增进了对社会状态和社会变革的认识。我想,先生的作史愿望原就是如此。

先说"人民为历史的主人"。这是社会前进的方向,也是新时代治史者应有的宏旨大义。先生始终追求现代"大同世界"的实现,欣赏有理想激情的人,但通过历史的考察所得的结论,认为通达和理性更是现代人必备的品质素养。他从中国历史梳理所得的社会进步,认为必基于社会组织的改变,基于公众参与度之扩大。简约概括为:(一)事权自少数人渐移至于多数,此自有史以来其势即如此。自今而后,事权或将自小多数更移于大多数,移于公众性的社会组织。(二)交通范围日扩,密接愈甚,终必至与世界合流,此观于中国昔者之一统可知。世界大同,其期尚远,其所由之路,亦不必与昔同,其必自分而趋合,则可断言也。(三)公众的受教育程度渐高,公众参与的范围就越广,专擅之少数人秘密政治也愈来愈难得逞,"天下"必为天下人的天下。真正的民主,植根于真正的教育。政治的解放,必先之以教育的解放。②这里我们看到吕先生富有特色的治史方向,关注历史上的社会风气、制度变迁,是为了现在和未来社会的进步,也饱含着他对"大同世界"的美好憧憬。

---

① 严先生的中国中古政治制度研究的代表著作是《中国地方行政制度史——秦汉地方行政制度》《中国地方行政制度史——魏晋南北朝地方行政制度》。严著既有精密的考证,又有宽阔的视野,对重新认识中央集权政治体制的复杂性有突破性的贡献。严先生为钱穆门生,钱氏又为吕先生的学生。笔者以为,严先生制度史的眼光更近吕先生,故对吕先生有"四大史家"之誉评。(参见严耕望:《治史三书》,沈阳:辽宁教育出版社,1998年)

② 前两点参见吕思勉《中国史籍读法》,原为先生在光华大学讲授之讲义,生前未刊,时间在抗战之前。《遗文集》收录不全,请参见《吕著史学与史籍》,第66—67页;后两点参见《中国文化诊断续说》,《吕思勉遗文集》上册,第335—336页。因先生叙述甚长,此处由笔者精简而述之,自信大致不违原义。

这种通观的认识,落实到中国历史发展脉络的梳理,先生持有异于常人的见解,不少独到之处。先生认为周以前为上古史,这一时期是我中华民族从极浅演之群,由部族、邦国逐渐演进为一个大国的过渡时代。夏商周三代,好似一个"国际社会",有大大小小的许多"封建"邦国。其中握一国之主权者称"君",而能驾驭列国之上的强国,称"天下共主"。秦以后进入统一时代,既不再封邦建国,用人亦不拘贵族阶级,封建势力好像是解决了,实则新问题又起来。封建古制的"反动",是不可免的。不仅表现在思想文化乃至王莽改制的复古,更深刻的是,"封建势力"仍以各种变相在延续。从边远至内地,各种区域内各有恶劣的"封建"势力,事实上即等于上古时代的各个小国,其中有州郡割据,有豪强霸横,有文化较低民族建立的政权,甚至宗室外戚的专权,地方官的"自行其是",都未尝不是"封建"遗逆的表现?因此长期以来政治上的扰乱,内乱外患,甚至部分时期的大分裂,莫不是这些势力轮流反复在起作用。封建势力的根源,实在于土地上的剥削,而消除封建势力要靠资本主义的发展。中国疆域广大,交通险阻,资本主义势力的发展多在交通大道一线,难以向腹地深处发展。所以中国政府的统一性、积极性,说起来实极可怜。这只要看中国历代,行放任政策尚可以苟安于一时,行干涉政策即不旋踵而召乱。言治皆轻法治而重人治,地方唯有派一能员就此地方定出相当的方策,才有一定的成效。故秦汉以后,代表国家主权者所当严加监督者乃在官僚,治官之官日益,治民之官日减,治民者但求无过。①我

---

① 以上简述综合《本国史提纲》《中国文化诊断续说》《中国通史的分期》,请分别参见《吕思勉遗文集》上册,第633—663、330—331、558—585页。先生对商业资本的看法也有许多独异之处,如认为资本主义可以破坏"封建"势力,但他们也容易相互勾结,故亦应"节制资本"。容另文讨论。

们看,这样地观察中国历史,自较许多拘泥于书本或外国理论概念的,更注意到社会组织方面特有的弱点和弊病,政治内在变迁的"中国"特色。

此就历史长时段之形势而言。落实到短时段,事件的历史,眼光一样的锐利。兹举一例。先生的历史分期颇多独特,独特之一,即先生反复申论"王莽改制"为中国历史的又一转捩点。先生在各本通史中叙述此事,可简约归纳如下:远古社会始于公产,自公产之制破坏后,人心始觉不安。授田之制既坏,然而有官税、私租之分,遂至汉代起有兼并之害,后世有加派之弊(税外加费)。实则公社、封建的社会组织既已逐渐堕坏,古制本无所依托,然先秦以来言改革者总觉应返古法,分为两大派,一主平均地权(儒家重行井田之说),一主节制资本(法家打击豪强富商)。至王莽乃将两说合而为一,其决心加以贯彻,魄力可谓极大。改革不但没有得预期的结果,反而闹出滔天大祸。这失败绝非王莽一个人的失败。王莽的行政手段拙劣,但这只是枝节。即使手段很高强,亦不会有成功的希望,因为社会环境已经变化,社会组织没有大的改变,根本上是注定要失败的。这是先秦以来言"公产"改革者共同的失败。汉代的多数人对社会现状都觉得痛心疾首,汉以后则主张姑息保守成了大多数,以为"天下大器"不可轻动,"治天下不如安天下,安天下不如天下安"。所以这是中国历史上的一大转变,思想学术方面相应的变化,即是彻底改变社会的组织业已无人敢提,解决人生的问题遂转而求之于个人,于是后来有玄学、佛学、理学的迭相兴起,直至明末清初才有学术启明星的出现,对政治制度的痼疾与"天下兴亡,匹夫有责"等根本做深刻的反省。① 我

---

① 以上据《复兴高级中学教科书本国史》与《吕著中国通史》有关章节综合而成。

们看众多通史教材,直至当下,多数也还是纽结在王莽改制是耽于空想,还是虚伪作假的个人品质之辨上,未曾从政治变迁的大关节上着眼,就见得吕先生确是极少数能达至疏通知远高度的史学大师。

再举王安石变法一例。先生论熙宁变法,认为王安石的新法,范围既广,流弊自然不能没有。例如青苗,以多散为功,遂不免于抑配(强迫摊派)。抑配之后,有不能偿还的,又不免于追呼,甚至勒令邻保均赔。保甲则教阅徒有其名,而教阅的人,反因此而索诈。在当时,既要大改革,不能不凭借政治之力;而在旧时官僚政治机构之下,借行政力量来实行改革,自然免不了弊窦百出。既处于不能不改革之势,照理应大家平心静气,求其是而去其弊。而宋朝人的风气,喜持苛论,又好为名高。又因谏官权重,朋党之风,由来已久。至此,新法遂因党争而宣告流产。比较新旧两党,新党所长在看透社会之有病而当改革,且有改革的方案,而其所短,徒见改革之利,不措意因改革所生之弊。旧党攻击因改革所生之弊是矣,然只是对人攻击,自己绝无正面的主张。最无道理的是,当时的政治没有问题,不需要改革么?明知其不好,怎能听其自然?面对这个问题,我想旧党就无话可说了。由历史上改革的失败,先生预言:"将来总要有大的改革出来。"①读到这里,先生精细阅读各种史料,感觉敏锐犀利,穿透古今的力度就显示出来了。先生说"探原过去以证现在及将来"的会通意境,由此倍感亲切,可以心领神会了。

---

① 以上议论,系综合《复兴高级中学教科书本国史》与《中国政治思想史十讲》(1935年光华大学讲义)。后引见《吕思勉遗文集》下册,第69页。

四、"思勉人文学术"精神

　　1984年，著名历史地理学家谭其骧先生为纪念吕思勉诞辰一百周年题词，写道："近世承学之士，或腹笥虽富而著书不多；或著书虽多而仅纂辑成编，能如先生之于书几无所不读，虽以史学名家而兼通经、子、集三部，述作累数百万言，渊博而多所创获者，吾未闻有第二人。"①"四部之学"为中国传统的人文学术，至现代则分演为文、史、哲等科。先生的著述除通史外，于民族史、思想学术史、古典文学史均有专著纂述。因长期兼授国文教学，对大学、中学的国文教学和语言文字改革，也有许多独立的见解。②今日称吕先生之学术为"思勉人文学术"，与先生出入于文、史、哲三科均有创获的经历相符，庶几可以成立。

　　先生名思勉，字诚之，均富人文内涵。一生学术的主要成就大都是在光华大学完成的，先生视其为最后的精神家园，毕生学术归宿所在，有名校坚聘亦绝不忍弃"乡"他走。光华大学创办于1926年元月，据《尚书大传·虞夏传·卿云歌》"旦复旦兮，日月光华"取名，故以日月卿云为校旗，红白为校色，"格致诚正"四字为光华大学的校训。③无巧不成书，"诚"字把先生与光华合为

---

　　① 《吕思勉先生编年事辑》，第357页。
　　② 需要提到的有1931年商务印书馆出版的《宋代文学》、1934年商务印书馆出版的《中国民族史》，前者收于《论学集林》，后者今收入中国大百科全书出版社"中国学术丛书"。1933年出版的《先秦学术概论》，与同类书多侧重哲学不同，此著独注重社会政治方面，颇具特色。1937年，针对光华大学设立的"基本国文"一科，特撰《论基本国文》长文，对今日大学国文教学亦有启发。原文收入《吕思勉遗文集》上册，第678—696页。
　　③ 光华大学创始人、校长为张寿镛。公子张芝联教授作有《日月光华，旦复旦兮——追忆母校光华大学》，记述办校经过，以及本人就学、任职时代的掌故颇详，载《万象》2000年第6期，读者可参考。

一体，而"思勉人文学术"的真精神也正是在"诚正"两字上体现得最为鲜明。

吕先生读古书之多，无人不钦佩。但视先生为旧时代中人，系旧式人物的错觉，曾经流传一时。至少在我做助教的时候，听得教研室某老师回忆先生上课，不带片纸，手拿粉笔，在黑板上捷书史料，讲完再写，写完再讲，事后对照，洋洋洒洒，一字不误，觉得非常神奇。但讲说者对先生的思想观点作不屑状，不愿多言，因此我一直误以为吕先生确为"封建遗老"，是属于过时的旧人物。现在把吕先生的书大都读过了一遍，方始觉悟"读其书，想见其为人"，先生从幼年起对国内外时事就非常关心，读新书也读外国人文社科类的书，且笃学深思，对新思想的吸纳，凡有善者、可信者，无不虚心渴求，但绝不苟取，也不尾从权威，有独立的主见。

吕先生是在光华大学创办的当年8月入校任教的，先任国文系教授，不久即创办史学系，出任系主任。先生一手制定史学系的课程，并向诸生讲述办系宗旨。先生要求学生用新方法整理旧经典，既要用心阅读必要的古籍，也须通知外国史事，精研西籍，更要明了现今世变之所由，目光不唯在书本上。治学的精神，则是"必先立平实之基，进求高深之渐。求精确而勿流于琐碎，务创获而勿涉于奇袭"①。此数语实集萃先生一生治学的精神，其中"平实"两字尤为紧要。

唐史名家、陕西师大历史系教授黄永年是吕先生抗战时期的苏州中学常州分校（高中）的学生。生前回忆说："现在，我也是五十好几的人，已接近当年吕先生给我们讲课时的年龄了，也

---

① 《吕思勉先生编年事辑》，第1422页。

勉强在大学里带着几位唐史专业研究生。可是抚心自问,在学问上固不如吕先生的万一,在为人处世上也深感吕先生之不易企及。吕先生当年曾为我写过一副对联:夙夜强学以待问,疏通知远而不诬。联上写明是录梁任公语。它促使我时常考虑怎样真正做到这两句话,真正不负吕先生当初对我的勉励。"黄先生后来把从吕先生那里得来的师训,转化为自己的治学格言:"做学问不赶时髦。"①黄永年的这句话,作为先生"平实"两字的注脚,确是十分贴切。

在20世纪诸史学大家中,吕先生是治学心态最平心静气的一个。他有激越的理想抱负,但从不张扬,治学有似陈、王两位,也是"外冷而内里极热"。这与他淡泊宁静,"埋头枯守、默默耕耘"的为人风格极相契合。先生绝不是"两足书柜",对国祸民忧无所动心。他的学问,有两个特点:一是极具平民意识,与陈寅恪、钱宾四特重精英文化迥然有别。先生十分关注民间社会的生计,大至水利、赋役、吏治,小至百姓饮食起居,所到之处,必细为调查,对物价波动尤其敏感,至几元几分,均一一载录。眼睛向下,关注民间基层生活,重视社会经济研究,在同辈史家中恐少有与之匹俦的。二是对社会进化向持乐观向前的心态。他信从社会进化的观点,认为制度的变迁最为紧要,"大同"是人类必走的道路。这同陈寅恪的悲观成鲜明对比,似与郭沫若相近,但更秉持自然演进的立场。他之接纳社会主义学说,亦出诸学术追求。

先生的论治学,一直强调应抱有理想,服务于社会改革的根本,勿流于琐碎饾饤的考证。先生评述年长一辈著名学者,反复陈述他们的成功实是时代使然。是社会的变迁,改革的艰难,玉

---

① 黄永年:《回忆我的老师吕诚之(思勉)先生》,《学林漫录》第4集。

成了这些学者的事业,而先决条件是他们都对社会改革抱有诚正的热情。他说:对于现状的不满,乃是治学问者,尤其是治社会科学者真正的动机。若对于其现状,本不知其为好为坏,因而没有改革的思想,又或明知其不好,而只想在现状之下求个苟安,或者捞摸些好处,因而没有改革的志愿,那还要讲做学问干什么?① 1943年,在《学制刍议》一文中,借孤寒子弟教育的重要性发表议论,这段文字少为人注意,却足以传达先生治学的真精神。先生说:"不论国家政治社会事业,总是要有人去办的,而人之能善其事否,实以其有无诚意为第一条件。必有诚意,然而其才可用诸正路,其学乃真能淑己而利群,不至于恃人以作恶,曲学以阿世,反造出许多恶业来。道德为事功之本,诚意为道德之本。"②

理想必不可少,但要在激情与理智的平衡。他对康有为与章太炎都很敬佩,说他们当其早年,感觉敏锐,迫之于旺盛的感情,出之于坚强的意志,所以能做出一番事业。但因为感情较重于理性,及至晚年,则渐与现实隔离,遂至不能适应环境,终至招来失败。相比之下,先生更欣赏严几道与梁任公。他说:严复头脑是很冷静的,其思想亦极深刻。他不是单凭理想、不顾事实的人。梁任公介乎狂狷两者之间,既有激情,亦不失通达。从许多文字透出的才性来看,先生于梁启超最为心仪,虽然"大同"理想是得之于康有为的启迪,在理性论事、做学问求深刻通达方面,"最于梁先生为近"。③

---

① 参见吕思勉:《从我学习历史的经过说到现在学习的方法》,《吕思勉遗文集》上册,第412页。
② 《吕思勉先生编年事辑》,第251页。
③ 参见吕思勉:《从章太炎说到康长素梁任公》,《吕思勉遗文集》上册,第385—401页。

先生认为处于社会变迁的时代,使人人具有改革思想最为当务之急。然而,社会的进化有一定的速率,并不是奔逸绝尘,像气球般随风飘荡,可以不知落到哪里去的。目标虽好,没有好的方法,没有好的实现途径,往往好事会造作出坏的结果。所以,改革思想非可以空言灌注,亦非单凭热情就可以的,必深知现在社会之恶劣,而又晓然于其恶劣之由,然而对于改革的志愿和改革的计划应有理性的考量。这种理性的考量从哪里来?一是靠从现实得来的阅历和锻炼,一是求之于书籍,求对以往社会的总结和检讨。历来理论之发明,皆先从事实上体验到,然后借书本以补经验之不足,增益佐证而完成之。先生在《读书的方法》一文里特别地说明:"读书,到底是有益的,还是有害的事,这话是很难说的。学问在于空间,不在于纸上。要读书,先得要知道书上所说的,就是社会上的什么事实。如其所说的明明是封建时代的民情,你却把来解释资本主义时代的现象;所说的明明是专制时代的治法,你却把它来应付民治主义时代的潮流,那就大错了。从古以来,迂儒误国,甚至被人讪笑不懂世事,其根源全在于此。所以读书第一要留心书上所说的话,就是社会的何种事实。这是第一要义。这一着一差,满盘都没有是处了。"①因此做学问的,须将经验与书本汇合为一,把经历锻炼和书本知识相互证明,才会有真体会,有真心得。对现实的观察有多少深度,对历史的理解就会有多少深度;反之亦然。治史学的,如果对现实生活漠然无所心动,完全闷在书斋里,无所用心,不敢思想,学问的格局不会大。先生把世上的一句俗话,赋予新的意义,变成了治史者应置于书案前的座右铭:"世事洞明皆学问,人

---

① 吕思勉:《读书的方法》,原刊 1946 年 6 月 3 日《正言报》。

情练达即文章。"

  现在我们来纪念先生的学术,其经历已不可能复制,学术随时代而进,更不允许亦步亦趋,专事保守。如何从精神气韵上领会和融通先生的文化遗产,是为我们这些后学者所当钻研的课题,亦即古人所说的"当师其意而用之"。

历史是进步的？
——近现代中国对进化论的批判
[德]阿克塞尔·施耐德(Axel Schneider)

> "历史是进步的？"这个题目其实是一个问号。
> 我不是说它是错的,也不是说它是对的,
> 但是它是值得我们去怀疑的。

刚开始我定的题目是"中国近现代的保守派",后来发现"保守"这个提法非常有问题。第一,它是西方左右翼的那套和保守,这个三角关系的一角,它包含了很多西方特有的一些政治、社会等内涵。在近现代的中国其实"保守"这个词唯一比较明确的意思就是:你保守,我不喜欢你。这是一个贬义词。而且所谓"保守派"的人,像清代的章太炎这些人其实并不保守,只是他们走的路子跟"五四"那代人不一样,所以被称为"保守"。

其实我真正感兴趣的题目就是早期的一些不完全赞成,甚至于完全反对走现代化路子的这些人,他们为什么会反对我们所谓的"现代化""现代性"?他们那时候不是用"现代化"和"现代性"这些词,他们使用别的提法,别的词,别的术语。但是他们为什么反对?因为我很快就发现其实那些反对的人,有批判态度的那些人,往往是非常聪明的,甚至对西方比提倡西化的那派

人更理解,而且理解很多西方不同的声音、不同的学派、不同的哲学立场。他们搞不好是最早发现其实没有"西方"这个东西的人。"西方"跟"中国"一样,是不存在的一个东西,因为它不是一个完整的整体,而是一个内在非常多元、非常复杂的东西,所以他们很早就意识到这一点而开始思考、开始反省我们走现代化这条路到底对不对,怎么走,有没有正确的选择。

为什么现在要研究这些人呢?因为说实话这些人是非常边缘的。在中国20世纪的历史当中,这些人之所以有影响,是因为他们其他的一些立场,但是他们那些反对的声音其实影响不大。像章太炎,章太炎对于历史的批判,早期受佛教影响的那一段影响不是很大。他对史学和史学史发展影响最大的是古文学派、考证学这一块,但是对于历史的批判,对于进化史观的批判,基本上史学界没有接受。或者是像柳诒徵、刘咸炘、景昌极、缪凤林这些人,基本上很多人根本不知道。那么,为什么要研究他们?有一个比较简单的理由,是因为之前没有人做过这个研究,这个是最不重要的理由。其实我们看过去十年、二十年的中国知识界的一些变化,很快就会发现其实从91、92、93年之后,中国知识界所思考的一些问题跟这些人有一点关系。有一些不一定纠结"进化"或者"进步"的观点,但是对于"进步""进化"有所反省。像"国学热"也不是完全反对现代化的,其实也是一个很复杂的现象,但也是对这些人感兴趣。那么他们之所以对这些人感兴趣,有的是因为刚好可以透过这些人建立一个新的认同,跟传统又重新发生关系。但是不见得这么简单,还有不少人对他们感兴趣是因为他们那时候思考的一些问题,其实我们现在也还一直在考虑。所以我觉得研究他们的一个重要目的不是说他们那个时候的一些具体的立场,我们现在可以采用或者赞赏,而是我们可以透过对他们的研究，进一步思考我们当下的一些史学界、哲学界所面临的问题。

还有一个跟中国过去几年的变化没有关系的理由，就是西方对近现代的这种进化史观、进步史观的研究。其实从第二次世界大战之后就一直有一个观点，海德格尔的一个学生叫卡尔·洛维特（Karl Löwith），他写过一本书《历史的意义》（*Meaning of History*），这本书主要分析"进步史观"（Progressive history），基本上他是以基督教为背景的。最近这样的书很多，而洛维特也只是讲欧洲而已。我觉得我们要多考虑、多思考中国传统史学、中国传统的史观，对历史的态度是怎么影响近现代史学史、史学的发展。

最后一点，为什么要研究这些人？进步史观或者进化论其实不是思想界的一个现象，它其实跟18、19、20世纪西方的社会史，特别是经济史、经济制度的改变，有非常密切的关系。这个进化史观其实是以一种新的对时间的理解来进行对历史的思考。我们看一下西方的法兰克福学派的穆伊什·普殊同（Moishe Postone）写过一本书分析进步论与资本主义经济制度的关系。彼特·奥斯本（Peter Osborne）也写过类似这样的书，就是《时间的政治》（*The Politics of Time*）。还有一个最近比较红一点的，也是蛮有趣的一个人，他的书现在有英文版，非常值得翻成中文，这个人叫作哈特穆特·罗萨（Hartmut Rosa），也是法兰克福学派的一个社会学家，他分析过去二三十年"产业革命"（Productive Revolution）所引起的整个经济模式再进一步加速的现象。我们现在生活速度、经济速度跟30年前比快了很多。从我上大学到我后来在大学开始任教，是1989年第一次开始在大学教书一直到现在。我在1989年工作的压力跟现在的工作压力比，现在是那个时候的 3 倍，不是因为我的地位不一样，真的是 3 倍。其实这也是现代化更加速、更快的现象。他分析这一点，也是对"进步""进化"的现象，与时间、经济的模式有什么样的关系做进一步的分析。刚好我研究的这些人有一些对时间、历史的性质的考虑，所以我觉得从西方对现代化的反省这个角度来看他们，也是蛮有趣的。

我们讲他们对"进步"的批判，先要理解"进步"到底是什么东西，"进步"和"进化"的区别是什么？这个其实在中国早期没有搞清楚，一直把这两个东西搞混了，认为进化论就是"进步"的一个立场。其实，在西方"进步"与"进化"是完全不同的，分得很清楚。"进步"观点是西方现代性的一个核心理念。它不仅是我们所观察到的一个现象，我们简单地看一下欧洲或者中国那一段历史，当然有很多"进步"的现象，有很多技术方面的进步，而且那个时候的人也是看到了这些"进步"，不是说我们才知道有"进步"，其实之前古希腊就知道有"进步"，但这不是进步史观。进步史观基本的想法是："进步"是一个不可避免的，带有必然性、因果关系的整体。它不仅仅是一个经济方面的、社会方面的，而是整个社会的，包括政治、经济、思想、伦理等全部在内的一个"大写的历史"。对"进步"的理解是这种"大写的历史"的开始。至于进步的动力是什么，在欧洲有各种不同的立场，但大概在 17 世纪末叶 18 世纪初开始，对"进步"的这种理解在欧洲是非常普遍的，就是把"进步"看成一个完整的整体，包括所有人的生活各个方面的一个历史过程。

那么这样的一个进步观点，它的根据是什么呢？即它的一个比较抽象的特点是什么呢？它基本上是根据牛顿式的物理学对时间的理解，就是说时间再也不是一个集合概念（collective concept），而是一个量化的观点。时间是一个抽象的，好像是可以用数学的方式测量出来的一个东西。就好像一条线，每条线上面每一点都是同样的性质，可以用表来测量的。这个时间线上每一个点、每一个时刻都是平等的，距离都是一样的，这就是牛顿式的现代物理学的时间观。这种时间观背后的这种用量化方式的、新的自然科学态度，跟经济关系非常密切。美国的富兰克林（Franklin）说"Time is money"（时间就是金钱），这句话就很对，所以这种对时间的理解跟那个时候新的经济制度的发展有密切的关系，所以整个社会的理性化、专业化都跟这个时间观有关系。

这样的一个时间观其实是把时间对象化了，时间不再是一个带有不同性质的，有神圣的时间、有世俗的时间等不同的时间。它是一个外在于我们，我们可以观察的，我们可以测量的一个对象，所以这跟整个欧洲的科学革命关系非常密切。笛卡尔所谓的"我思故我在"这样一句在现代科学中有代表性的话，跟这种对象化也有非常密切的关系。我们在那一时期里把整个世界都对象化了。在这之前我们是上帝所创造出来的这个"宇宙"的一部分。之后我们好像从这个"宇宙"跳出来，"宇宙"变成"世界"，而这个"世界"是我们所处理的对象，此后才有主体与客体。我们变成主体，世界变成客体，这个客体、这个对象我们可以用测量的方式来对待，我们可以控制，我们可以改变，我们可以创造出现在这个"世界"，这些东西。这在之前是不可能的，根本不会有这样的想法。如果你们感兴趣的话，可以看一本比较有意思的书，是德国人写的一本书，这个人叫克尔曼（Kehlmann），这本书也有英译本：《测量世界》，写的是哥廷根大学的数学家高斯（Gauss）发明测绘学，用数学方式来测绘整个地形的故事。虽然这段故事跟史学没有关系，但是代表着同样的一种转变。我们的环境从一个有神的世界变成一个我们可以控制的，我们可以改变的，我们可以把山挖掉，我们爱做什么就做什么的一个对象。我们看一下现在的环境就知道我们这样的一个态度，把世界变成怎么样了。如果你们感兴趣，还有一篇文章也非常值得读一读，也是比较抽象的，其实跟史学关系非常密切，是海德格尔写的一篇文章：《世界图像的时代》(The Age of The World Picture)，就是叙述这种从笛卡尔的"我思故我在"到高斯的绘测学的转变的，从人是宇宙的一部分到人把宇宙对象化，把宇宙当作可以操纵的、可以改变的一个对象，新的对时间的理解跟这个关系非常密切。

具体来说，进步史观就把历史当作一个线性的、带有规律性，也因此有某种程度必然性的过程。这个过程不一定有目的。有的进步史观没有目的，一直这样发展下去。有的是目的论的进步史观。特别是目的论的这种进步史观，根据洛维特的分析，跟原来基督教的救赎史架构非常像。这种线性的、有必然性的、不一定有目的的这个历史过程其实是我们后现代主义所谓的"大写的历史"的开始。之前"历史"是复数的，其实是"故事"的意思。德文的 Geschichten，英文的 histories。其实之前有很多 stories，我们可以讲很多故事，爱怎么讲就怎么讲，基本上是一种有道德作用的讲故事的态度。现在这个"stories"变成"History"。德文的 Geschichten，"故事"的复数，变成 Geschichte，"故事"的单数，也就是历史的意思。所以历史变成一个单数的、外在于我们的、很有动力的、直线的必然过程。那么，人在这种有一点规律性的过程当中可以扮演什么角色呢？这个也是有不同立场的，有的人认为人基本上没办法做什么，我们就只能服从，甚至有点宿命论的味道。严复翻译的斯宾塞基本上就这么认为，认为人是无法影响这个过程的。有的人认为人虽然没办法改变，因为人是有因果关系，有规律的，但是我们可以做好准备，可能就不会被淘汰。或者我们可以加速，我们可以大跃进，我们可以稍微慢一点，可以有这些不同选择。但是基本的方向、基本的目的，我们是无法改变的。

基本上你如果认同这样的一个进步过程的目的，那就会变得很舒服，非常非常乐观。因为假如这是一个完全必然的过程，你完全可以放轻松等它到来。如果你认为我们还是有一点影响，还要多点努力，但你还是会有一个外在的保障，就是说不管你怎么样努力，我们最终还是会达到这个目的，只是快慢的问题而已。但是这种进步的过程，就是说现代的科学越来越进步所引起的工业革命，而工业革命所引起的各种乱七八糟的社会政治的改变，现代化的改变，到了19世纪末叶，西方的知识界很快就发现这个过程是很有问题的，因为它不仅是有正面、乐观的那一面，也是有负面的那一面，后来马克斯·韦伯（Max Weber）说的"祛魅"的那一面。因为这样一个被对象化的世界再也没有魅力了，没有神了，也没有什么神秘的东西，它就是一个对象，它就是一个可以挖的洞，可以挖的山，可以改变的地形，没有任何神秘的、神圣的东西了。

这种祛魅的那一面也表现在历史方面。因为原先我们认为这个"进步"的过程是必然的，一直往前发展，也有一个目的，但是我们开始对这个目的有所怀疑，这样的一个历史过程不可避免带来的是一种历史化。每一个东西都被历史化了，被历史化也就是被相对化。这代表什么呢？之前有一个放之四海而皆准的标准，一个来自上帝或者来自形而上学的标准或者价值，不管你看到什么东西，你都可以用这个价值、这个标准来说这个东西好坏。但是当这个东西变成历史过程的一部分，一直在变的时候，那你去衡量这个东西，你去判断这个东西好坏的标准来自哪里？刚开始的启蒙认为这个标准就是人不变的永久的"理性"，启蒙的"我思故我在"这句话就代表对人的"理性"的崇拜。但看到历史的进一步发展，我们对人的"理性"崇拜很快就发现有问题，看看20世纪的一些灾难就知道人的"理性"是靠不住的。所以这样一个"进步"的过程带来了很多问题，一个是历史化、相对化，我们再也没有这个"理性"可以说这个东西好坏，那么我们可以靠什么呢？西方后来靠的是所谓人权、普遍价值、自然法。在西方，如果你不承认这些东西，你就没有道德底线，什么事情都做得出来。但是这些"价值"也不是突然出现的，而是有一个非常漫长的过程，它们在第二次世界大战以后才拥有现在这种很高尚的地位，基本上是经过希特勒和纳粹党、德国人杀犹太人这样一个很残忍的经验，才说这个"价值"真是不可怀疑的。第二次世界大战前它们的地位不是那么高。

现在，从对"进步"理解的改变这一话题转到中国来。从晚清开始，中国的知识界就开始接受来自西方的进步史观，从严复翻译斯宾塞，到梁启超的新史学等。基本上都是某一种"进步"或者"进化"的理解。第一个特点是那个时候"进步"与"进化"不分。基本上大部分用"进化"，但是西方的"进化"（Evolution）和"进步"（Progress）是迥然不同的东西。"进化"就是达尔文所谓的 Evolution。这个 Evolution 的过程不是一个有目的的，它的发展方向不是一个线性的，不是直线的，而且它发展的结尾不是好坏的区别。它的区别是有没有适应那个环境，环境变了，人和动物要再变。所以它的这种"优胜劣败"，"优"与"劣"不是道德上的善与恶,而是有没有办法适应环境。环境变了,原来的"优"就变成了"劣"。第二,这个变化不是我们可以影响的,基本上是靠基因的突变,所以纯粹的达尔文主义进化论跟"进步"的观点很不同。后来到社会达尔文主义(Social Darwinism),"进化"跟"进步"还是有区别。因为社会达尔文主义认为我们可以把生物学上自然界、动物界的那些理论用到人的社会发展的历史里去,把竞争搬进去。但是这样的社会达尔文主义史观还不是一个有着完美的目的的史观,这跟"进步"的观点很不同。"进步"认为历史的变化是往"好"的那一面发展,这个"好"包括人的道德行为在内。而社会达尔文主义根本没有这样的观点,这个发展的趋势不一定是往"好"的那一面发展,而只是往上的。万一第二次世界大战希特勒赢了,那么他就是"好"的,就是"优胜劣败"。那么在中国吸收进化论的过程当中,一直到差不多1915年那段时间,"进化"和"进步"的区别还不是搞得很清楚,常常把它们混为一体。从严复、康有为到梁启超,基本上都接受某一种进步史观。"五四"时期的胡适、傅斯年那批人虽然不承认他们受到进步史观的影响,但是看傅斯年具体的一些行为,看他史学之外的一些文章就知道他也是站在"进步"的这个立场上的。

但是有一点我们要注意,这种进步史观占优势的局面在西方到了19世纪下半叶,开始受到怀疑。代表这种初步怀疑的人物就是尼采,他是最早说这种进步史观很有问题的。他所说的"上帝死了",不是非常高兴的一句话,而是非常绝望的一句话。他说:上帝他死了,我们把他杀了,怎么办,怎么走下去?那么是什么东西把他杀了?历史。我们是靠历史来说我们的社会该怎么样,我们是用这种历史方法来理解现在怎么变成这个样子了,我们好像再也没有历史之外的哲学、道德的一个思考,一个立场。尼采是第一个提出这种怀疑的人。其实对西方开始反省进步史观影响最大的一个事情，就是第一次世界大战，所谓20世纪最大的灾难。第一次大战之后西方的主流开始发生变化，斯宾格勒（Spengler）《西方的没落》是代表著作之一，很多著作都在那个时候出来。特别是德国，德国是战败的国家，所以更怀疑，更沮丧。德国很多文学界、艺术界的人开始往东方去跑。有点东方主义的味道，至少开始往东方去找。像德国的包豪斯（Bauhaus）这个学校，就是受道家的影响。第一次世界大战前德国的很多文学家，像黑塞（Hesse）也是受道家的影响，很多人说他是受佛教的影响，其实完全是道家的那一套。所以他们开始去找新的答案，他们不仅是往中国，还跑去印度，去找一个新的关于人性到底是什么，理想社会应该是怎么样的社会等一些基本问题的答案。他们开始到西方之外去找，因为他们对西方近现代的"进步"的观点开始怀疑。第二次世界大战后的讨论基本上算是第一次世界大战后的延续而已。但是有一个特点，这种怀疑的声音基本上是精英分子才有的，一般的政客、国家领导人根本不会讨论这些问题，也不会去想这些问题。可以说西方一直到所谓的石油危机，1972年左右，那个时候西方的学术界之外经济、政治方面的一些领导，才开始对所谓的进步有所怀疑。刚好同时也是西方环保运动的开始，发现把世界对象化造成的一个后果是非常可怕的。因为世界快没了，这个环境快被我们破坏了。所以从第一次世界大战到了20世纪70年代，才从这种初步的哲学界知识分子的怀疑，慢慢扩大到一般的社会里面去，但是也没有找到一个新的答案，也没有一个新的系统。所以我们看西方现在的社会，说实话还是根据"进步"这个观点。因为你是一个执政党，你要面对选举，你的经济数字需要好、进步，如果每一年只增加一点点,那就没戏唱了。所以刚刚执政时,要把统计稍微改一改,看起来很不好,快到选举时再把它改一改,看起来很好,那就有希望了。在中国是什么时候开始对进步史观产生怀疑的?基本上到现在为止都没有,有一些不多的声音,但是非常边缘的,连知识界都是非常边缘的,我刚好对那些边缘的人感兴趣。我这样讲也不是说他们需要改变,每一个人都要自己做决定,这个是每个人自己的价值立场。

在这里,简单地介绍一下我对这种进步史观反省态度的分类。第一种反省态度是来自民族认同的考虑。如果这种进步史观是必然的话,那么 A 国和 B 国没有什么区别,什么都是一样的,也就没有德国在第一次世界大战之后走的这种德国特殊的路子。德国第一次世界大战基本的口号是:"德国有文化,法国有文明,文化高于文明,德国特殊路子,我们去打他们吧。"其结果我们都知道。所以这是一种文化,甚至民族认同的考虑。假如这种"进步"的这个过程是有规律性、是必然的,全球是一样的,那么最后就没有什么文化的区别。假如我们晚清民初那段时期的中国知识分子要走现代化的路子,不就代表我们要西化吗?那如果我不要西化,我要保留一点中国特有的东西,我必须要有所考虑怎么改,我们需要创造一个可以保护自己特色的历史空间。所以就把来自西方的进步史观或者进化论中国化。这严格来说不算是一种对进步的批判。他接受进步,只是担心进步所带来的一个后果,一个他不喜欢的后果,就是我们都一样,没有民族认同,文化特色。这一点他不喜欢,所以他要改变,而不是一种批判。

第二种态度是一种真正的批判,是根据对历史的观察。它说"进步"是一个整体,经济、技术、社会、政治、道德等包括在内,都在"进步"。但我们看一下过去的历史就会发现这根本不对,有很多退步的现象。所以这种对进步史观的批判是一种非常实证的,说没有这个东西,或至少某一些方面没有这个东西,特别是在伦理方面,人的这种行为,善恶的问题,很明显没有什么进步,人还是跟以前一样坏或者一样好,看用什么标准。所以有一些人,像杜亚泉、梁启超、早期的柳诒徵,他们提出这样的观点,说我们看一下历史就知道,特别是在伦理方面,有很多退步的现象,所以说整体的这种"进步"是不对的。但是因为他们是把这个批判基本上局限在伦理那一面,所以对其他方面的"进步"也没有提出根本的怀疑,甚至根本没有怀疑这种"进步"背后的现代化、现代性的一个框架。

第三个类型也是站在伦理的立场来批判进步史观,但这不是一种实证的观察,说过去的伦理行为有退步。它不看过去发生了什么事情,而是站在一个哲学的伦理立场来说。它说进化论的"优胜劣败",这个"优"和"劣"不是善和恶,所以它不可避免地会把所有的伦理行为、伦理标准给破坏掉,所以它是坏的、不对的。这种不对不是一种历史上的不对,而是一种道理上的不对。这样的进化论带来的一种不可避免的社会后果,就是一种道德行为再也没有一个什么标准了。基本上任何道德标准都会崩溃掉,因为唯一剩下的标准就是"胜败",这种适应的标准。你胜利了就对了,你失败了就错了。有一些"学衡派"的人站在这个立场,像景昌极从一个佛教的观点写了一个历史哲学,用这么一个观点来批判进化论。晚年的柳诒徵也类似于这个立场,他是比较站在传统儒家对于史学理解的立场上,来批判这种进化论的,因为他最喜欢批评的人就是梁启超,这是他最出名的地方。

第四个类型是比较深入的，用真正的哲学来考虑，代表人物是章太炎，特别是受佛教影响那一时期的章太炎。他是用佛教对"业种""业果"的理解来解释叙述表面上的历史过程的，所以历史过程是一个有"业种""业果"的过程，是有因缘果报这样一个结构的，一个轮回的过程。这样的历史没有目的，也不是进化的，但至少他还是用佛教那些术语来叙述表面上的历史。后来他进一步靠唯识论的"阿赖耶识"和其他的观点，来根本否认历史的存在，把历史看成是一个幻象。我这里不多讲了，你们可以看一看最近中国有几本书出来讲这个，还有一个美国的慕唯仁（Viren Murthy），他写的博士论文是在莱顿大学发表的，写章太炎政治和历史思想，分析非常精彩。所以章太炎第一步靠佛教来叙述这种表面上的历史，再进一步用唯识论的认识论来分析我们观察的历史其实都是幻象，都是无常的，没有这个东西，都是一种"我知"所创造出来的一种幻象。他对史学没有什么影响是可以理解的。所以，第四类的章太炎对于现代性的批判是从一个哲学立场来看的，他是用佛教的，用道家的一些观点，对时间、对历史、对人性的分析很彻底、很精彩，但是影响不大。而第三类的景昌极、柳诒徵这些人，他们的那些批判，对进化史观的那些批判基本上停留在一种知识分子思考的层次。他们对我们怎样组织社会，对我们赞成哪种政体，对于我们采用哪种经济模式没有进一步说明，基本上是一种哲学历史思维的考虑。也没有说得很清楚，这和20世纪初中国所面对的一些挑战有什么关系？因为不管怎么样，晚清以来百余年中，你要提出一个历史观点，最后判断它会不会受欢迎的一个标准是能不能靠这个救亡图存。章太炎用佛教的批判恐怕那个时候他没有说清楚该怎么用。柳诒徵更没有，他虽然有一些文章谈这个问题，但是跟他的史观关系不大。

正如刚刚说的,我们必须要理解那个时候提出的任何历史立场、史观,必须要解决救亡图存的问题。换句话说,进步史观创造的是什么?它是一种时间压力非常大的状态。你是落后的,而先进的一直在前面跑。你这种时间压力非常大,你必须要追上他,你不能慢,要快,而且要想办法创造一个说服你有办法快的史观,比他们快,必须要有办法"跳"。如果你只是跟他们一样快,你永远落后,因为他们现在比你先进,所以你必须要有办法加速。所以任何一个受欢迎的史观必须要回答这个问题,我们怎么样追上他们。我们怎么样生存下去,而且追上他们,这种"时间"的压力非常非常大。但是具体的政治问题背后根本的是哲学问题,就是人与世界的关系,人与宇宙的关系,人在这个宇宙当中地位的问题,伦理标准来自哪里的问题,这个历史的性质是什么,我们对历史是什么影响。这些问题,那些批判进步史观的人考虑比较深入一点,而那些接受进步史观的人考虑比较少一些,他们会有一些改变,但是基本上是接受。

我们现在看这些边缘的、带有批判态度的那些人,我觉得他们真的是一种先锋(avant-garde)。"avant"是前面的意思,"garde"是保护的意思。他们又是在前面,他们是比那些进步派、那些西化派,那些现代化派,更早意识到现代化所带来的现代性的基本危机。他们很早就意识到现代化负面的一面,祛魅的那一面,相对化的那一面,环保的问题、异化的问题。他们虽然不用那些术语,那个时候还没有那些词,但是他们已经感觉到现代化带来的挑战,现代化负面的一面,所以他们是"先",是"avant"。同时他们也是"garde",也是保护,也是保守,因为他们要保护他们所认为的人性的一些特点,人性到底是什么,人到底是怎样的一个东西。章太炎之外其他人都是以伦理为核心来考虑的,就是我们不要把伦理放在历史脉络当中,你把伦理历史化那就什么事情都做得出来。所以他们反对的是进步史观所带来的任何标准的相对化、历史化。当然这是用西方的思维来分析他们,但是我觉得我们可以这样看他们,所以他们要保护人类,他们要避免现代化所带来的这些负面的问题。当然,同时他们也往往是从中国传统中去找答案的,他们认为如果找到了他们就骄傲,也可以由此建立一种新的中国人的自主性。

在中国,过去20年里,他们是些非常边缘的人,突然又在中国大陆受到欢迎;台湾地区要更早一点,但也不像中国大陆这样明显受欢迎。这里所谓的受欢迎当然不是说他们变成主流,柳诒徵不是主流,但是30年前要找一本《柳诒徵文集》是根本找不到的,刘咸炘的著作也没有找到。知识界之外没有多少人知道"学衡派",而且知识界的人对他们感兴趣的也非常非常少。但是过去二三十年,这些人变成我们所关心的、我们所研究的、我们觉得有趣的一个研究对象。为什么呢?这个又回到我刚开始说的一个理由,因为我觉得我们现在所面临的特别是这种后现代主义(其实后现代主义也是现代主义的一部分)所带来的对"大写的历史"的怀疑和批判,这种冲击基本上是把原来我们都相信的进步史观给推翻掉了,在西方是这样的。现在西方不仅是知识界、哲学界,一般的人也会对"进步"有所怀疑,这个跟后现代主义有密切的关系。在中国也开始有这些现象,所以我们现在需要思考的,我们需要考虑的,特别是在历史学界,我们该怎么样写历史?已经没有"大写的历史"了。所谓的现代化理论,大家都还在用。为什么呢?因为没有别的了。其实这一做法是错的,因为它有很多非常宝贵的想法。但是不管怎么样,你再也不能用传统的那一套来写历史了。现代化理论基本上从五六十年代开始走下坡路,到七八十年代基本上西方的学术界已经不能用了。对它打击最大的是东亚的这种经济发展,日本、韩国、新加坡,以及中国的香港、台湾地区,明显证明西方的现代化理论基本上是错误的。所以,现在该怎么写历史呢?有各种立场,我看到在西方过去这些年有这种史学理论的讨论,中国也开始有这些声音,但我们可能要更深入、更根本地去反省历史到底是什么。"历史是进步的?"这个题目其实是一个问号。我不是说它是错的,也不是说它是对的,但是它是值得我们去怀疑的。

一时代有一时代之叙事*
——叙事传统与讲好中国故事
傅修延

> 如果说中国的讲述方式比较强调时间中的行动，
> 那么西方的讲述方式……就是更喜欢
> 讲述与远方异域有关的故事。

"传统"顾名思义为世代所传之统，血统、文统、道统、学统、法统乃至国统等皆为可传的对象①，叙事传统也是传统之一，这一表述主要指相沿成习的故事讲述方式。叙事传统和其他传统一样并非一成不变，每个时代的故事讲述都在丰富和改变既有的叙事传统，T.S.艾略特在《传统与个人才能》中说："过去决定现在，现在也会修改过去。"②还要看到，被过去"决定"的现在不但反过来"修改"过去，更重要的是它还会影响未来，因此讨论叙事传统不应只有回顾而无前瞻，也就是说我们既要汲取中国叙事传统中蕴藏的智慧，又要探索能适应当前和未来形势的故事讲述方式，这样才能有利于中华民族在新时代的继续前行。

---

 * 本文由作者据其2017年9月25日所做同名报告修订。——编者注
 ① 《后汉书·东夷传·倭》："自武帝灭朝鲜，使驿通于汉者三十许国，国皆称王，世世传统。"
 ② [英]托斯·艾略特：《艾略特文学论文集》，李赋宁译，南昌：百花洲文艺出版社，1994年，第3页。

一、讲述方式、"路径依赖"与叙事传统

讲述方式之所以世代相传,是因为信息在传播时会形成一定的"路径依赖"——一旦按某种模式、套路或方法讲述故事成为习惯,一代又一代的故事讲述人便会自动沿袭这种习惯。讲述是为了倾听,对于倾听一方来说,讲述方式的好坏同样取决于自己习惯与否:好的讲述方式往往就是自己熟悉的方式,不熟悉的方式则有妨碍故事消费之虞。显而易见,不同的群体会因习惯不同而形成不同的"路径依赖",每个群体中都会涌现出自己的讲故事高手,但若让他们到别的群体则不一定能获得同样的欢迎。这种"路径依赖"后面的机制并不复杂,行走在熟悉的道路上时,沿途景观和分岔路口会按照期待依次呈现,与预期相符带来的安稳之感又会驱使人们下次再度选择这条老路。伊塔洛·卡尔维诺说:"一个孩子听故事的乐趣,有一部分在于等待发生他期望的重复:重复的情景、重复的措辞、重复的套语。就像在诗中和歌中,押韵帮助形成节奏一样,在散文故事中事件也起到押韵的作用。"[①]成年人当然不像孩子那样期待具体的重复,但对故事的讲述方式仍有种种隐性期待,一旦故事的开启、发展或结束方式不符合预期,接受者心中就会有某种难以名状的小小不快。以故事中主要行动的重复次数为例,孙悟空三打白骨精、刘备三顾茅庐、宋江三打祝家庄和刘姥姥三进大观园都是"以三为度",二打或四打白骨精其实也没有什么不可以,但对国人来说还是"三"打白骨精更符合预期和习惯,毕竟大多数中国故事中

[①] [意]伊塔洛·卡尔维诺:《新千年文学备忘录》,黄灿然译,南京:译林出版社,2009年,第37页。

的主要行动都是重复三次后告一段落。

"以三为度"约束的仅为行动次数,行动次数又只是行动涉及的一大堆问题之一,而叙事诸要素中除行动(How)外尚有时间(When)、空间(Where)和人物(Who)等。就故事讲述的荦荦大端而言,讲述者对叙事要素的不同倚重会造成不同的"路径依赖";换句话说,这些不同的倚重一旦成为代际承传的习惯,就会逐渐形成各种风格稳定、特色鲜明的讲述方式。笔者在研究先秦叙事传统时注意到,如果说《左传》是"依时而述",《国语》是"依地而述",那么《世本》就是在二者(时间和空间)基础上形成的"依人而述"(强调人物),这种囊括力极强的、能够各不相扰地反映各类事物在时空中连续性存在的纪传史体,经过司马迁的大力弘扬,"最终成为煌煌'二十六史'一以贯之的定式"①。我们的古人常用"史才"来指叙事能力,先秦时代的史官文化先行,导致后来的叙事经常用"述史"作为导语——"奉天承运"的皇帝圣旨多祖述尧舜汤武,其和以后的政治文告亦往往从前人的贡献起笔。至于最具传播影响的四大古典小说,其开篇无一例外都采用了"自从盘古开天地,三皇五帝到如今"这种套路。《水浒传》回顾宋代之前的"纷纷五代乱离间",《三国演义》以"周末七国分争"以来的史实为导引,《西游记》的神魔小说性质使其溯及"混沌未分"时的"盘古开辟",《红楼梦》的人物转世背景也使作者从"女娲氏炼石补天之时"开讲。"述史"即讲述前人的故事,用前人的故事来为要讲的故事鸣锣开道,容易使自己的讲述获得"合法性"与"正统性",所以有人如此归纳:"中国人做学问的方式是靠历史叙事,先列举三代故事、先秦典籍、二十四史一

---

① 拙著:《先秦叙事研究:关于中国叙事传统的形成》,北京:东方出版社,1999年,第315页。

路下来，然后续上你的当代叙事一小段，这样你才能得到自己内心承认的合法性，也只有这样才能够建立起大家公认的正统性权威。"①

叙事即叙述事件，而事件又是由行动构成，如果说中国的讲述方式比较强调时间中的行动，那么西方的讲述方式也有一个鲜明特点，这就是更多关注空间中的行动，具体来说就是更喜欢讲述与远方异域有关的故事。西方人讲故事可以说是从希腊神话和荷马史诗开始，故事中的英雄多有外出历险、漂洋过海和遇见形形色色陌生人的经历，《奥德赛》甚至以奥德修斯九死一生的还乡为主线。再往后看，中世纪的骑士文学（包括传奇与抒情诗）、《神曲》、《十日谈》、《巨人传》及西班牙流浪汉小说与《堂吉诃德》等都离不开四处游侠、上天入地、朝拜圣地和流浪跋涉；18世纪英法小说中的鲁滨孙、格列佛、汤姆·琼斯、吉尔·布拉斯和"老实人"等仍在风尘仆仆地到处旅行；19世纪以来的西方叙事作品虽跳出了流浪汉小说的窠臼，但拜伦、歌德、雨果、狄更斯、马克·吐温、罗曼·罗兰、乔伊斯、毛姆和塞林格等还是喜欢以闯荡、放逐、游历或踟蹰为主题。讲述方式关乎性格与经历，欧洲虽有少数国家历史上以农耕为主，但西方人主要是牧人、猎户、渔夫与海员的后裔，他们的祖先从古希腊、罗马时代起就在草原、大漠、大海、港湾和岛屿之间频繁穿行，辽阔的陆地与浩瀚的海洋从未对其远征、传教、贸易和开拓殖民地等行动构成过障碍，旅途奔波、路上风景以及萍水相逢的陌生人对他们来说是生活中的常态，因此其叙事更多涉及人的空间移动。相比之下，农耕生活导致国人较为留恋土地和家园，出门在外必然造成有违

---

① 黄平、汪丁丁：《学术分科及其超越》，《读书》，1998年第7期。

人性的骨肉分离,人们因而更愿意遵循"父母在,不远游"和"一动不如一静"的古训。①在安土重迁意识的影响下,离乡背井的出游成了有违家族伦理的负面行为,远方异域的故事自然也就没有多少讲述价值。当然我们古代也有《西游记》与《镜花缘》这样的作品,但它们提供的恰恰是反证——唐僧师徒名义上出国到了西天,沿途的风土人情却与中华故土大同小异②,唐敖和多九公实际上也未真正出境,他们看到的奇形怪状之人基本上还是《山海经》中怪诞想象的延续,这些都说明叙写路上的风景确实不是我们古人的强项。

空间有大小之分,西方人不但喜欢讲述广阔空间中的行动,他们对封闭空间里的事件也有浓厚兴趣,哥特式小说顾名思义就是讲述发生于哥特式建筑中的故事。哥特式小说本身价值不高,在西方文学史上只是一名匆匆过客,但正如福柯在评论哥特式小说创始人的贡献时所说,安·拉德克利夫不仅是第一位使哥特式小说成为畅销书的英国作家,她还使此类故事的讲述成为一种习惯和可能,她和马克思、弗洛伊德等人一样"不仅生产自己的作品,而且生产构成其他文本的可能性和规则"③。将故事背景设定在幽暗神秘的古堡旧屋之中,让忐忑不安的人物蹑手蹑脚地穿过走廊爬上阁楼,去执行某项使命、发现某个秘密或防范某种危险,这样的讲述在我们今天看来未免有些俗套,然而对于"好的就是这一口"的西方读者来说,如此安排方能挠到他

---

① 参见费孝通:《乡土中国》,北京:北京大学出版社,1998年,第21页。
② 除风土人情外,《西游记》所写国家的社会结构、政治体制乃至城池街道等皆与大唐相似,更有趣的是作者为了省事,常将现成的写景状物诗词"植"入书中,结果造成西天路上出现许多东土事物。
③ 转引自朱立元、李均主编:《二十世纪西方文论选》下卷,北京:高等教育出版社,2002年,第193页。

们心中的痒处。不然我们就无法解释,为什么后世有那么多传世之作模仿甚至戏仿这种讲述。简·奥斯汀的《诺桑觉寺》、狄更斯的《远大前程》与《荒凉山庄》、勃朗蒂姐妹的《简·爱》与《呼啸山庄》、托马斯·哈代的《远离尘嚣》与《还乡》、威尔基·柯林斯的《白衣女人》与《月亮宝石》、奥斯卡·王尔德的《道林·格雷的画像》、维克多·雨果的《巴黎圣母院》、普罗斯佩·梅里美的《伊尔的美神》、爱伦·坡的《椭圆形画像》、达芙妮·杜穆里哀的《蝴蝶梦》和加斯通·勒鲁的《歌剧魅影》,都有向拉德克利夫致敬或"做鬼脸"的意味。从这里可以看出讲述方式的惯性是多么强大,不管讲述方式的"始作俑者"在文学史上的名声是多么卑微,只要这种讲述方式流行开来成为"构成其他文本的可能性和规则",人们就会有意无意地执行这些规则。

  讲述方式涉及面甚广,碍于篇幅此处只能点到为止。然而即便将以上讨论进行到底,也不能穷尽叙事传统的全貌,因为除了讲述方式的世代沿袭之外,叙事传统还让人自然联想到体现这种传统的众多具体作品,这种情况就像说到中国古代的造桥传统就会想到著名的赵州桥一样。经典叙事作品作为叙事传统的"样板",可以让人实实在在地把握前人的讲述方式及其价值取向与伦理观念等,其示例垂范的作用是任何理论概括都难以替代的。巫鸿有文提到艺术作品的"纪念碑性"[1],英文中的"纪念碑"(monument)和"纪念碑性"(monumentality)源于拉丁文"*monumentum*",本义为提醒和告诫,开辟传统的作品在许多人看来就像是一座座高耸入云的纪念碑,后世的故事讲述人会用种种方式对其顶礼膜拜,奉之为学习的典范与衡量的圭臬。孔

---

[1] 郑岩、王睿编:《礼仪中的美术——巫鸿中国古代美术史文编》上卷,郑岩等译,北京:生活·读书·新知三联书店,2005年,第48页。

子修订过的《春秋》在国人看来就是这样一座"师范亿载,规模万古"的叙事丰碑,笔者对其历史作用曾有这样的归纳:"(《春秋》主张的)叙事须依时序而行、文字要多加锤炼推敲以臻精练、作者应依据思想道德原则对所述事物作不动声色的颂扬与挞伐,这三条构成了中国叙事传统的根本,成为无数史家与文学家共同拥有的风格特征。经过许多世代的薪火传承与发扬光大,它们化为弥漫在叙事领域内的集体无意识,融化在国人的血液中,渗透进记事的毛锥里。在文史一体的时代,《春秋》毋庸置疑是记事的典范;在文史分家之后的漫长岁月中,人们仍不自觉地以《春秋》和《春秋》笔法为衡量文学性叙事的标准。"①

如同伟大的工匠李春因赵州桥而被后人铭记,伟大的故事讲述人也凭借其开创性的作品进入叙事传统。语言文字方面的建树完全可以用"纪念碑"来形容,普希金在《纪念碑》一诗中便称自己树立了"一座非金石的纪念碑"②,但这一视觉比喻更适合用来形容作品的分量、高度及其警示昭告功能,对于有生命灵性的作家和诗人来说,人们更愿意将其比附为超凡脱俗的神明。《论传统》一书作者爱德华·希尔斯着重讨论了传统的神性或曰克里斯玛特质——克里斯玛(Charisma)原系基督教用语,指因神恩庇护而获得的出众禀赋。马克斯·韦伯把这个概念运用到普遍领域,既指先知、巫师、立法者、军事首领和神话英雄等的超常本领或神授能力,也包括源于"天赋"的皇家血统或贵族世系等,希尔斯更进一步扩大了它的内涵:"社会中的一系列行动模式、角色、制度、象征符号、思想观念和客观物质,由于人们相信它们

---

① 拙著:《先秦叙事研究:关于中国叙事传统的形成》,第185页。
② [俄]普希金:《普希金抒情诗选集》下册,查良铮译,南京:江苏人民出版社,1982年,第516页。

与'终极的''决定秩序的'超凡力量相关联,同样具有令人敬畏、使人依从的神圣克里斯玛特质。"①超自然的克里斯玛特质当然不可能真正存在于人世间,但由于韦伯和希尔斯列举的那一系列对象与普通事物之间的差距过于悬殊,芸芸众生仍会下意识地相信它们与"决定秩序的"终极力量存在密切关系。许多作家和诗人由于故事讲述能力出类拔萃,也被后人视为克里斯玛型人物。英语中"originality"(原创性)、"genius"(天才)和"inspiration"(灵感)等词语最初均有神性②,即便是在科学思潮兴起之后,诗人们仍会觉得自己与诗神或伟大诗人之间存在特殊联系,视其为灵感来源和精神主宰:18世纪的弥尔顿说其作品出自"天上的女诗神"的口授③;19世纪的济慈相信莎士比亚是其创作的"主宰者",为此他还经常坐在莎士比亚画像之下写作④。受西化浪潮冲击,中国现代文学史上亦曾有人开口闭口"烟士披离纯",鲁迅对此有过揶揄⑤,不过我们古代也有"思之思之,鬼神通之"⑥之类的说法,天才诗人在人们眼里非仙即圣——李白、杜甫和苏轼分别有"谪仙""诗圣"和"坡仙"等美号,少数民族地区传唱《格萨尔》《玛纳斯》的民间天才亦被视为"神授艺人"。克里斯玛特质会由时空悬隔而获得增强,在后世的故事讲述人心目中,叙事传统的圣殿上端坐着的都是神祇般的人

---

① [美]爱德华·希尔斯:《论传统·译序》,傅铿、吕乐译,上海:上海人民出版社,2014年,第4页。
② 参见同上,第160页。
③ 参见[英]弥尔顿:《失乐园》,朱维之译,上海:上海译文出版社,1984年,第312页。
④ 参见[英]约翰·济慈:《济慈书信集》,傅修延译,北京:东方出版社,2002年,第17页。
⑤ 参见鲁迅:《鲁迅全集》第3卷,北京:人民文学出版社,1981年,第150页。
⑥ 郑板桥:《郑板桥集》,上海:上海古籍出版社,1979年,第178页。

物,对许多人来说,进入这一不朽的行列构成其创作生命中最大的原动力。

叙事传统除了神性之外还有民间性。指出这一点,旨在避免因强调叙事传统的克里斯玛特质而导致的一味朝上看,也就是说除了仰之弥高的经典作家作品外,精英叙事之外的民间叙事也是叙事传统的重要构成与坚强支撑。民间性在一定意义上等于母性,对大多数来自基层的人来说,民间叙事因其地方性、宗法性和乡土性而更具"母体"意味,接受这种"自己人"的叙事要比接受"外人"的叙事容易得多。如果对消费过的故事做一番认真的盘点,每个人都会发现自己装在脑子里的并非个个都是"精品"——在列入各类书目的读物和流行的影视戏剧之外,人们其实还通过五花八门的途径接触到形形色色的底层叙事,后者的消费量要比前者大得多。尽管报纸杂志、电视广播不断发布新的事件信息,社交媒体推送的奇闻轶事让人应接不暇,现代人仍然保持着用八卦聊天来刺探身边动向的习惯,我们对他人私事的好奇心似乎永难满足。具有讲故事功能的还有家谱、方志和校史等,其中记载的多为集体的记忆,与其有关联者会觉得它们讲述的是"自己人"的故事,其价值非同一般,弥足珍贵。此外,人们居室内外那些随时映入眼帘的叙事性绘画(包括窗绘瓷绘之类)、雕刻(包括砖雕木刻之类)和各种装饰陈设等,也在用静悄悄的方式讲述着昔日故事,其潜移默化之功不可小觑。民间叙事难免粗糙俚俗,其泥土芬芳与草根气息则为许多高头讲章所不及。家谱上记载的祖宗业绩,老一辈人口述的先人创业故事,在文学上或许难登大雅之堂,但对有志于光耀门楣的后辈儿孙来说,其激励功能可能贯彻终生,任何"外人"的故事都不可能产生同样的效果。当然,民间叙事也不是全无精品,陈寅恪便认为弹词长篇《再生缘》作为一部"叙述有重点中心、结构无夹杂骈枝等病之作",在事件的组织安排上比"结构皆甚可议"的《红楼梦》等经典更为高明。①

二、认识中国叙事传统的大智慧

传统的一大意义在于其形成于过去却不断作用于现在,为了更好地认识过去和开创未来,需要回过头去认真审视自己的传统。T.S.艾略特主张从传统中汲取精神力量,要求人们"不仅感觉到过去的过去性,而且也感觉到它的现在性"②。叙事传统是传统的组成部分,对于正在书写当代中国史的国人来说,感觉到叙事传统的"过去性"和"现在性",应为"讲好中国故事"的题中应有之义。

生命的内在冲动在于存续与繁衍,包括人类在内的所有生命都在这两点上与同类及其他物种竞争。毋庸讳言,世界各民族在其发展历程中均须经历优胜劣汰的考验,若以存续与繁衍论英雄,地球上最大的赢家应属四大文明古国中硕果仅存的中国。梁启超对此有过极简表述:"立于五洲中之最大洲,而为其洲中之最大国者,谁乎?我中华也。人口居全地球三分之一者,谁乎?我中华也。四千余年之历史未尝一中断者,谁乎?我中华也。"③要解释中华文明何以如鲁灵光殿般垂数千年而不毁,中华民族这个超级庞大的群体何以能维系至今而不陷于分崩离析,

---

① 参见陈寅恪:《陈寅恪集·寒柳堂集》,北京:生活·读书·新知三联书店,2001年,第68、67页。
② [英]托斯·艾略特:《艾略特文学论文集》,第2页。
③ 梁启超:《论中国学术思想变迁之大势》,《新史学》,夏晓虹、陆胤校,北京:商务印书馆,2014年,第127页。

也不妨向我们的叙事传统中去寻找答案。人类学家罗宾·邓巴认为，与灵长类动物的彼此梳毛一样，人类祖先通过"八卦"或曰讲故事建立起来的相互信赖与合作，有助于群体的形成、维系和扩大，最终使人类从各种竞争中脱颖而出成为"万物的灵长"："讲述一个故事，无论这个故事是叙述历史上发生的事件，或者是关于我们的祖先，或者是关于我们是谁，我们从哪里来，或者是关于生活在遥远的地方的人们，甚至可能是关于一个没有人真正经历过的灵性世界，所有这些故事，都会创造出一种群体感，是这种感觉把有着共同世界观的人编织到了同一个社会网络之中。"①

然而也要看到，不是所有的讲故事活动都会增进群体的凝聚力，现实生活中许多无聊的"八卦"恰恰就是拆群体墙角的噪音。因此需要对这种表述做一点修正——光是会讲故事还不行，有些故事是有利于团结统一的和谐之音，有的却是造成涣散分裂的嘈杂之音，只有多讲前者、讲好前者才有助于群体的维系。事实上世界上没有哪个民族不会讲故事，但不是所有的民族都能把自己的故事"讲好"，历史上许多民族一度以自己为主导发展成人数众多、规模极大的群体，后来却因内部噪音太多而走向四分五裂。与此形成鲜明对照，中华民族作为一个群体，其发展历程虽然也是人数越聚越多，圈子越划越大，但这个圈子并没有像其他圈子那样因为不断扩大而崩裂，这与我们祖先善于用故事"创造出群体感"有关，正是这种感觉把国人紧密地"编织到了同一个社会网络之中"。

名不正则言不顺，中国故事关乎"中国"，让我们先来看我们的祖先对自己国家的命名。"中国"既然在地理位置上居天下之

---

① ［英］罗宾·邓巴：《人类的演化》，余彬译，上海：上海文艺出版社，2016年，第274页。

"中","中国"之人与生俱来便有一种纳四方于彀中的自信与自命,这一名称从一开始就预示了"中国"不会永远只指西周京畿一带黄河边上的小地方①,秦汉以来中原以外地区不断"中国化"的事实,让我们看到中心对边缘、中央对地方具有难以抗拒的感召力与凝聚力。还要看到,"中国"之"国"在汉语中是与"家"并称,这一表述的潜在意思是邦国即家园,国家对国人来说不是一个单纯的地理概念,而是像家一样可以安顿身心的温暖地方。再来看我们这个群体的名称——"中华民族"。"中华"之"华"源于"华夏",古代中原地区原住民所自称。早期中国的空间想象是华夏居中而四夷居偏,但华夏和夷狄又同处于天子管辖的天下之内。古人贵华夏而贱夷狄,讲求华夷之辨与夷夏之防,但又认识到华夷同为一体,相互的区别主要在于文化。韩愈《原道》中所说的"孔子之作《春秋》也,诸侯用夷礼,则夷之,进于中国,则中国之",意思是应该通过诸侯自己的文化选择来判断其身份认同。中国国境内五方杂糅的现实,使得夷夏之间的融通由文化而及于血缘,如今中华民族的主体民族汉族便是杂糅混血的产物。正是由于中华民族内部存在着这种"剪不断,理还乱"的亲缘关系,中国历史上很少发生主体民族对少数民族的无故征伐与屠戮,因而也就没有世界上一些民族间那种不共戴天的深仇大恨。见于史书、小说和民间传说中的"七擒孟获"故事,反映的皆为以仁德感召为主的"攻心"战略,而这种战略从上古时代就已经开始实施,《吕氏春秋·上德》记载:"三苗不服,禹请攻之,舜曰以德可也。行德三年,而三苗服。"唐太宗李世民更主张对夷夏"爱之如一":"自古皆贵中华,而贱夷狄,朕独爱之如一。"

---

① "中国"一词最初见于西周青铜器何尊上的铭文"宅兹中国,自之牧民"与《诗经·大雅》中的"惠此中国,以绥四方",这两处的"中国"范围都不大。

"夷狄亦人耳,其情与中夏不殊。人主患德泽不加,不必猜忌异类。盖德泽洽,四海可使如一家。"①众所周知,在我们这个夷夏杂糅的大群体中,人数最多的汉族并不总是居于"领导"地位,然而即便是对于少数民族建立的政权,只要统治者继续维持大一统的格局与传统文化,久而久之人们也会认可其统治的正统性与合法性。满族建立的清朝总共不过200多年,如今这个民族完全融入了汉族,其语言已是名存实亡,这个例子充分说明我们的主体民族与少数民族之间是一种"你中有我,我中有你"的关系。

"中国"之名的向心性和中华民族的内部融通,无疑会对中国故事的讲述产生深刻影响。《三国演义》因为讲述魏蜀吴三国鼎立的故事,所以开篇时要说"天下大势,分久必合,合久必分",许多人可能没有注意到,小说结束时叙述者又把话说了回来:"自此三国归于晋帝司马炎,为一统之基矣。此所谓'天下大势,合久必分,分久必合'者也。"用"分久必合"作为小说的曲终奏雅,说明作者认识到"合"才是中国历史的大势所趋。不独《三国演义》,古往今来所有的中国故事,不管是历史的还是文学的,官方的还是民间的,只要涉及分合话题,都在讲述"合"是长久,"分"为短暂;"合"是正道,"分"为歧路;"合"是福祉,"分"为祸殃。中国历史上不是没有出现过分裂,而是这种分裂总会被更为长久的大一统局面所取代;中华民族内部也不是没有出现过噪音,而是这些噪音总会被更为强大的和谐之声所压倒。历史经验告诉国人,分裂战乱导致生灵涂炭,海晏河清才能安居乐业,因此家国团圆在我们这里是最为人喜闻乐见的故事结局。一般情况下老百姓不会像上层人士那样关心政治,而在中国,统

---

① 司马光编著:《资治通鉴》,胡三省音注,北京:中华书局,1956年,第6247页。

一却是从上到下的全民意志,有分裂言行者无一例外被视为千古罪人,这一传统从古到今没有变化。

民以食为天,国人的饮食习俗也是我们这个群体保持和谐的重要催化剂。如果说灵长类动物相互间的梳毛是聊天的开始,那么人类进食时的互动更能促进彼此交流和群体维系。邓巴认为梳毛可以激活身体内部安多芬的分泌,这种分泌"给人的感觉很像温和地过一次鸦片瘾",而喝酒同样能"极大地促进安多芬的分泌","这就解释了为什么社交性的饭局和宴会在我们的生活占据如此重要的位置。很可能从新石器时代起,宴会就起到了既能维系群体团结融洽,又能欢迎远方客人(尤其是陌生人)的作用。邀请他人共进晚餐(不管是否喝酒)依然是现代社交生活的一个重要部分,但是没有人会对这种行为感到很奇怪,或者去探究一下它的缘由"。①我们的古人其实早就懂得觥筹交错可以促进友谊和消释误会,世界上像我们这样喜欢请客吃饭的民族并不是很多。汉语的"餐叙""酒叙"等表述极其传神地体现了宴饮和叙事的紧密结合,前者是手段而后者才是目的。国人如今已无饥馑之虞,许多人乐于赴宴不是为了大快朵颐,而是为了与亲朋好友一道痛快聊天,共同消费或真或假的各类故事,许多八卦传闻就是在餐桌之上诞生。在物质匮乏的过去,餐桌上的交流同样不可或缺,张光直根据《周礼·天官冢宰》的有关记载,认为"在负责帝王居住区域的约四千人中,有二千二百多人,或百分之六十以上,是管饮食的"②,这一数字透露出当时宫

---

① [英]罗宾·邓巴:《人类的演化》,第320页。
② "这包括162个膳夫,70个庖人,128个内饔,128个外饔,62个亨人,335个甸师,62个兽人,344个䱷人,24个鳖人,28个腊人,110个酒正,340个酒人,170个浆人,94个凌人,31个笾人,61个醢人,62个醯人,和62个盐人。"(张光直:《中国青铜时代》,北京:生活·读书·新知三联书店,1983年,第222—223页)

廷宴饮的场面是何等惊人，如此盛大的"餐叙"肯定有益于帝国疆域的巩固。春秋时期的王公贵族不仅懂得以宴饮为群体内部的黏合剂，为了避免酒酣耳热之际的无谓冲突，他们还发明了一套使用含蓄语言的沟通礼仪——所谓"赋诗言志"究其本质是一种隐喻性叙事，列国外交中许多难以明言的微妙信息就是通过这种沟通渠道得到传递。① 王公贵族之外，旧时平民百姓的用餐也可达到较大规模，江西德安的"义门陈"有过300多年不分家的历史，其用餐处称"馈食堂"，要靠打鼓召集3 000多人同堂吃饭。有这类家族背景的人，其宗族血缘观念与延续祖先香火意识相对比较牢固，对修撰家谱等维持集体记忆的事情也会特别热心，从现代"核心家庭"中走出来的人对此是无法理解的。

叙事传统可以表现为喜欢什么样的话题，也可以表现为忽略什么样的话题。前面提到中国故事很少涉及出游、远征与冒险，表面看来这似乎说明国人缺乏勇气与冒险精神，然而仔细想来，不去讲述这方面的故事实际上是顺应时势的一种大智慧。古代中国人主要是农民，男耕女织的田园生活虽然谈不上有多高品位，但还是能维持基本的衣食自给，这种无须外求的生活导致我们的祖先缺乏对异域的向往与好奇，因此也就较少讲述与远方、远行和陌生人相关的故事。与这种守着土地庄稼过日子的生活不同，西方人传统的游牧、狩猎和海洋活动，不但使他们总是放眼世界，也使其消费欲求受到诸多刺激，为此需要不断用贸易甚至武力手段来获取各类资源。西方国家发动的数次战争总有冠冕堂皇的理由，真正目的却是为了打通商路，满足从香料到石油等紧缺资源的需求。就生活质量而言，以植物资源为主

---

① 参见拙著：《先秦叙事研究：关于中国叙事传统的形成》，第90—93页。

的蔬食布衣模式,显然要低于以动物资源为主的肉食裘衣模式,但是前者相对安全而后者存在风险。中国能够一步一步地发展到今天这个规模,很大程度上是因为前人选择了稳扎稳打的发展模式。在我们这个农耕民族眼里,一个地方能不能够安身立命,可不可以最终加入"中国"这个大家族,最终取决于该地是否适合农业生产。中国最早的地理之书《山海经》由《山经》《海经》《荒经》三大部分组成,其中"山"的篇幅超过了"海""荒"两者之和,对"山"出产的介绍也远远超过了"海""荒"——古人之所以只把山脉纵横的内陆("中国")看作资源的承载之地,是因为他们觉得只有这样的地方才适宜发展农业。①葛剑雄说中国以农立国,对外没有需求,历代统治者都不主张违背国力和实际需要去搞对外开发和盲目扩张:"正因为中国历代都遵循这样的原则,所以中国的疆域并非世界最大,却是基本稳定、逐步扩展的,没有像有些文明古国那样大起大落,它们往往大规模扩张,却很快分裂、消失了,而中国一直存在下来。"②

三、形成于农耕时代的叙事传统亟待改变

"讲好中国故事"有本义与引申义两重内涵:本义指真正讲故事,即把中国发生的故事讲述好;引申义则指做好实际工作以增加当前"中国故事"的精彩度。现在实际领域内人们所说的"讲好中国故事",一般都是用引申义,文学和其他意识形态领域

---

① 参见拙文:《试论〈山海经〉中的"原生态叙事"》,《江西社会科学》,2009年第8期。
② 葛剑雄讲述、孙永娟整理:《儒家思想与中国疆域的形成(下)》,《文史知识》,2008年第12期。

所用的当然都是本义。新近公布的"十三五"规划纲要(2016—2020)把"建设讲好中国故事队伍"列为目标之一(第100项),我们理解也是用这一表述的本义。将故事讲述人的队伍建设纳入对未来发展的规划,足见国家对"讲好中国故事"的重视。

  以上对叙事传统的讨论都是着眼于过去,一旦把目光投向未来,投向正待开展的"讲好中国故事"工作,我们就会认识到形成于农耕时代的叙事传统亟待改变。每个时代均有自己独特的面貌,虽然每个时代的人都感到"现在"与"过去"迥然不同,但不是每个时代的人都有机会遭遇当代国人面临的巨大变局。近代以来国人频频使用"三千余年一大变局"①这种表述,严格地说,真正称得上"三千余年一大变局"的,应为最近三四十年间农业中国向工业中国的转变,这才是三千年来东亚大陆从未发生过的全局性大改变!叙事即叙述事件,事件越是重要就越是值得叙述,假如用超大尺度的时空视角从外太空向地球俯瞰,便会发现这个星球上近期发生的最壮观事件,乃是我们这个人口最多的发展中国家一跃而为最大的制造业中心,正在生产全球一半的钢铁、近三分之一的水泥和四分之一的汽车。就因果关系而言,两个多世纪之前的英国工业革命可谓人类工业化进程的开篇,但到中国开始自己的华丽转身之前,世界上才有十分之一的人过上了工业化的生活,而中国仅30多年的发展便将人类的五分之一人口卷入了这一进程。按照目前的增长速度,专家预计10年内中国工业总产值还将再翻一番,届时总规模将超过西方国家与日本之和,成为世界上独一无二的超级工业体。

  农业中国与工业中国的最大不同,在于前者无须外求而后

---

① 顾廷龙、戴逸主编:《李鸿章全集》第5册,合肥:安徽教育出版社,2008年,第107页。

者在资源配置上必须全球化。今日中国与30多年前的一大不同,在于彼时的国人希望通过与国际社会接轨以促进自己的发展,西方提供的国际公共产品大量涌入国内,而今日中国更希望世界与中国的发展接轨,我们为国际社会提供的公共产品正源源不断地运往国外。工业化时代的国人不可能继续"宅兹中国"的传统生活方式,必须学会并适应与更多的陌生人和更为广阔的外部世界打交道。事实上随着对外开放的扩大与深入,今天已有大量国人在世界各地工作、学习和生活,其身份有外交使节、专业技术人员、企业员工、留学生、访问学者、孔子学院教师和联合国维和部队成员等。当前中国提出的"一带一路"倡议,旨在充分利用中国拥有的强大产能,帮助相关国家实现基础设施现代化,使中国与外部世界形成更大的联通,这意味着还会有更多的中国公民走出国门。

　　一时代有一时代之叙事,如果说前人是因农耕文化原因而不爱讲述异域故事,那么这一叙事传统已经不能原封不动地继续往下传承。中国打开对外开放的大门始于20世纪70年代末,但在叙事传统的惯性作用下,近40年来我们的故事讲述仍然缺少外部世界的内容。当代作家中虽有少数人喜欢讲述域外故事,但这方面尚未涌现出特别重要的成果。以标志性的茅盾文学奖获奖作品为例,历届获奖的长篇小说甚少涉及国门之外的事物,作家们更多描绘的还是国门之内的"这边风景"①。这样的生产状况显然无法满足当前人民群众日益增长的精神需求,温饱无虞的国人如今已开始向往远方和异域。"诗和远方"成了互联网上的高频词,许多人都在谈论"一场说走就走的旅行",实

---

① 王蒙长篇小说《这边风景》2015年获第九届茅盾文学奖。

现"世界这么大,我想去看看"的愿望。出门在外意味着离开熟人进入陌生人的群体,费孝通曾用"熟人社会"形容乡土中国里的人情世故①,詹姆斯·弗农则在齐美尔启发下发现,与"远方的陌生人"之间的长期贸易和社会互动,为国内市场狭小的不列颠群岛提供了率先进入"陌生人社会"的契机②。农耕时代的国人一般只需要和熟人打交道,但在经济转型、科技进步与传媒变革日益加速的当下,"远方的陌生人"也越来越多地介入了国人的生活。我们的文学不能无视这一现实,摆在当代作家面前的一项重要任务,便是讲述好由"熟人社会"向"陌生人社会"过渡的中国故事。

叙事传统亟待变革的理由有三:

一是不变革不利于国民现代素质的养成。全球化已是当前世界的大势所趋,一个国家如果没有大批视野宏阔、胸怀天下的国民,不可能为其创造出良好的外部发展环境,而一国之民拥有什么样的视野与胸怀,是否对外部世界抱有强烈的好奇心与浓厚的兴趣,又与国民经常倾听什么样的故事不无关系。所以梁启超认为叙事的变革可以带来人心与人格的变革:"欲新一国之民,不可不先新一国之小说。故欲新道德,必新小说;欲新政治,必新小说;欲新风俗,必新小说;欲新学艺,必新小说;乃至欲新人心、欲新人格,必新小说。何以故?小说有不可思议之力支配人道故。"③梁启超此说并非耸人听闻,当年法国的启蒙学者就以

---

① 参见费孝通:《乡土中国》,第21页。
② 参见[德]齐美尔:《社会是如何可能的:齐美尔社会学文选》,林荣远编译,桂林:广西师范大学出版社,2002年,第341页;[美]詹姆斯·弗农:《远方的陌生人:英国是如何成为现代国家的》,张祝馨译,北京:商务印书馆,2017年,第122页。
③ 梁启超:《论小说与群治之关系》,《饮冰室文集》第10册,北京:中华书局,1988年,第6页。

小说为传播新思想的工具，伏尔泰、卢梭、狄德罗等人都是讲故事的高手，孟德斯鸠的《波斯人信札》出版后洛阳纸贵，以致书商在巴黎大街上看见文人模样的过客便拉住索稿。

二是不变革不利于中国文化"走出去"。文化使者是文化"走出去"的重要桥梁，西方文化从一开始就在歌颂寻找金羊毛和远征特洛伊的勇士，人们对异国他乡的看法既充满危险又值得憧憬，因此许多人不仅敢于"走出去"，而且还能在陌生人当中"待得住"，利玛窦来中国后甚至向天主发誓永不还乡。《鲁滨孙漂流记》中，主人公不顾父亲苦口婆心的劝说，也不接受船破遇难的教训，在"不可抗拒的力量"驱使下重新投入大海的怀抱。① 相比之下，我们的叙事传统中虽然也有张骞、班超和玄奘这样的人物，但古人总的来说还是视异域为畏途，古代小说戏文中经常出现的对话——"梁园虽好，不是久恋之家"，反映了过去出门在外者的普遍心理。钱锺书将这种心理追溯到屈原："盖屈子心中，'故都'之外，虽有世界，非其世界，背国不如舍生，眷恋宗邦，生死以之，与为逋客，宁作累臣。"②现在看来，这种对故国宗邦的过分眷恋，势必拖住国人奔向远方的后腿，中国文化要想真正"走出去"，一方面要摒弃这种"外面的世界不是我的世界"的心理，另一方面要更多讲述"好男儿志在四方"的故事，如此方能造就大批能在海外长期驻守的文化使者，而这正是我们目前对外工作的一项当务之急。③

---

① 参见[英]笛福：《鲁滨孙漂流记》，徐霞村译，北京：人民文学出版社，1982年，第11页。

② 钱锺书：《管锥编》（补订重排本），北京：生活·读书·新知三联书店，2001年，第910—911页。

③ 团中央、中国青年志愿者协会实施的中国青年志愿者海外服务计划，2002年至2014年间共向亚非拉美22个国家派遣了608名援外青年志愿者。这一数字显然偏少。

三是不变革不利于叙事和文学自身。中国为史官文化先行的叙事大国,记录事件和讲述故事本来是我们的强项,但由于人们对国门之外的事情知之不多又兴趣不大,许多发生在外面的中国故事未能得到应有的讲述,我们应尽力弥补这种遗珠之憾。以瓷器和茶叶的输出为例,明清时期中国的外销瓷被认为是当时最重要的全球化商品,茶叶对西方人身心素质的提升亦有莫大之功。①然而这些中国影响世界的故事主要还是域外人士在讲述,我们这边的重量级作家至今未关注此类极具价值的题材。随着"一带一路"倡议在世界各地得到更多响应,还会有更多精彩的中国故事在外面发生,我们不能再把讲述的机会让给他人。这方面我们不妨向工业革命之后的英国文学学习,在英国人的足迹逐渐遍及全球之时,英国的诗歌和小说也涌现出大量反映陌生人和"陌生人社会"的作品,拜伦、雪莱、柯勒律治和骚塞等诗人的异域想象今天看来也许有点可笑,斯蒂文森、康拉德、吉卜林和毛姆等作家的东方书写也有许多地方让人不敢苟同,但他们讲述的故事确实相当默契地配合了当年大英帝国在世界上的崛起,促进了英伦三岛人民将岛国襟怀扩大为全球视野,而这种配合与促进也使英国文学开出了新生面。我们的文学也应这样乘时代潮流而动,让"走出去"的东风为中国文学史掀开新的篇章。

我们中国人相信事物总在变化之中,以变化为主题的《周

---

① 西方学者讲述过"茶改变一切"的故事——中国茶的输入提升了18世纪英国人的身心素质,沸水冲泡的茶汤不仅驱除了传统的肠胃疾病,更使得人们能够抖擞精神,承受住工业革命后各行各业的繁重劳动,暴躁冲动的酒徒因此变成了温文尔雅的绅士,无所事事的家庭主妇变成了客厅中举止优雅的女主人。(参见[英]艾瑞丝·麦克法兰、艾伦·麦克法兰:《绿色黄金:茶叶的故事》,杨淑玲等译,汕头:汕头大学出版社,2006年,第63—113页)

易》因此提倡"君子见机而作,不俟终日"(《周易·系辞下》)。不过这里主张的应时而变不是针对整个叙事传统,我们所要"祛魅"的只是埋头向内的叙事习惯,当然还有造成这种习惯的故土难离情结。中国当前的发展正在深刻改变国人既有的生活模式,国门内外的两个世界正在融合为一个难分彼此的整体,钱锺书归纳的对外排斥心理——"'故都'之外,虽有世界,非其世界"行将失去其存在的根基。主张"通天人之际,通古今之变"的司马迁说"(天运)三十岁一小变,百年中变,五百载大变"(《史记·天官书》),如果把他所说的"天运"理解为形势,那么当前中国遭遇的"三千余年一大变局"便是特大之变,讲好这一变局中的中国故事乃是当代人义不容辞的使命。

第二编

帝国:文明传统与世界历史

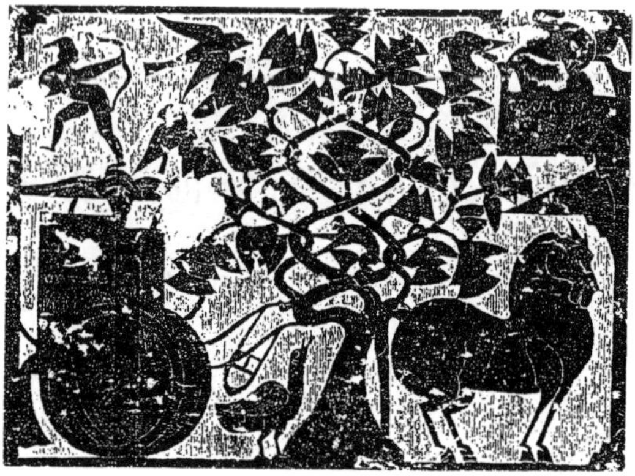

天下与海内:秦始皇的海洋意识

王子今

> 秦皇汉武时代东巡海上的表现,
> 刺激了海洋探索和海洋开发的社会热情。
> 中国人的航海能力与早期海洋学的进步,
> 也因此获得了有益的条件。

自春秋时期起,中原以外地方政治势力崛起,即《史记·周本纪》所谓"齐、楚、秦、晋始大",《齐太公世家》所谓"唯齐、楚、秦、晋为强"。这些原先处于边缘地位的政治实体迅速强盛,出现了《荀子·王霸》所谓"虽在僻陋之国,威动天下""皆僻陋之国也,威动天下,强殆中国"的局面。战国七雄的迁都方向多显示向中原靠拢的趋势,说明中原在统一进程中的文化重心地位重新受到重视。秦统一后,情形又发生了变化。北河与南海的经营,体现出扩张的趋向。另一历史文化现象,是秦始皇实践"东抚东土","乃临于海"。如果进行中国历代帝王心理的考察,秦始皇对海洋的关注,可以看作一个特殊的典范。此后汉武帝在某些方面有所超越。而秦皇汉武时代东巡海上的表现,刺激了海洋探索和海洋开发的社会热情。中国人的航海能力与早期海洋学的进步,也因此获得了有益的条件。

一、"并一海内"成功与"天下""海内"理念

秦始皇实现的统一,并不可以简单地以杜牧《阿房宫赋》名句"六王毕,四海一"概括。秦王朝版图的扩张,除"西北斥逐匈奴""徙谪,实之初县"(《史记·秦始皇本纪》)外,又包括对岭南的征服。战争的结局,是《史记·秦始皇本纪》和《南越列传》所记载的"南海"等郡的设立。

春秋战国文化典籍"天下"语汇的频繁使用,体现统一理念得到诸家学派的认同。与"天下"往往并见的政治地理概念,还有"海内"。如《墨子·非攻下》"一天下之和,总四海之内",《荀子·不苟》"揔天下之要,治海内之众",又《成相》"天下为一海内宾"等。《韩非子·奸劫弑臣》"明照四海之内",《六反》"富有四海之内",《有度》"独制四海之内",则以对"海内"的占有和控制,宣传绝对权力全面专制的理想(同样也有针对"天下"的:如《饰邪》"强匡天下",《初见秦》"诏令天下",《大体》"牧天下")。秦始皇琅邪刻石有"今皇帝并一海内,以为郡县,天下和平"的说法,又王绾、冯劫、李斯等议帝号时所谓"平定天下,海内为郡县,法令由一统,自上古以来未尝有,五帝所不及",都是在这一认识基点上对秦始皇成功的肯定。在关于封建制与郡县制的辩论中,李斯所谓"今海内赖陛下神灵一统,皆为郡县",秦始皇所谓"天下初定,又复立国,是树兵也",周青臣所谓"赖陛下神灵明圣,平定海内",淳于越所谓"今陛下有海内"等,也都沿袭着同样的语言范式,体现着同样的政治观念。

秦始皇关注沿海地方的表现,应当与这种天下观和海内观作用于政治生活有关。通过琅邪刻石"东抚东土","乃临于海",

之罘刻石"巡登之罘,临照于海","览省远方,逮于海隅",以及"立石东海上朐界中,以为秦东门"等,都可以透视这种政治理念的影响。

二、"议功德于海上"的政治文化意义

秦始皇实现统一之后五次出巡,其中四次来到海滨。这当然与《史记·秦始皇本纪》所见关于秦帝国海疆"东有东海""地东至海"的政治地理意识有关。秦始皇多次长途"并海"巡行,这种出巡的规模和次数仅次于汉武帝,在中国古代帝王行旅记录中名列前茅。《史记·秦始皇本纪》记载,"二十八年,始皇东行郡县",登泰山之后,"于是乃并勃海以东,过黄、腄,穷成山,登之罘,立石颂秦德焉而去"。秦始皇行至琅邪地方的特殊表现,尤其值得史家重视:"南登琅邪,大乐之,留三月。乃徙黔首三万户琅邪台下,复十二岁。作琅邪台,立石刻,颂秦德,明得意。"远程出巡途中留居三月,是极异常的举动。这也是秦始皇在咸阳以外地方居留最久的纪录。而"徙黔首三万户",达到关中以外移民数量的极点。"复十二岁"的优遇,则是秦史仅见的一例。这种特殊的行政决策,应有特殊的动机。战国秦汉时期位于今山东胶南的"琅邪"作为"四时祠所"所在,曾经是"东海"大港,也是东洋交通线上的名都。《史记·秦始皇本纪》张守节《正义》引吴人《外国图》云"亶洲去琅邪万里",指出往"亶洲"的航路自"琅邪"启始。又《汉书·地理志上》说秦置琅邪郡王莽改称"填夷",而琅邪郡属县临原,王莽改称"填夷亭"。以所谓"填夷"即"镇夷"命名地方,体现其联系外洋的交通地理地位。《后汉书》卷八五《东夷列传》说到"东夷""君子、不死之国"。对于"君子"国,李

贤注引《外国图》曰:"去琅邪三万里。"也指出了"琅邪"往"东夷"航路开通,已经有相关里程记录。"琅邪"也被看作"东海"重要的出航起点。秦始皇在"琅邪"的特殊表现或许有繁荣这一重要海港,继越王勾践经营琅邪之后建设"东海"名都的意图。这样的推想,也许有成立的理由。而要探求秦始皇进一步的目的,已经难以找到相关迹象。

秦始皇在琅邪还有一个非常特殊的举动,即与随行权臣"与议于海上"。琅邪刻石记录,秦始皇"至于琅邪",王离等重臣十一人,"与议于海上。曰:'古之帝者,地不过千里,诸侯各守其封域,或朝或否,相侵暴乱,残伐不止,犹刻金石,以自为纪。古之五帝三王,知教不同,法度不明,假威鬼神,以欺远方,实不称名,故不久长。其身未殁,诸侯倍叛,法令不行。今皇帝并一海内,以为郡县,天下和平。昭明宗庙,体道行德,尊号大成。群臣相与诵皇帝功德,刻于金石,以为表经"。司马迁所谓"议于海上",张守节《正义》称"议功德于海上"。对照《史记·封禅书》汉武帝"宿留海上"的记载,可以推测这里"与议于海上"之所谓"海上",很可能并不是指海滨,而是指海面上。秦始皇集合文武大臣"与议于海上",发表陈明国体与政体的文告,应理解为站立在"并一海内""天下和平"的政治成功的基点上,宣示超越"古之帝者""古之五帝三王"的"功德",或许也可以理解为面对陆上已知世界和海上未知世界,陆上已征服世界和海上未征服世界所发表的政治文化宣言。

三、"梦与海神战"的心理背景

秦始皇三十七年(公元前210年)最后一次出巡,曾经有"渡海渚""望于南海"的经历,又"并海上,北至琅邪"。《史记·秦始皇本纪》记载,方士徐福等解释"入海求神药,数岁不得"的原因在于海上航行障碍:"蓬莱药可得,然常为大鲛鱼所苦,故不得至,愿请善射与俱,见则以连弩射之。"随后又有秦始皇与"海神"以敌对方式直接接触的心理记录和行为记录:"始皇梦与海神战,如人状。问占梦博士,曰:'水神不可见,以大鱼蛟龙为候。今上祷祠备谨,而有此恶神,当除去,而善神可致。'乃令入海者赍捕巨鱼具,而自以连弩候大鱼出射之。自琅邪北至荣成山,弗见。至之罘,见巨鱼,射杀一鱼。遂并海西。"亲自以"连弩"射海中"巨鱼",竟然"射杀一鱼"。对照历代帝王行迹,秦始皇的这一行为堪称中国千古之最,也很可能是世界之最。"自琅邪北至荣成山",似可理解为航海记录。

通过司马迁笔下的这一记载,我们看到秦始皇以生动的个人表演,体现了探索海洋的热忱和挑战海洋的意志。

《论衡·纪妖》将"梦与海神战"事解释为秦始皇即将走到人生终点的凶兆:"始皇且死之妖也。"王充注意到秦始皇不久即病逝的事实:"始皇梦与海神战,恚怒入海,候神射大鱼。自琅邪至劳成山不见,至之罘山还见巨鱼,射杀一鱼。遂旁海西至平原津而病,到沙邱而崩。"王充的分析,或可以"天性刚戾自用""意得欲从"在晚年益得骄横偏执的病态心理作为说明。通过王充不能得到证实的"且死之妖"的解说,也可以看出秦始皇"梦与海神战"确实表现了常人所难以理解的特殊的性格和异常的心态。

四、"入海求仙人":海洋探索的特殊形式

将秦始皇东巡海上的动机简单归结为求长生,是不妥当的。

据司马迁记载,秦始皇第一次东巡来到海滨,似乎还没有得知方士关于海上三神山的学说。他期望接近海上仙人,是稍后的事。《史记·封禅书》说,秦始皇即帝位不久,即"东游海上,行礼祠名山大川及八神"。这里所说的"八神",祀所至少一半在滨海地方。行礼祀"八神",体现出来自西北的帝王对东方神学传统的全面承认和充分尊重。而所谓"冀遇海中三神山之奇药",见于秦始皇最后一次出巡的记录中。

正是在"东游海上"的行程中,秦始皇接受了方士的宣传。燕齐海上方士是参与开发环渤海地区早期航运的知识人。他们的海洋探索因帝王们的长生追求,获得了行政支持。方士以富贵为目的的阴险的政治诈骗和以航行为方式的艰险的海上探索,构成了他们知识人生的两面。《汉书·艺文志》列入"天文"家的论著:"《海中星占验》十二卷;《海中五星经杂事》二十二卷;《海中五星顺逆》二十八卷;《海中二十八宿国分》二十八卷;《海中二十八宿臣分》二十八卷;《海中日月彗虹杂占》十八卷。"很可能载录了海上方士们的经验和思想。秦始皇追求海上神山奇药的迷妄,使得帝王和方士的合作,还成就了一次规模空前的海外移民。据《史记·淮南衡山列传》记载伍被的说法,在听到方士转述"海神"的承诺之后,"秦皇帝大说,遣振男女三千人,资之五谷种种百工而行。徐福得平原广泽,止王不来"。

李白《古风》诗赞颂秦始皇的功业,也表扬他的"明断""大略":"秦皇扫六合,虎视何雄哉。挥剑决浮云,诸侯尽西来。明断自天启,大略驾群才。"李白同时又讽刺秦始皇迷信长生,最终仍然归葬骊山:"尚采不死药,茫然使心哀。连弩射海鱼,长鲸正崔嵬。额鼻象五岳,扬波喷云雷。鬐鬣蔽青天,何由睹蓬莱。徐市载秦女,楼船几时回?但见三泉下,金棺葬寒灰。"其中"连弩射海鱼"数句,似并无贬义。《史记·秦始皇本纪》描述了秦始皇陵地宫的设计:"以水银为百川江河大海,机相灌输。"似乎陵墓主人对大海的向往,至死仍不消减。又"以人鱼膏为烛,度不灭者久之"。对于"人鱼"有多种解释。按照裴骃《集解》引《异物志》的说法,这种鱼"出东海中"。宋人曾慥《类说》卷二四引《狙异志》"人鱼"条称之为"海上""水族"。明黄衷《海语》卷下《物怪》也说到海中"人鱼"。我们也许可以这样理解陵墓设计意图,"三泉"之下荡动着的"大海"的模型,陪伴着"金棺"之中这位胸怀海洋情结的帝王。而来自海产品的光亮,也长久照耀着他最后的居所。

秦汉帝国的边境:来自周边的帝国观＊
[韩]金秉骏

> 帝国征服了周边异民族之后……
> 选择了普遍式的统治方式,将在中心
> 实施的律令统治原封不动地施行于此。

因为权力存在于政治中心,所以规则是由中心制定并被制度化的。而想要将规则付诸施行,就要向周边派遣官吏。反过来,周边地区是受中心统治的区域,中央派出的官吏在周边施行中心制定的制度,贯彻中心的原则。所以,似乎可以说,如果理解了中心,就能够准确把握其基本结构。但这只是一种理想状态,规则最终如何适用现实仍主要取决于周边。虽然中心的统治者不得不为持续贯彻规则而考虑周边的立场,但和有着不同文化传统的周边地区人的感受相比,肯定有所不同。所以,我们有必要反过来全面审视周边,尤其是在研究周边存在问题的"帝国"的时候。

中国历史上的所谓"帝国",一般被认为是由皇帝统治的国家,但至少其中一部分王朝是符合东西方世界均认可的"帝国"

＊ 本文由作者据其 2014 年 4 月 30 日所做报告《秦汉时期的边疆政策》修订。——编者注

（Empire）这一概念的。"帝国"一般被定义为通过武力占领周边区域，将其变成自己的统治区域的同时，对其实行全面且持续性统治的国家。无论是罗马帝国、大英帝国等所谓的西方帝国，还是秦汉帝国、隋唐帝国、明清帝国，或是蒙古帝国等东方帝国，都具有这样的属性。也就是说，虽然王朝和帝国指的是同一实体，但王朝仅将居住于中心地区的编户齐民视为皇帝统治的对象，而帝国关心的对象还包括新占领地区被纳入统治的其他民族。在将以武力占领的区域纳入自己的疆土之后，各帝国在统治方式的问题上产生了差异，而统治方式往往是决定帝国能否持续的重要因素。有时对占领地施行高压式统治会招来被占领者的反抗，最终导致帝国崩溃。有时虽然采取了尊重被占领者习俗的统治方式，但仍激起边境的混乱。也正因如此，帝国的边境统治方式成为把握帝国特征的重要历史指标。

众所周知，简牍开辟了秦汉史研究的新纪元。那些秦汉时期简牍的主要内容如实地记录了在帝国中心制定且施行于全国的律令，以及依照这些律令推行的文书行政。这些都是真实反映秦汉王朝中心规则的内容。所以，大批学者开始关注律令和各种文书中记录的官制、身份及刑罚等内容，是理所当然的。但不可否认的是，大部分简牍实际上都出土于帝国的边境。也就是说，统治理念虽然在帝国中心制定，但真正贯彻之地却在边境。因此，律令和文书行政在边境推行这一点，可以说是了解秦汉帝国特质的决定性一环。然而，这一点却往往被学界所忽视，甚至在研究像敦煌、长沙、武汉、里耶这些简牍出土地区时，也极少会有学者站在周边地区的角度来审视这些地方是如何接受中央统治的。因为无论如何，与边境相比，人们往往更关心中心。

自汉武帝在朝鲜半岛北部设立乐浪郡后，这里就成了秦汉帝国的边境。因此，站在这里，可以从一个特殊的、不同于中国的视角来审视秦汉帝国。更何况这里与中国国内的边境区域不同，因为它现在属于其他国家，这里的人显然更具备周边人的立场。事实上，历史上有很长一段时间，朝鲜半岛的人都是以不同的角度来看待秦汉帝国。亦即，在理解帝国中心制度这方面，比起强调普遍性而言，这里的人相对更关心周边地区的独特性和土著民问题，更重视土著民是如何抵抗帝国统治的，以及因为这些抵抗，帝国不得不降低统治强度，最终委任当地土著民来进行自治式统治，或干脆放弃这一区域等问题。不得不说，这样一个与帝国边境统治有关的主题，是一个能够很好把握秦汉帝国特质的主题。然而，在中国，研究自己国家历史的学者们只关注中心的普遍性问题；反过来，在韩国，作为外国史研究的学者们只重视所谓周边地区的特殊性问题。其结果是，我们始终都无法正确地评价秦汉时代的帝国特征。

韩国学界之所以一度过分强调周边的特殊性，是因为在朝鲜半岛基本没有发现过秦汉时代的简牍。直到1990年，与西汉时期乐浪郡有关的简牍在平壤出土，才打破韩国学界的沉寂。当时在平壤市乐浪区域贞柏洞364号墓中发现了《乐浪郡初元四年县别户口簿》和《论语》。虽然这些资料无论是从种类上还是数量上来看都极少，但它们毕竟是从一直以来都在强调离帝国中心相当远、受到帝国统治力度微弱、生存着妨碍统治的土著民、位于东方尽头的朝鲜半岛发现的。所以它与以往在敦煌和居延等地出土的资料一样，是全面把握秦汉帝国特征的难得资料。

本文利用平壤出土的《乐浪郡初元四年县别户口簿》和《论语》，分三部分探讨秦汉帝国的边境统治问题。首先论述中心对周边的解读方式，或者说通过中心地区的律令和制度，来确认乐浪郡简牍文书所具有的意义，由此我们可以了解到中央统治是如何被贯彻到边境的。其次论述周边解读周边的方式。关注边境地区，将乐浪郡与中原以及其他边境区域出土的简牍进行对比，从而对乐浪郡简牍的意义加以补充。再次论述周边对中心的解读方式，通过我们所了解的乐浪郡简牍的意义，来进一步探讨中心帝国当时是如何计划统治和扩展边境的。事实上，这些方式不仅适用于乐浪郡简牍，也完全可以适用于其他出土边境的简牍研究。

先讨论第一个问题。木牍《乐浪郡初元四年县别户口多少□□》，横向5厘米，纵向23厘米。就是在这样一块小小的木板上，记录着西汉元帝初元四年乐浪郡25个县的户数和人口，此外，还附记了相较前一年人口的增减情况。此年乐浪郡有43 845户，28万余口，比前一年增加了584户、7 589口。

乐浪郡的户口簿就是这样一块小木牍，据此好像只能看到乐浪郡的县名和户口数。然而，如果了解中央颁布的律令中有关户籍的规定就会感受到，这个简单的户口簿其实蕴含着相当重要的意义。首先，户籍是每年八月在乡里制作出来的，户籍的副本和按里集计的账簿会被移送到县，而后封印保管于文书库，按县集计的簿籍再上报到郡。木牍《乐浪郡初元四年县别户口多少□□》就是通过这些流程制作出来的。也就是说，乐浪木牍本身是通过由里典和里老所负责的百姓直接申报、乡里户籍的制作、向县里移送副木、封印保管等文书行政程序才成形的。

除了户籍外，乡里还同时制作像民宅园户籍、年细籍、田比地籍、田命籍、田租籍等各种账簿。此外，以此为基础，还会单独集计户口数的增减，年龄、性别数字，免老，新傅、罢癃数字，垦田、田谷数量。荆州市纪南镇松柏村出土汉简分别记录了南郡属县和侯国免老、新傅、罢癃的数字。尹湾汉简《集簿》依据这样的账簿制作出了各种项目的集计。尹湾汉简《集簿》所记录的项目之一——较前一年度的人口增减数,在乐浪木牍中也记录了。可见制作乐浪木牍的目的是为制作其他账簿提供依据。

东汉末年的徐干在《中论·民数篇》中说,制作包括户籍在内各种账簿的原因,是通过户籍制度掌握百姓的身份和财产,在此基础上建立各种行政制度,进行社会管理。天长县出土的户籍簿正面记录了户口集计,反面记录了算赋。它们和松柏汉简出土的各种免老簿、新傅簿、罢癃簿,尹湾汉简《集簿》中记录的户口数以及垦田、田谷数一样,都是为了征收税役而制作的。而且,只有制作了户籍,才能实现确保治安的什伍制和连坐制。也就是说,乐浪郡户口簿的制作,其实是为税役和治安而实实在在展开的一项基础性工作。

此外,将各种账簿一一制作、移送、接受、确认等复杂文书行政的存在,说明当时能够解读制作文书的多数官吏是各尽其责的。与此同时,当时在乡里安排了制作文书的乡啬夫,在县廷、诸曹和啬夫组织中则安排了令史和佐、史等吏员。

乐浪木牍户口簿虽然只是一块记录了乐浪郡所属 25 个县户口数的简牍,但它再现了当时在乐浪郡为了征收税役和施行律令统治,人们有条不紊地制定基础户籍和推行文书行政的事实,其工作成果是掌握了乐浪郡 43 845 户和 28 万余口的情况。根据以往研究,多数学者认为,在中心与边境的二元构图下,律令统治和文书行政只能在中心得以正常推行,对于边境居住的众多异民族却很难切实掌握他们的情况,所以,在边境地区是无法正常施行律令统治和文书行政的。然而,通过乐浪户口簿,我们至少可以了解到,郡县统治的原则无论是在内郡还是在边境都可以得到普遍实施。由此可以确认,帝国征服了周边异民族之后,既不放弃那些地方,也不将统治权委任给土著民,而是选择了普遍式的统治方式,将在中心实施的律令统治原封不动地施行于此。

在发现乐浪郡户口簿的墓葬中,还发现了一套《论语》。这套《论语》与河北省发现的定州本以及现在通行本都无太大差异。儒学是帝国的核心理念,《论语》出土于处在帝国边境尽头的乐浪郡,说明当时帝国除了想要在边境尽头施行律令统治外,还曾试图实现思想文化方面的统治。

帝国对乐浪郡的统治,在设立郡县以后得以持续下去。乐浪郡设立于武帝元封三年(公元前108年),乐浪郡户口簿记录的时间是元帝初元四年(公元前46年),前后经历了62年,这里的人口变为43 845户、28万余口,比前一年户数增加了0.64%,口数增加了2.82%。此后又过了48年,即西汉平帝元始二年(2年)的户口数被记录在《汉书·地理志》中,乐浪郡的户数为62 812,口数为406 748。此间平均每年户数增加0.79%,口数增加了0.76%,表明前文所说的律令统治和文化统治在此地确实得到了积极有效的实施。

再讨论第二个问题。除了律令外,大部分简牍都是在边境出土的。河西的敦煌和居延,以及湖南省的里耶,就是其中最具代表性的地域。如果说乐浪是汉帝国的东方尽头,那么敦煌和居延就是汉帝国的西方尽头。里耶则是边郡中一个遥远的、深处险峻群山之中的边县。在这些地方发现简牍,说明中央制定的律令和依其施行的文书行政曾在此处得以实施。就像乐浪郡户口簿所记录的那样,这些地区与内郡一样曾实施过积极的编户齐民统治。

然而，虽然在这些地方确实施行了基本的制度和律令，但无论如何不可能做到与内地完全一致。其原因有两个方面。

第一，为了防御国境之外的敌人，这些地方设有军事防御设施。敦煌汉简和居延汉简的大部分简牍，都是在构成这些防御设施的居延都尉和肩水都尉等都尉所属的候官和烽燧中发现的。根据里耶秦简中"皆蛮夷时来盗黔首徒隶□田者"（9—554）、"反寇攻离乡亭鄣吏卒各自备牢反时"（9—32）的记录可知，当地时常遭受蛮夷的攻击，为了抵御攻击，需从各处通过更戍（"更戍士伍城父阳翟执"［8—1517］）、罚戍（"罚戍士伍资中宕增爽署迁陵书"［8—429］）、谪戍（"城父繁阳士伍枯娶贾人子为妻戍四岁……"［8—466］）、屯戍（"虞人□出虞屯戍簪褭襄完里黑"［8—1574］）等方式来征集戍卒，配置在当地。特别是远离县城的启陵乡，一定配备了军事设施。乐浪郡也常受到周边高句丽和濊貊的攻击，所以设有东部都尉和南部都尉，在出土的户口簿上记录了其所属的县名。

第二，规模上的差异。比起内地来，边境各县的户口数相当少。根据《汉书·百官公卿表》可知，一般情况下一个县的规模为 10 000 户。相比之下，边郡的户数则相当少。依据《汉书·地理志》可知，边郡只有 1 000 户到 3 000 户。边郡所属的边县户数更少。里耶秦简所录洞庭郡迁陵县的户数，在 150 户到 200 户之间。乐浪郡户口簿所录乐浪郡提奚县有 173 户，海冥县有 338 户，含资县有 343 户。不要说达到内地县的平均规模，就是一个乡（一乡 1 000 户）的规模都达不到，充其量也就是内地二三个里（一里 100 户）的规模而已。

但这种差异只是站在中心的立场上对比得出的。因此，尽管强调中心和边境的差异，但对于边境的认识并不会产生太大的影响。虽然帝国为了统治边境,在治民机构之外还增加了军事机构(部都尉),但这种军事机构并不具备治民的功能,像制作户籍和征发税役这类治民功能仍由郡县来担当。此外,虽然一个县连二三百户都不到,但县的组织机构、主管官吏以及依此而行的律令统治和文书行政,却与大县几乎没有区别。洞庭郡迁陵县设置了尉曹、吏曹、户曹、仓曹、司空曹、布曹、狱曹、令曹 8 曹和官啬夫主管的 10 余个部门、100 余名官吏、400 余名官奴婢,以及数百名戍卒。乐浪郡的边县也设有包括功曹在内的诸曹和主簿等。

最后讨论第三个问题。要准确把握帝国边境的情况,就一定要关注边境的人。因为帝国统治的不是地,而是人。帝国控制了周边之地后,并不会驱赶当地人,而是会想方设法将当地的土著民置于统治之下。虽然也有徙民的情况,但基本上会参照土著民的习俗在一定程度上改变统治方式。

需要注意的一点是,土著民也存在不同类型。比如,古朝鲜灭亡后,在其地域设置了包括乐浪郡在内的四个郡。当时这里的居民既有自春秋战国时代以来一直在此繁衍生息的土著民,也有西汉初期由燕国逃亡而来的卫满集团,这些人是古朝鲜的主要构成成员。除此之外,还有周边一些像真番一样曾臣服于古朝鲜的小国之民。那么,这个地区被控制后,帝国是统一管辖所有的人,还是将他们分开进行单独治理,是一个值得探究的问题。目前至少可以确认,帝国对古朝鲜直接统治的地域和臣服于古朝鲜的周边小国的对待方式存在差异。周边小国被划分为真番郡、临屯郡、玄菟郡,而乐浪郡设置在古朝鲜的中心位置。在实施郡县制之前,处于不同的社会发展阶段有着不同的统治方式,这可以通过秦占领巴蜀后施行不同的统治方式得以确认。

帝国对身处周边小国包围的真番郡、临屯郡、玄菟郡，和巴郡一样，一定程度上允许延续此前的君长秩序，同时试图把它纳入郡县统治的制度之下。而对于曾是古朝鲜直接管辖下的乐浪郡，最终却和蜀郡一样，采取了将每个人都编入户籍的统治方式。

有意思的是，君长秩序在某种程度上被认可的情况下，将其纳入制度导致了户籍的异常。笔者注意到，在君长秩序被认可的情况下，每户的口数比平均数值高出很多。真番郡和临屯郡被废后，若按照乐浪郡户口簿初元四年（46年）的数字来计算，曾是古朝鲜直辖的地域每家平均口数为5.60口，但曾为真番郡和临屯郡的地域，数字达到了7.24—7.71口。据《汉书·地理志》载，元始二年（2年）乐浪郡每户口数为9.48口，假定其中包括每家4—5口的一般小农的话，那么这个数字应该是将小君长当作户主，统计其麾下属民户口得出的结果。这样的例子不仅发生在乐浪郡，洞庭郡和迁陵县也是如此，应当为土著民的新黔首，106户中有成年男子1 046名，一户之中竟然有10名以上的成年男子（"新黔首户百六，男千册六人，小男子囗"[16—950]）。

此外，乐浪郡直辖地区还出现了旧统治阶层卫满集团和被统治阶层土著民这两种人。前者是自汉流亡而来的人，后者是具有悠久土著传统的群体。汉帝国占领了周边地区之后，是否会询问当地居民过去的出身，加以区别对待呢？对此，我们需参考张家山汉简和岳麓秦简的《奏谳书》案例，因为它们记录了秦占领楚、设置郡县时，对自秦逃往楚的秦人和本土楚人区别对待的情况。虽然理论上需要做更进一步的具体论述，但事实上在降服之时以及之后，是否系统地采取了申报编入秦户籍的措施才是问题的关键。

关注土著民，还需要考虑他们的语言和文化传统。处于帝国周边的诸多异民族和内地人有很多不同。他们有的不从事农业生产,而选择保持游牧或半农半牧的生产方式。不同的生产方式,应该对应不同的租税征收方式。对不从事农耕者是无法征收田租的,因此,就不得不考虑不同的征收方式会给这些人带来怎样的负担。

语言不同是一个很重要的问题,虽然在睡虎地秦律中有关于行政业务需通过文书形式来处理的规定(《秦律十八种·内史杂》"有事请也,必以书,毋口请,毋羁请")。但像语言完全不同的乐浪郡这种情况,除了更需要依赖文书行政外,还会产生一些更为复杂的问题。在占领初期,因为要处理紧急行政事务,所以不得不派遣熟知汉字和文书业务的内地官吏来此处充员。乐浪郡曾从辽东郡得到过"初吏"的支援。洞庭郡迁陵县也如里耶秦简"资中县令史阀阅"(8—269)所载,得到了他郡官吏的补充。

但是,随着时间的流逝,土著民最终还是要代替这些外地官吏来参与治理工作。所以,在文字方面对他们进行教育是当务之急,这时词汇和语法的冲突自然是不可避免的。乐浪郡所使用的土著语的语法结构不是"主一谓一宾",而是"主一宾一谓",而且还有终结形语尾和助词的问题。所以,渐渐地土著民也就不得不开始寻求其他适合自身的更好方式来解决语言问题。

我们以乐浪郡为中心讨论了土著民的问题。事实上,这种土著民的情况在帝国边境随处可见。几乎在同一时期设置了郡县的南越地区,和乐浪郡的情况十分相似。它由本来就居住在那里的土著民、从内地移居而来的赵佗集团以及周边臣属的小国构成。河西地区、西南地区的情况虽然在程度上有所不同,但显然也存在类似的土著民部族。所以,立足于作为周边地区的乐浪郡土著民的视角进行观察的研究,也适用于其他地域。

以上讨论了看待帝国边境地区的视角问题。乐浪郡户口簿和《论语》的出土让我们了解到帝国对边境地区和内地一样实行具有普遍意义的统治。但如果考虑到在边境居住的土著民和他们的出身、习俗以及语言等特殊性的话，则可以更加生动地再现当时帝国在边境实施的政策。无论如何，我们都应该摒弃以往认为边境是与中心相隔绝、绝对异质的特殊存在，以及中心的律令和制度单向影响边境的片面观念。

　　一个帝国的边境问题往往与其中心问题紧密相连。边境土著民的反应一定会引发统治者的应对，而怎样应对又是一个关乎帝国整体财政和军役征发的重要课题。《盐铁论》中大夫与贤良争论的很多内容，不正是与如何进行边境统治这一问题相关联吗？

中华文明的黄金时代 *

吕正惠

> 正因为我们即将进入第三次黄金时代,这才让我们想起第二次黄金时代是怎么到来的,我们要借鉴第二次的经验,以便为将来的第三次黄金时代做好准备……

一、伟大文明和文化经典

每一个伟大的文明都有自己的文化经典。以中国而言,最早被列为文化经典的是六经,到了后来又加入了先秦两汉的一些典籍(如诸子和《史记》《汉书》)。以希腊而言,最早被列入经典的是荷马两大史诗和赫希俄德的作品,然后加入三大悲剧作家、希罗多德、修昔底德、柏拉图、亚里士多德等。以印度而言,先是四大吠陀,后来又有两大史诗。可以说,没有形成文字化的经典系列的文明,都很难称之为伟大的文明,因为没有文字化就很难流传下去。

文化经典最早都形成于代代的口耳相传,这些凭着一代传

---

* 本文由作者据其 2016 年 10 月 17 日所做报告《中国第二次大一统在文明史上的意义》修订。——编者注

承一代、靠着背诵和记忆而传承下来的东西,必然是那一文明经验与智慧的结晶。到了历史的某一时期,由于书写技术的进步,才逐渐文字化,并经由书写材料(如泥砖、纸草、木片、竹片)而流传下来。经过这个阶段以后,已经文字化的"书籍"就成为某一文明识字阶层的教科书,代代传诵不绝,这样就形成了文化经典。随着时代的发展,某一文明内部的文化经典,各典籍之间的地位也许会有高低起伏的变化,但其核心基本上会保留不变,如中国的六经和希腊的两大史诗。

即使有了文字化,也不能保证某些文明的文化经典就能永远保存下来,譬如,古代的两河流域和古埃及。这是世界上最古老的两种文明,曾经拥有丰富的典籍,却因后来者的不断征服,而为世人遗忘。近代以来,由于考古挖掘的努力,两河文明的楔形文字和埃及文明的纸草才能重现于世。当然,经过考古发现重新缀补出来的文化经典,终究不及文字传承代代不绝的文化经典那么完整。

跟两河、埃及文明形成对照的,是古代希伯来文明。希伯来文明诞生于古代的以色列国,而以色列是一个弱小的国家,常常遭受周边强大帝国的侵略,国家的存在时有时无,但它们的经典《旧约》却能靠着犹太教的强大凝聚力流传下来。后来的基督教也发源于犹太教,基督教除了《旧约》之外又有自己的《新约》,《新旧约》的流传基本上源于宗教的力量,而不是政治力量,这在文明史上是少有的例外。

二、西方的帝国

从地理上的区隔来说,我们可以把人类最重要的古代的明分成三大块:1. 东亚的中华文明,2. 南亚的印度文明,3. 两河、埃及、地中海文明。中国文明和印度文明相对来讲发展都比较孤立(但这并不否认,三大文明区之间还是多少有所联系),而两河、埃及、地中海之间的各文明却彼此紧密交流。两河、埃及以及附近的各文明,后来统一于波斯帝国,波斯帝国可以说是这一地区第一个伟大的综合体。跟波斯帝国形成对抗的,是希腊各独立城邦组成的文化统一体。这个希腊文明内部彼此斗争不已,最后由马其顿帝国将它们统一起来,并且灭掉了波斯帝国。马其顿帝国后来虽然分裂成马其顿(包括希腊)、埃及(托勒密王朝)和西亚(塞琉古王朝)三大块,但它们却拥有共同的文明基础,这就是所谓的希腊化文明。后来,在地中海西部兴起了罗马帝国,吞并了所有这些地区,再加上罗马帝国在地中海西部所征服的北非、西班牙和高卢(现在的法国),就形成了古代西方世界最强大的帝国,和东方的汉朝遥遥相对。

从文化上来讲,罗马帝国和先前的马其顿帝国一样,是传承希腊文化的。希腊文化所以在希腊政治势力消失以后还能长期存在,就因为统治它的两大帝国在文化上都受到它的影响。

三、被创造出来的"人类文明史"

我们现在常说,近代西方文化传承了古代的希腊罗马文明,其实这是一个太过简略、容易产生误导作用的说法。罗马帝国统一了整个地中海地区,形成了希腊罗马文明,这个文明的文化经典,除了希腊人的作品之外,又加上了罗马人的作品(如西塞罗、西泽、弗吉尔、利瓦伊等)。但是,在公元2世纪末罗马帝国陷入长期内战以后,这个文明就逐渐没落了,等到公元4世纪君士坦丁大帝重新统一帝国、尊基督教为国教以后,希腊罗马文明就变成了罗马基督教文明。我们记得,罗马皇帝朱利安企图恢复希腊罗马文明,但很快就失败,因此他被称为"叛教者",这就说明基督教已成为罗马帝国最重要的文明力量。等到日耳曼各部落冲进西罗马帝国境内,西罗马帝国崩溃,日耳曼各部落纷纷归皈基督教以后,至少有一千年时间,所谓西方文明其实就是基督教文明,希腊罗马文明几乎完被忘记了。

就在西方完全笼罩在基督教的势力之下的时候,东罗马帝国(历史给帝国的名字叫拜占庭)还屹立了一千年之久。东罗马帝国使用希腊语,继续传承古代的希腊文明,而且,还影响了后来兴起的阿拉伯帝国的伊斯兰文明。现在很少人知道,伊斯兰文明不但传承了古希腊文明,同时还传承了古希伯来人文明。阿拉伯帝国的全盛时代不但翻译了许多希腊经典、产生了不少诠译希腊文明的大师,而且,他们同时也推崇《新旧约》。如果没有东罗马帝国和阿拉伯帝国,古希腊文明有多少能保存下来,是很值得怀疑的。近代的西方很少人愿意承认这一点,好像希腊文明在西方一直绵延不断,这是很少人揭破的历史大谎言。

一直要到薄伽丘和彼得拉克(15世纪)的时代,古希腊罗马文明才在意大利复兴起来,并逐渐波及全西欧,这就是我们所谓的文艺复兴。文艺复兴以后,希腊罗马文明和基督教文明并存于西方,成为近代西方文明的基础。从这个角度来看,古代的希腊罗马文明,和近代西方所传承的希腊罗马文明,很难说是同一个文明,因为后者已经加入了基督教的因素,而前者丝毫没有基督教的影子。而且,我们不能说,传承东罗马文明的俄罗斯文明,以及继承阿拉伯帝国遗产的伊斯兰文明都不是古希腊文明的继承人。古希腊文明的"后代"有好几个分支,西方人凭什么说,他们是古希腊文明唯一的继承人?

再说，所谓的希腊文明的作用问题，恐怕也需重新考虑。近代西方人把希腊文明吹得神乎其神，认为这是西方人最具天才性的创造，是西方人对人类所做的最伟大的贡献。其实，真相远非如此。根据希腊人自己的记载，也根据19世纪以来的考古发现，越来越多的学者不同意这种看法。他们认为，地中海文明的发源地是两河流域和埃及，再从这里扩展到叙利亚、波斯、小亚细亚、腓尼基和以色列（希伯来），再影响到在小亚海岸区域的希腊城邦，然后再扩展到希腊本土（我们只要想一想，希腊早期的哲学家和希罗多德都来自小亚沿岸的城邦，即可思过半矣）。也就是说，希腊文明是两河文明和埃及文明影响下的产物，说希腊文明是独立创造出来的，根本站不住脚。罗马帝国时期，帝国东部因为有较深厚的文明底子，所以才能发展出基督教，也才能在西罗马帝国崩溃以后，继续存在，并且发展出伊斯兰文明，还有后来的奥斯曼帝国。这一大片地区本来就是古地中海文明的发源地，在近代西欧尚未兴起之前，其文明力量远远超过西欧，而且时间长达一千年之久。在这个地区，希腊文明只不过是这个大文明圈的一环而已，其作用绝对称不上独一无二。在近代西方兴起以后，西方人为了突出自己，就拉出了一个"远祖"希腊，并把它无限抬高。

我们现在所读的人类文明史，不过是近代西方人"创造"出来的文明史。其实，西方称霸全世界（从他们压倒奥斯曼帝国和莫卧儿帝国算起）也不过两百多年，从历史的长河来看，两百多年算得了什么！等到西方话语霸权一过，西方文明发展的真相就会大白于世。西方人所叙述的希腊—罗马—文艺复兴—近代西方这个一线传承的人类文明史，总有一天就不会再有人相信了。

四、什么是中国

我们略过印度文明,直接从古地中海文明和近代西方文明跳到中华文明。

在东亚这块大陆上,历史发展最核心的问题是:什么时候形成了一个后来称之为"华夏"的统一文明。这是中国上古史最重要的问题,随着中国考古学的日新月异的发展,这个问题的答案会逐渐清晰起来。根据现有的资料,我们可以肯定地说,在周朝建立的时候,以黄河流域为中心,中国人已经形成了非常稳固的文化大一统的观念。这个观念还可以往前追溯,应该说,至少从中国历史中的"三代"(夏、商、周)以来,这个观念就已经存在。

我们知道,在周代建立的时候,中国还处在"万国"并立的时代,但周王(周天子)受天命而成为天下的领袖,也是绝大部分诸侯国所公认的。虽然战争时有发生,但周王作为最终的协调者和决断者的地位,很少受到挑战。即使在春秋时代,周王的权威已经极为式微,春秋的霸主,特别是齐桓公和晋文公,仍然以周王的辅臣的身份维持秩序,不敢在名分上有所逾越。一直到战国中期,齐国和魏国相约称王的时候(齐威王和魏惠王),周王的崇高地位才完全丧失。周王的权威名分长期存在,说明天下"共主"的观念已经长期存于中国人的心中。没有这个观念的存在,很难想象先秦诸子都存在着"大一统"的思想,也很难想象秦国最后终于吞并了六国,实现了政治领域上郡县制的大一统(也即是一般人所谓中国中央集权制的形成。我以前一直以为春秋、战国的长期战乱,是大一统思想出现的现实原因。最近和我的朋友张志强讨论,才了解这种想法可能早在三代之前就已存在,而周代的宗法封建制则是这种思想的非常具有创造性的体现)。

将中国的上古史和地中海地区的上古史加以比较,就可以看出两者的重大区别。以两河流域来说,这里先后出现了萨尔贡帝国、汉谟拉比帝国(巴比伦帝国)、亚述帝国和迦勒底帝国(新巴比伦帝国),周边也曾有过赫梯帝国(小亚)和米底帝国(波斯);除此之外,还存在着许多国家。最后,整个地区统一在波斯帝国之下。所有这些帝国,一个接着一个地出现,一个接着一个地崩溃,虽然许多帝国的领袖都自称为"万王之王",但类似于周天子的那种天下唯一的"王"的观念,似乎就没有出现过。

我们再来看希腊地区。希腊城邦其实都是非常小的,希腊人也会成立各种联盟,彼此打来打去,谁也不服谁。为了维持城邦的"独立",他们宁愿在内斗中耗尽力气,最后,只好由野蛮的马其顿将他们勉强统一起来。最奇怪的是,即使经历了许多次的、惨不忍睹的城邦联盟战争,希腊最伟大的思想家,柏拉图和亚里士多德,也从未设想过"天下一王"的观念。从两河文明到希腊文明,从头到尾就只存在着国与国、帝国与帝国之间的、你死我活的争霸战。这似乎是地中海文明的宿命。

五、从封建制到大一统

当罗马帝国和汉朝出现的时候,东、西方的古代史都达到了最高峰。我们如果以第二次布匿战争的结束(公元前201年)作为罗马帝国的起点,以马可·奥略留皇帝的去世(180年)作为罗马帝国高峰期的结束,那么,罗马帝国的全盛时代约有四百年之久。相对的,汉高祖元年,是公元前206年,而汉献帝即位的那一年(189年)汉朝事实上已经不存在了,汉朝跟罗马帝国可谓同始同终。一般都把476年作为西罗马帝国完全崩溃的界限,我们也可以把西晋灭亡的那一年(315年)作为中国陷入长期混乱的开端。中国这一次的政治脱序,一直到隋文帝重新统一中国(589年),时间长达270余年。但是,当中国重新统一的时候,原属于西罗马帝国的区域仍然一片混乱,而且,还要进一步碎片化,形成许许多多的封建小王国和小公国,直至14世纪才开始形成近代的民族国家(以英、法两国为前导)。一直到现在,西欧从未真正统一过。

东、西两大帝国的灭亡,除了内部的因素外,主要就是外部野蛮民族的入侵;在西方,是各种日耳曼部落,在东方,是所谓的"五胡"。我们要问的是,自日耳曼民族冲垮西罗马帝国以来,西方即陷入长达一千年的衰落期,并且一直受困于强大的伊斯兰文明,而中国却能够在不到三百年的时间内,就恢复了大一统,并且开创中华文明的另一个黄金时代——隋唐帝国时代,为什么会有这么大的差别?

从上面所分析的地中海古代文明和中国古代文明的不同性质中,就可以找到问题的答案。自两河文明的萨尔贡帝国起,直至西方上古文明最高峰的罗马帝国,所有的西方帝国都是掠夺性的。在这方面,罗马帝国表现得特别鲜明而野蛮。罗马帝国是一个纯粹依靠军事武力而征服其他地区的帝国,在每一次的征服中,他把被征服地区的财物全部搜刮到意大利,并且把被征服地区的大量人口掠夺为奴隶,以致在意大利出现了历史上从未有过的奴隶制的高峰时期。在这种情势下,意大利才会出现经济上的畸形繁荣。等到罗马帝国掠夺到意大利的财富和人力消耗殆尽,而意大利本身在长期享受而流于荒淫腐败之余,西罗马帝国就成为干枯的橘子皮,生机全无了。这片土地还要再经过一千年的休养生息,才有再度复兴的机会。

再反过来看汉朝。汉朝承袭了周人的文明观,对于"华夏"之外的少数民族,从不以征服和掠夺作为主要目标。华夏文明的扩展,主要是逐步而渐进的,让周边的"他者"自愿的选择融入华夏之中,最鲜明的例子是楚国、吴国和越国。这三个国家,在春秋时代还被中原国家视为"非我族类",他们的北上争霸,常常让中原国家忧心忡忡。但到了秦汉以后,却已成为"中国"的一部分了。我们不要忘记,建立汉朝的,主要是楚人(这个楚是并吞了吴、越两国的那个更大的楚)。再进一步而论,称霸西戎,最后统一中国的秦国,也并非严格意义上的华夏。秦的统一中国、楚人的灭秦,以及作为楚人代表的刘邦建立汉朝以后,竟然以秦地作为新王朝的首都,都可以看出,中华文明所以形成的、强大的内聚因素。

关于这一点,我们还可以进一步申论。到了春秋中期,我们可以看到,原本作为中原国家之核心的鲁国、郑国、卫国和宋国都已积弱不振,反而是处在更为边区的齐国(滨海)、晋国(处在北方,与群狄杂处)、秦(与西戎杂处)以及被视为南蛮的楚日渐强大。是这四强在边区的开拓,融进了许多异族的因素,壮大了他们自己。到了战国时代,事实上也是这四强争霸(这时候的晋已经分裂为韩、赵、魏三国)。等到秦、汉统一以后,原本的中原中心区(以郑、宋为核心),再加上四面的齐、晋、秦、楚,以及较晚出现在历史舞台上的东北的燕,就成为各有区域特色的统一体,也就是费孝通所说的"多元一体"。我们只要读《史记·货殖列传》和《汉书·地理志》,就能看到这种统一中的复杂局面。张志强在谈到周代的封建制时说,"宗法封建制的具体创设背后蕴合了一种具有普遍意义的价值意涵,意即通过差异的协调,而非差异的取消,而达成统一的秩序"①,这就可以看出,秦、汉的统一其实是周代封建制的进一步发展,是继承,而不是突变。这样的大一统秩序,是地中海地区的波斯帝国和罗马帝国无法企及的。

这样的大一统秩序,经过汉代四百年的经营,就更加稳固,不是任何外来的力量所能击碎的了。

我们无法确知,五胡乱华以后,冲进中国的边疆少数民族到底有多少人,估计总在一百万以上,二百万以下,数目不会太少。但是比起汉族来,恐怕还是少数,即使有大量的汉族逃往南方,北方的人口还是以汉族为多数。何况,不论在十六国时代,还是在北魏时代,胡人的统治,总需要汉人的协助。我们只要读前燕和北魏初期的历史,就能看到范阳卢氏、博陵和清河崔氏以及赵郡李氏所发挥的无比重要的作用。因此,进入中国的各种少数民族,就自然而然地汉化了。到了隋唐时代,这些少数民族完全融入汉族的大海之中。

再说南方。由于东汉末年的大乱,有一部分汉族已经逃往南方,所以才能建立吴国。永嘉之乱以后,更多的汉族逃往南方。经过吴、东晋、南朝三百多年的经营,南方的农业更为发达,而南方的少数民族也有相当大的比例融入汉人的群体中。这样,经过二百七十余年的混乱,重新统一的中国,反而比以前更具有发展力。比起西罗马帝国崩溃以后,西欧的长期分崩离析,从表面上看,中国的再统一不能不说是历史上的奇迹。但追源溯始来看,这种大一统的种子早在中国的上古时代就已确立了。从这方面来看,我们能不说,中华文明是人类史上最让人瞩目的文明吗?

---

① 张志强:《如何理解中国及其现代化》,《文化纵横》,2014 年第 1 期。

六、再论大一统

为了进一步对比隋唐帝国重新在中国形成大一统,而西罗马帝国崩溃后西欧形成小国林立的局面,我们可以用当代的例子,来说明中华文明的特质。

俄罗斯帝国是近代西方最独特的大帝国,幅员广袤,民族众多,但形成的历史却非常短暂。如果从16世纪算起,也不过短短的五百年而已。俄罗斯帝国的最大特色,是它非同寻常的暴增能力。它所吞并的领土,都是一块一块地吃进来的,每一块都有自己的主体民族,迥然不同于大俄罗斯族。也就是说,刚开始,俄罗斯帝国是由武力征服所形成的。

我们应该公平地说,由于大俄罗斯在文化上落后于在它西边的其他斯拉夫民族,因此,俄罗斯民族并不像西欧先进国(如英、法、德)那么具有种族歧视,它愿意接纳外人(很多波兰人和德国人融入俄罗斯)。但也因为它的落后,它常被受它统治的民族,如波兰、乌克兰和波罗的海三小国所瞧不起。虽然苏联共产党曾经煞费苦心地确立了十五个民族共和国的架构,仍然无济于事,最终还是在20世纪末匆然崩毁,就如20世纪初的奥匈帝国一样。

相比而言,中华文明形成的历史时间非常长远,扩展的速度非常缓慢,比较接近于自然的形成,而非由武力在短暂之间促成。从新石器时代各地区"满天星斗"式的迸发而出,到夏、商、周三代形成"天下一王"的概念,这一段"史前史",比起以后有文字的历史更要长远得多。而我们到现在,连对这一段"史前史"的理解也只是刚开始而已。这就说明,中华文明形成史的悠久与长远。

我们再以云贵高原和四川西南地区为例,来说明中华文明扩展的缓慢。这一片地区,即《史记·西南夷列传》所叙述的范围,是汉代以后开始列入中国正史的各种蛮夷列传里的。一直要到元、明两代,云南和贵州才正式列入中原王朝的省区。这就说明,中国对这块地区的经营,历时一千余年。

我们如果留心中国历史,是可以根据各种正史,追溯中国每一块偏僻地区从朝贡、依附,再到融入的过程。在这一过程中,中国曾经主动放弃过现在朝鲜半岛北部(在唐高宗时)和现在的越南北部(在宋太祖时),因为当时中国的皇帝认为,要维持在当地的统治,太耗费国力,没有必要。这些都可以说明,中华文明的发展虽有武力的因素在内,基本上还是文明内部的潜在发展力自然而然形成的。

汉朝崩溃以后,经过近三百年的内乱,而能再恢复大一统,就证明了,中华文明这种逐步发展所形成的内在凝聚力,已经坚不可摧了。以西方为中心的、帝国主义式的向外扩张的历史观,是没有办法理解中华文明的。它们到现在还在对中国不断地指指点点,只能证明它们自己是夜郎自大罢了。井底之蛙,又何足以窥天!

七、中华文明的黄金时代

西方史学习惯把西罗马帝国崩溃前的历史,称为上古史,而把此后至文艺复兴的历史,称为中古史,有一段时间,甚至称为"黑暗时代"。现代很多人沿用了西方习惯,把汉朝崩溃至唐朝灭亡这段历史,也称为中古史。这真是比拟不伦。从中国人的立场来看，自隋唐建立（589年隋灭陈），至南宋灭亡（1276年），是中华文明的另一个黄金时代，怎么能够用"中古时代"去称呼呢？何况，从隋唐至两宋，延续了将近800年，200多年后才有哥伦布的西航，一边是黑暗时代，一边是黄金时代，却都称为中古，这算什么历史逻辑？这无非是要降低中华文明在世界史中的地位。

世界上有哪一个文明，能够像汉朝覆灭后的中华文明，在不到300年的时间，就能够在同样的地理范围内浴火重生，并进而扩充其发展潜力？所以，隋唐以后再度焕发出新生命的中华文明，应该是人类文明史上的特例，是要大书特书的，怎么可以用西洋的历史逻辑来看待呢？而且，我们已经说过，近代西方文明把自己上承古希腊罗马文明，绝对不能称之为古希腊罗马文明的重生。因为它中断了一千年之久，为此而加入了举足轻重的基督教文明色彩，而且地理中心也从南欧的意大利转向阿尔卑斯山以北的英国、法国和德国。其性质完全不同于隋唐和两宋之承接两汉。

所以要阐明这一点，就是要突出唐宋文明为中华文明提供了第二批的文化经典。我们现代中国人最常阅读古代典籍，除了先秦两汉的著作之外，就属唐宋时期的作品了。清朝人所编的两本极为风行的选本：《唐诗三百首》和《古文观止》，还有朱熹的《四书章句集注》，到现在还盛行不衰，这就说明了，唐宋作品的经典地位仅次于先秦两汉。一个文明，同时存在着两套文化经典，这也是世界史上少见的。西方近代民族国家，如英国、法国、德国，在文艺复兴之后，也各自形成了民族文学的经典，然后他们又共同借用了古希腊罗马经典作为他们的源头，这种情形和中国文明的一源而两高峰的情况，是不可同日而语的，因为这都是中华文明自己的产物。

为什么要这样强调第二次的经典时代呢？因为我个人预期，在100年内，中华文明将产生它的第三次的经典时代。

1840年鸦片战争，中国进入近代，长期以来，我们都为中国以及中华文明的前途感到忧心、悲观，甚至绝望。即使到了现在，全世界已经承认中国的崛起，我们很多人还是自信不足，为自己没有走向西方的道路而自卑，我们还没有恢复文明的自信。其实这完全中了西方人的圈套，沉溺在他们的史观之中而不能自拔。这是天大的错误，应该赶快矫正。

前面已经说过，从汉朝的沦亡，到隋唐的兴起，经历了270余年的时间。如果从鸦片战争算起，到2008年中、西势力开始趋于均衡，中间也不过只有168年。这个时间段，比起270余年要短得太多了，因此，恐怕很少人会相信我们已经复兴了。

回顾一下中国近代史，清朝的衰亡，以至于中华帝制的解体，也是内外交困的结果。西方帝国主义虽然不像中国古代西北方的游牧民族，但也是一种外力；太平天国、"捻乱"、"回乱"一连串的起义，说明中国内部也出现了大问题。这就正如东汉末年至西晋初年，内部先有黄巾之乱，接着外部又有边疆少数民族的窥视。只是因为西方的侵略，让我们意识到这是"三千年未有之变局"，因而把问题看得非常的严重。哪里想得到，我们花了不到百年的时间就把中国重新统一；统一以后，花了60年的时间就把经济全面搞上去，谁会想得到呢。以至于连我们自己都不敢相信，我们已经到达了中华文明第三次黄金时代的入口。

正因为我们即将进入第三次黄金时代，这才让我们想起第二次黄金时代是怎么到来的，我们要借鉴第二次的经验，以便为将来的第三次黄金时代做好准备,所以我们才要探讨中国的第二次文化经典时代,想从第二批文化经典作品中学习到一点东西,以作为我们创造第三次文化经典的凭借。

八、结　　语

为什么需要这种借鉴呢？我想在这里简单谈一下。

从社会结构上来讲,整个魏晋南北朝是门阀士族居于统治地位的时代,主要的政治权力是掌握在门阀手中。但是,到了宋代,门阀已经完全解体,整个士大夫阶层主要是由考上科举的进士组成。理论上讲,科举进士人人平等,没有人会因为家世而高人一等,相反地,门阀出身的士人天生就高人一等。而唐代,就正处于门阀士族逐渐失势、科举进士逐渐兴起的过渡时代。唐代文学与思想曲折表现了这种一起一落的状态,而宋代文学与思想正式确立了科举进士阶级的世界观。把唐、宋文学联系起来阅读,即可体会到,门阀士族的思想状态如何逐渐没落、科举进士的意识形态如何逐渐形成的过程。这也就是说,唐、宋文学正是在为即将形成以及已经形成的新型的中国社会秩序提供人生观与世界观的基础。

拿唐、宋时代来和现代的中国做对比,就可以看出,现代中国最大的不足,那就是:我们对于现代中国的现状的看法,正处于极为纷乱的状态。有人完全不承认现状的合法性,认为还需要西方式的改造;有人认为,现代中国的成就颇为可观,应该从发扬固有文化的立场,诠释这一成就的来源(我个人属于这一派);除了这两派之外,中间还有种种的看法。可以说,我们正处于意识形态的混乱的战场,人心难以和同,社会不能稳定。

我个人很希望，我所从属的那个思想潮流能够成为当前中国社会的主流，从而使当前的社会趋于稳定，也只有在这种稳定的基础之上，我们才能逐步地、渐进地改良这个社会。正是存在着这种想法，我相信，唐、宋文学经典作为中华文明第二个黄金时代的代表，对我们即将进入第三个黄金时代的人，具有无比重要的意义。

宋人的"华夷之辨"与"中国"意识[*]
——以出使辽金行记为中心的考察
江　湄

> 元好问的"中州"似乎已在呼唤、预示一个包容广大、多种异质性并存的"大中国"的出现。

一、引　　言

公元10至13世纪,北方游牧民族纷纷建立中央集权国家,辽、金、蒙古相继与两宋鼎立对峙;西夏、高丽在当时的"国际社会"中扮演着举足轻重的角色;南方还存在着独立的大理、吐蕃和安南。两宋与辽、金、蒙古并称至尊,划定国界,互通使节,订立和约,建立了堪称"国际"之间的外交关系。自称"中国"的宋朝不再是天下共主,甚至不是霸主,对宋人来说,传统的以"中国"为中心的天下秩序已然成了想象。

在这样的历史形势下,宋朝士人继承中唐以来由韩愈倡导

---

[*] 本文由作者据其2016年11月30日所做报告《从出使辽、金行纪看宋人的"华夷之辨"——兼论宋朝的"中国"意识》修订。——编者注

的"严华夷之辨"而阐发弘扬之,春秋学、正统论自北宋庆历年间兴起,而至南宋愈来愈盛,一致地以"严华夷之辨"为主旨,"华夷之辨"遂成为两宋时代的一个思想主题,一种极具时代性格的政治与文化意识。春秋战国时代,已经产生"华夏"与"夷狄"相区别、相对立的意识;自汉以来,随着"华夏""夷狄"势力之消长,关于华夷关系一直存在着两种主流论调:一种是主张"以夏变夷"、天下一家;一种是间隔华夷,严华夷之防。但总的来说,所谓"华夷之辨"并不强调绝对的种族之见,而指的是一种文化高低之别即"文野"之别,且为"以夏变夷"留有很大余地,若"夷狄"能接受"华夏"礼乐文明则进于"中国"。但是,宋代的"华夷之辨"显然更加普遍、激烈和绝对,以至于坚决反对让"夷狄"接受乃至接触"华夏"文明,认为应该让"夷狄"安于他们自己的生活方式,因为"夷狄"一旦接触到了先进的华夏文明,他们的贪心野心就会被激发出来而给"华夏"带来祸端[1];甚至主张,"夷狄"介于人与禽兽之间,和"华夏"有着本性上的绝对差异,根本不可能真正接受先进的礼乐文明[2]。这样的思想意识在南渡之后更加强烈。自近代以来,很多学者都将两宋"华夷之辨"视作中国民族主义的

---

[1] 《新唐书》"四夷列传"的序论引用唐人刘贶之论,批评班固"其来慕义,则接之以礼让"的主张,很具有代表性。(参见《新唐书》卷二百一十五上《突厥上》,北京:中华书局,1975年,第6025页)

[2] 如苏轼说:"夷狄不可以中国之治治也。譬若禽兽然,求其大治,必至于大乱。先王知其然,是故以不治治之。"(《苏轼文集》卷二《王者不治夷狄论》,北京:中华书局,1986年,第43页)刘敞说:"夫夷狄中国,其天性固异焉,是故谨吾色,毋出于礼……虽有攫挐之心者,知不可往焉而止矣。"(《宋文鉴》卷九十六《治戎下》,《吕祖谦全集》第13册,杭州:浙江古籍出版社,2008年,第711页)朱熹说:"至于禽兽,亦是此性,只被他形体所拘,生得蔽隔之甚,无可通处……到得夷狄,便在人与禽兽之间,所以终难改。"(《朱子语类》卷四,长沙:岳麓书社,1997年,第53页)

渊源、国族意识的萌芽。①

当然,也正是在这样的历史形势下,宋朝根本不可能将"夷狄"隔绝于"华夏"之外,现实状况正好相反,宋朝与各种"夷狄"之间的政治、经济、文化联系更加密切,尤其是与辽、夏、金、高丽、蒙古之间有着空前频繁的使节往来,与前代相比,中原的汉族士人反而有了更多的机会亲临"异域",身接"夷狄",亲身接触、切实观察和感受一种与中原汉族农耕社会大不相同的异质文化。为了显示文化优势,宋朝往往派出当时有名的学者、文人担任使节,这些人回国之后要记录出使情况并上呈朝廷,有些人还撰写笔记性质的私人记录。此外,使臣们大都沿途赋诗以记录见闻,抒发感思,留下了大量的纪行诗歌。这些文献十分具体、生动、细致地反映出宋代士人对异质文化、对"我者"与"他者"之别的切身感受和认知。以往的研究主要将之看成是研究边疆史地和外交史的史料,但是,在这里,我打算把它们作为思想史的史料来考察,这些文献中所记录、描述的"异域"和"夷狄",恐非仅仅是物质性的实存,同时也是宋朝汉族士人对生存

---

① 参见吕思勉:《吕著中国通史》,上海:华东师范大学出版社,1992年,第441页;又见《中国民族精神发展之我见》,《吕思勉遗文集》上册,上海:华东师范大学出版社,1997年,第184—185页;蒙文通:《肤浅小书》,饶宗颐:《中国史学上之正统论》,上海:远东出版社,1996年,第251—252页;牟润孙:《两宋春秋学之主流》,《注史斋丛稿》(增订本),北京:中华书局,2009年,第69—70页;宋鼎宗:《春秋宋学发微》,台北:文史哲出版社,1986年,第237页;傅乐成:《唐代夷夏观念之演变》,《汉唐史论集》,台北:联经出版事业公司,1977年,第365页;许倬云:《我者与他者——中国历史上的内外分际》,北京:生活·读书·新知三联书店,2010年,第77页;葛兆光:《"中国"意识在宋代的凸显——关于近世民族主义思想的一个远源》,《宅兹中国——重建有关"中国"的历史论述》,北京:中华书局,第54—55页;也有国外学者指出,宋、明的"华夷之辨"是中国现代民族主义的远源,参见 Rolf Trauzettel, "Sung Patriotism as a First Step toward Chinese Nationalism", in John W. Haeger, ed, *Crisis and Prosperity in Sung China* (Tucson: University of Arizona Press, 1975), pp.199-214。

空间、文化世界所进行的一种分类、解释和建构。那么,对我来说,这些使者的记录是否符合历史真相就没有那么重要,而其中的想象、偏见、错觉毋宁更加重要,因为它们和所谓的"事实"混合在一起,透露着那个时代很重要的文化心态:宋朝士人怎样去观察、描述同时也是界定、评价"异域"与"夷狄"?他们如何与异己的"夷狄"进行交流?在"异域"对"夷狄"的亲身观察、感受和认知,是否能对汉族士人有关"夷狄""中国""天下"的传统成见带来什么冲击?他们在感受上、思想上如何适应并重新理解自己所身处的那个已经大大不同的"天下"?我认为,对这些具体的文化心态的考察,将有助于我们对宋代"华夷之辨"的思想观念有一些更加深入的理解、更加复杂的认识。

宋人的"华夷之辨"主要针对辽、金而发,所以本文将以出使辽、金行记为重点进行论述和分析。

二、契丹印象与天下观的变异

自澶渊之盟(1004年)直到宋金订立海上之盟(1122年),宋辽之间维持和平达120年之久,其间,双方保持平等的外交关系,互派使者名目多达12种,往来十分频繁。[①]根据刘浦江的考证,见于各种文献著录的使辽行记有21种,另有富弼、沈括的3份专题报告,得以全部或片段保留至今的有9种:路振《乘轺录》、王曾《契丹志》、薛映《行程录》、宋绶《行程录》、陈襄《使辽语录》、沈括《熙宁使虏图抄》、宋抟《行程录》、晁迥《北庭记》、张

---

① 聂崇岐:《宋辽交聘考》,《宋史丛考》,台北:华世出版社,1986年,第283—286页。

舜民《使辽录》。①再加上王易的《燕北录》,应该有10种。②另外,尚有大量的纪行诗歌可以作为补充材料。③

两汉时代,中原汉族形成了比较稳定的"四夷"意象,尤其是《后汉书》基本上按照"东夷""南蛮""西戎""北狄"的顺序编纂外族历史,形成了日后正史"四夷传"的典范。在汉代形成的"四夷"意象中,"北狄"以畜牧为业,逐水草迁徙,没有定居的城郭、房屋、耕地,食肉衣革,长于骑射,侵伐攻战盖为天性,贪婪好利,不知礼义,无伦理纲常。"四夷"之中,"北狄"与"中华"在生产生活方式、风俗、价值观念上适相反对,甚至在道德上成了"恶"的象征。"中华"与"北狄"是两个完全不同且敌对的世界,也正因如此,"中华"对"北狄"产生了一种对等意识。④在宋人心目中,契丹属于"四夷"之中的"北狄"。《新五代史》《文献通考·四裔考》都将契丹厕于匈奴、鲜卑、突厥之列,总归于"北狄",并沿袭了《史记·匈奴列传》所描述的传统"北狄"意象。⑤北宋士人论

---

① 参见刘浦江:《宋代使臣语录考》。其他的相关研究还有:傅乐焕:《宋人使辽语录行程考》,《辽史丛考》,北京:中华书局,1984年;赵永春:《宋人出使辽金语录研究》,《史学史研究》,1996年第3期;李德辉:《论宋人使蕃行记》,《华夏文化论坛》,吉林大学出版社,2008年;李德辉:《论汉唐两宋行记的渊源流变》,《中华文史论丛》,2010年第3期;石光英:《从〈奉使辽金行程录〉透析辽代社会生活》,吉林大学2006年硕士学位论文。

② 王易于1058年(宋仁宗嘉祐三年)出使辽朝,撰有《燕北录》,收录于涵芬楼《说郛》卷三十八。但根据《续资治通鉴长编》,王易于庆历二年和皇祐四年充贺正旦副使出使辽朝,并无于嘉祐三年出使的记载。

③ 除收录于个人文集外,蒋祖怡、张涤云编纂的《全辽诗话》(长沙:岳麓书社,1992年)对北宋使辽诗辑录较全。

④ 参见王明珂:《华夏边缘——历史记忆与族群认同》第十一章"汉人的形成:汉代华夏对四方异族的多元意象",杭州:浙江人民出版社,2013年,第216—220页。

⑤ 欧阳修:《新五代史》卷七十二《四夷附录》,北京:中华书局,1974年,第885页;马端临:《文献通考》卷三百四十《四裔考》十七,北京:中华书局,2011年,第9413页。

"华夷之辨"时,所持也多是传统的"夷狄"观念,将"华"与"夷"完全对立起来,以"华"代表文明,"夷"代表野蛮。如石介在《中国论》中说:

> 夫中国者,君臣所自立也,礼乐而自作也,衣冠所自出也,冠婚祭祀所自用也,衰麻丧泣所自制也,果蔬菜茹所自殖也,稻麻黍稷所自有也。东方曰夷,被发文身,有不火食者矣;南方曰蛮,雕题交趾,有不火食者矣;西方曰戎,被发衣皮,有不粒食者矣;北方曰狄,衣毛穴居,有不粒食者矣。其俗皆自安也,相易则乱。①

然而,北宋的有识之士已经认识到,关于"夷狄"的传统成见在现实中已经行不通了,他们所面对的契丹包括西夏作为"今之夷狄",与匈奴、突厥等"古之夷狄"有着重大的差别。今之"夷狄"学习吸收"中国"的制度和文化,好尚与"中国"相同,已不以"夷狄"自处,在文化上颇为自信,武力又强过"中国",已经有了挑战"中国"甚至取而代之的野心和实力。庆历四年(1044年)六月,富弼根据出使契丹调查所得上呈《河北守御十二策》,一开始他就说:

> 契丹侵取燕、蓟以北,拓跋自得灵、夏以西,其间所生英豪,皆为其用。得中国土地,役中国人力,称中国位号,仿中国官属,任中国贤才,读中国书籍,用中国车服,行中国法令,是二敌所为,皆与中国等。而又劲兵骁将长于中国,中

---

① 石介:《徂徕集》卷十,北京:中华书局,1984年,第116页。

国所有,彼尽得之,彼之所长,中国不及。当之中国劲敌待之,庶几可御,岂可以上古之夷狄待二敌也?①

庆历三年七月,韩琦上疏坚决反对与西夏议和,提出"大新纪律"的七项主张,他也强调:

> 切以契丹宅大漠,跨辽东,据全燕数十郡之雄,东服高丽,西臣元昊,自五代迄今,垂百余年,与中原抗衡,日益昌炽。至于典章文物饮食服玩之盛,尽习汉风,故虏气愈骄,自以为昔时元魏之不若也,非如汉之匈奴,唐之突厥,本以夷狄自处,与中国好尚之异也。②

他指出,面对如此"夷狄",宋朝如今根本就是"朝廷之将危,宗社之未安",其形势之严峻远超贾谊所说"可恸哭太息",而是要"昼夜泣血"了。

那么,那些亲身来到契丹本土的"中华"使者,他们眼中的今之"夷狄"又是怎样的呢?他们的所见所感是怎样验证、补充,抑或改变、突破他们心中固有的"华夷之辨"?

一入辽境,使者们都亲眼见证了如今的"北狄"绝非一个纯然的游牧世界,他们沿途经过了三个不同的区域,有着不同的种族、文化和生产生活方式,界限清晰。使者们以"中国"为坐标,按照与"中国"地理和文化距离的远近来看待、描述这三个地区的特点。当时宋辽边境是雄州的白沟河,但对于宋朝使者来说,

---

① 李焘:《续资治通鉴长编》卷一百五十"庆历四年六月",北京:中华书局,2004年,第3640—3641页。

② 李焘:《续资治通鉴长编》卷一百四十二"庆历三年七月",第3412页。

这里并不是华夷的分界线,他们踏入的幽燕之地并非"异域"而仍然是"中国"。使者们首先在辽南京受到隆重招待,他们一律按照唐时建制称之为"幽州"。1008 年(宋真宗大中祥符元年,契丹圣宗统和二十六年),使者路振看到繁华的幽州基本上保持着中土风俗:"居民棋布,巷端直,列肆者百室。俗皆汉服,中有胡服者,盖杂契丹、渤海妇女耳。"他和幽州客司汉人刘斌交谈,从他那里获知"虏政苛刻,幽蓟苦之",还了解到"燕、蓟民心向化"的种种事迹。①60 余年之后,沈括于 1075 年(宋神宗熙宁八年,辽道宗大康元年)出使辽朝,他看到,这一地区虽然"衣冠语言皆其故俗",但"男子靴足幅巾而垂其带,女子连裳",已明显有异于"中国"。②1089 年(宋哲宗元祐四年,辽道宗大安五年)出使辽朝的苏辙行至燕地则发出了"哀哉汉唐余,左衽今已半"的叹息。③回朝后他上报说,以往论者所言"北朝"苛虐燕地汉人的情况已属旧闻,根据他所访问到的近况,辽在燕地的治理"盖亦粗有法度,上下维持,未有离析之势也"。④这说明,至 11 世纪末,宋人明显意识到辽朝对燕地汉族的统治是相当稳固的。

对于宋朝人来说,真正的华夷分界是幽州以北燕山古北口一带,而以古北口外的摘星岭(今名十八盘岭)为标志⑤,在宋人的行记和诗歌之中,它有一个动人哀感的名字:思乡岭或辞乡

---

① 参见路振:《乘轺录》,贾敬颜:《五代宋金元人边疆行记十三种疏证稿》,北京:中华书局,2004 年,第 47—53 页。
② 参见沈括:《熙宁使契丹图抄》,贾敬颜:《五代宋金元人边疆行记十三种疏证稿》,第 132—137 页。
③ 参见苏辙:《燕山》,《栾城集》卷十六,《苏辙集》,北京:中华书局,1990 年,第 319 页。
④ 参见苏辙:《北使还论北边事札子五道》,《栾城集》卷四十二,《苏辙集》,第 748—749 页。
⑤ 参见贾敬颜:《五代宋金元人边疆行记十三种疏证稿》,第 94、143 页。

岭。这里形势险要,道路狭窄迂曲,作为农耕区和半农半牧区的分界线,两边景观差异明显,宋使至此都会深感"今朝识天意,正欲限华夷"①。1125年(宋徽宗宣和七年,辽天祚帝保大五年,金太宗天会三年)正月,辽灭亡在即,许亢宗一行出使金国至于古北口一带,在他们眼中:"山之南地,则五谷、百果、良材、美木,无所不出,出关来才数十里,则山童水浊,皆瘠卤。弥望黄云白草,莫知亘极。盖天设此,限华夷也。"②

一过古北口即是"蕃境"。由古北口北至中京(今内蒙古宁城西)北本是奚国,唐在这一区域设饶乐都督府以羁縻之,这一地区半耕半牧,受中原文化影响甚深。1012年(宋真宗大中祥符五年,契丹圣宗统和三十年),使者王曾概括描述了以山区农业为主而辅以畜牧的奚境景观:"居人草庵板屋,亦务耕种,但无桑柘,所种皆从垄上,盖虞吹沙所壅。山中长松郁然,深谷中多烧炭为业。时见畜牧,牛马骆驼,尤多青羊黄豕。亦有挈车帐逐水草,射猎。食止糜粥秒糒。"③奚国本来是一个由五部组成的部落联盟,契丹将之征服后设奚王府部,作为唯一一个异族与五院部、六院部、乙室部并列,成为契丹的四大部族之一。④在契丹人看来,奚人相比于境内的其他民族,与自己在种族和文化上无疑最为相近,关系也最为密切。而在宋使眼中,此地"风烟不改卢

---

① 刘敞:《出山》,《公是集》卷二十一,《宋集珍本丛刊》第9册,北京:线装书局,2004年,第513页。
② 《许亢宗行程录》,贾敬颜:《五代宋金元人边疆行记十三种疏证稿》,第233页。经陈乐素考证,这一行录的作者应为"管押礼物官"钟邦直(参见陈乐素:《三朝北盟会编考》,《求是集》,广州:广东人民出版社,1986年)。
③ 王曾:《上契丹事》,贾敬颜:《五代宋金元人边疆行记十三种疏证稿》,第103页。
④ 参见蔡美彪:《辽朝史概述》,《辽金元史考索》,北京:中华书局,2012年,第13页。

龙俗","物俗依稀欲慕华"①,让他们产生了亲切感。苏辙甚至"汉奚"连称,认定奚人切盼重归中华:"汉奚单弱契丹横,目视汉使心凄然。"②

过中京以北崇信馆(今内蒙古赤峰市以北四道沟梁处)即进入"契丹旧境"③,对宋人来说至此才到真正的"异域"。当苏辙来到木叶山广平淀,他亲眼见证了契丹本土的荒蛮穷陋:"奚田可耕凿,辽土直沙漠。"他把眼前的荒凉景象与齐鲁大地的富饶繁庶加以对照,最后指出:"天工本何心?地力不能博。遂令尧舜仁,独不施礼乐。"④其诗表达出宋人典型的"华夷之辨":华夷之分就是文野之别,就像阴阳昼夜的对比一样,乃是天意设定的一种自然秩序,"夷狄"既不可也不能施以礼乐而化之。

使者们沿途所见契丹国土的景观已足以使他们意识到,现实中的辽朝已经突破了传统的"北狄"意象,它先后将燕云十六州、奚国还有渤海国纳入版图,境内并存着多种民族、文化、经济生产方式,鲜明地呈现出一种多元、混杂的景象。但是,脑子里充满了传统"北狄"意象的宋朝使者,他们应付这个变化了的世界的办法,就是把"大契丹国"分裂开来,仅仅把契丹旧境看作是"契丹",而使之符合原本的"北狄"意象,这样一来,"夷狄"毕竟、终究还是"夷狄"。

使者们大都对契丹的饮食、器物、服制、礼仪、制度进行了观

---

① 苏颂:《奚山路》,《苏魏公文集》卷十三,北京:中华书局,1988年,第171页。
② 苏辙:《出山》,《栾城集》卷十六,《苏辙集》,第20页。
③ 薛映于大中祥符九年(1016年)出使契丹,至上京。所撰《辽中境界》说:"自过崇信馆,即契丹旧境。盖其南皆奚地也。"(参见贾敬颜:《五代宋金元人边疆行记十三种疏证稿》,第105、107页)
④ 苏辙:《木叶山》,《栾城集》卷十六,《苏辙集》,第321—322页。

察和描述,他们观察之细致、描述之详细足以说明这些事物引起了他们强烈的好奇和重视。在他们的眼中,这些事物充满了"中国"因素与"夷狄"因素巧妙而奇特的混杂,这一切使他们感到熟悉而又陌生,因而印象深刻。

1020年(宋真宗天禧四年,契丹圣宗开泰九年)出使的宋绶是第一个来到木叶山广平淀的宋朝使者,位于潢水(今西拉木伦)、土河(今老哈河)交汇处的木叶山相传是契丹族的起源地,契丹于此地祭天,也是冬捺钵之处。①宋绶看到,在木叶山广平淀散布着一种极具契丹特色的建筑"毡屋",它将帐篷和房屋结合成一体,号为"宫殿",与"大帐"错杂相间,全部按照契丹的拜日信仰坐西向东:"东向设毡屋,题曰省方殿。无阶,以毡藉地,后有二大帐。次北又设毡屋,题曰庆寿殿,去山尚远。国主帐在毡屋西北,望之不见。"②彭汝砺于1091年(宋哲宗元祐六年,辽道宗大安七年)至广平淀朝见辽道宗,他仔细打量了号为"省方殿"的毡屋,它仿照汉式宫殿的基本形制但在装饰上极富民族特色:"其门以芦箔为藩垣,上不去其花,以为饰,其上谓之羊箔。门作山棚,以木为牌,左曰紫府洞,右曰桃源洞","山棚之前作花槛,有桃、杏、杨柳之类。"进入省方殿,见"前谓丹墀,自丹墀十步谓之龙墀殿,皆设青花毡。其阶高二、三尺,阔三寻,纵杀其半,由阶而登,谓之御座"。在这里,他深深感到契丹"地大君臣气已骄"③。沈括于1075年(宋神宗熙宁八年,辽道宗大康元年)五

---

① 参见《辽史》卷三十七《地理志·上京道·永州》,北京:中华书局,1974年,第445页;《辽史》卷四十九《礼志·吉仪》,第834页。
② 宋绶:《契丹风俗》,贾敬颜:《五代宋金元人边疆行记十三种疏证稿》,第115页。《辽史》卷三十二《营卫志中》对"毡屋"有详细描述(第375页)。
③ 彭汝砺:《广平甸》及自注,《鄱阳集》卷八,《宋集珍本丛刊》第24册,第82页。

月来到辽夏捺钵之地庆州(今内蒙古巴林右旗西北)永安山,这里是契丹的又一处圣地,圣宗、兴宗、道宗皆葬于此地。位于永安山附近的"单于庭"将房屋、毡庐、帐篷混合在一起,依山而建,处茂草丛中,不设城垣围墙,全部坐西向东。房屋是辽主和太后的朝寝,毡庐"不过数十",庭前立松干作为标志,一人持牌立松干之间,号称"阁门使";又有六七座大帐,挂着中原朝廷官署的名号,如"中书""枢密院""客省"等。沈括注意到,东面有一座毡庐,旁边停驻着六辆毡车,前植大纛,号称"太庙"。旁边犊儿山以北十余里,有契丹小民以车骑载货聚于山间,号称"市场"。沈括所描绘的"单于庭"有一种强效中华的拙劣浅陋,而他强调的是其中不变的"北狄"特性:"大率其俗简易,乐深山茂草,与马牛杂居,居无常处。"①

1008年(宋真宗大中祥符元年,契丹圣宗统和二十六年)出使的路振详细记录了契丹的饮食及其器具。路振一行在南京受到契丹官员的隆重接待,宴席是契丹风味的,规格很高:"文木器盛庖食,先荐骆糜(乳粥),用枸而啖焉。熊肪、羊、豚、雉、兔之肉为濡肉(湿肉),牛、鹿、雁、鹜、熊、貉之肉为腊肉,割之令方正,杂置大盘中。二胡雏衣鲜洁衣,持帨巾(佩巾),执刀匕,遍割诸肉,以啖汉使。"他们到中京后先后觐见辽圣宗、萧太后,并参加庆贺圣宗生辰、为国母上寿的盛大宴会,路振又详细记述了宴会上进酒的礼仪,可补《辽史·礼志》之不足。其仪式大致仿效宋朝,严格遵循君臣尊卑上下之序,相当繁缛而郑重。他注意到,契丹帝后好用玉制酒具,酌酒用玉瓘、玉盏、大玉斝、光小玉杯,盛酒用玉台、银盘,形质精巧奢华。②

---

① 参见沈括:《熙宁使契丹图抄》,贾敬颜:《五代宋金元人边疆行记十三种疏证稿》,第160—169页。

② 参见路振:《乘轺录》,贾敬颜:《五代宋金元人边疆行记十三种疏证稿》,第46、63—66页。

余靖曾于庆历年间三次使辽,取得重要的外交成果。余靖通契丹语,在辽兴宗面前用契丹语赋诗,兴宗大悦,为之饮酒。①余靖所上《语录》今已不存,但他根据见闻和调查所记的《契丹官仪》,是记载契丹南北双面官制的原始材料,具有很高的价值。②1020年(宋真宗天禧四年,契丹圣宗开泰九年)出使的宋绶看到契丹服饰也是二元制的,国母与蕃臣皆胡服,国主与汉官则汉服。他尤其仔细观察了蕃官服饰,《辽史·仪卫志》"国服制朝服项"就是增改宋绶所记而成。③蕃官所戴"毡冠"在他看来乃是自汉魏乌桓"步摇冠"演变而来,上以金花为饰,或加珠玉翠毛;又有"纱冠",制如乌纱帽,但无檐,不压双耳,额前缀金花,上结紫带,带末缀珠;或戴紫皂幅巾和绿巾;头冠与所着衣服是相配的,有着明显的等级差别,还随身佩戴弓箭、扞腰(以貂鼠或鹅项鸭头所制)。④从使者的描述中,我们可以看到,契丹本土的饮食、服饰、制度在中原文化的提升下变得高级精致,其程度已不容使者轻视鄙夷。

对于这种尽习"中国"的"今之夷狄"、对于契丹文化之兼杂胡俗华风,使者们有着怎样的感受和评价呢?他们敏感地察觉到,契丹之学习中华并非一心一意的全盘汉化,而是以"胡俗"为本位,以"华风"缘饰之,骨子里本性难移。使者从中预感到"中国"文化所面临的一种前所未有的威胁,为此感到十分不安和不适。1077年(宋神宗熙宁十年,辽道宗大康三年)苏颂第二次出

---

① 参见李焘:《续资治通鉴长编》卷一百五十五"庆历五年",第3772页;叶隆礼:《契丹国志》卷二十四《余尚书北语诗》,上海:上海古籍出版社,1985年。

② 参见余靖:《契丹官仪》,《武溪集》卷十八,《宋集珍本丛刊》第3册,第305—306页。

③ 参见《辽史》卷五十六《仪卫志二》,第906页。

④ 参见宋绶:《契丹风俗》,贾敬颜:《五代宋金元人边疆行记十三种疏证稿》,第119—120页。

使至广平淀,他说,契丹"礼意极厚。虽名用汉仪,其实多参辽俗"。他在诗中以一种漫画式的笔法强调契丹在礼乐外表下的夷狄本色:"辽中宫室本穹庐,暂对皇华辟广除。编曲垣墙都草创,张旃帷幄类鹑居。朝仪强效鹓行列,享礼犹存体荐余。"①苏颂将房屋和帐篷合一的"毡庐"比作"鹑居",更突出夷狄"野处而居,无定所"的生活习惯;以"鹓行"喻朝官班行而与"鹑居"相对,令人有沐猴而冠之感;春秋时代祭祀享礼时解牲体之半而荐②,而契丹今犹存之。苏辙的所见所感与苏颂相同,认为契丹之华化其实徒有其表、表里不一:"礼成即日卷庐帐,钓鱼射鹅沧海东。秋山既罢复来此,往返岁岁如旋蓬。弯弓射猎本天性,拱手朝会愁心胸。"③杂糅"华风"的"胡俗"其实是对"华风"本身进行了篡改,在这里"华风"失去了纯正性,看朱似碧,染素成缁,似是而非,难以辨认,这使苏颂感到难以忍受:"沙眯目看朱似碧,火熏衣染素成缁。"④

路振《乘轺录》中有一则误载很能说明在宋使心中契丹虽非古之"夷狄"可比,但毕竟还是"夷狄"。据路振说,他在中京觐见萧太后时,萧太后和丞相韩德让所生私生子已十余岁,胡帽锦衣,嬉戏于太后前;宴会时,群臣给圣宗进酒,韩丞相避席而拜,圣宗居然派这个私生子去请他免礼就座。他还言之凿凿地说,萧太后幼时曾许嫁韩德让,景宗死后,圣宗年幼登基,韩氏世典军政,萧太后恐不利于孺子,乃私通韩德让,并鸩杀其妻。⑤已有

---

① 苏颂:《广平宴会》及自注,《苏魏公文集》卷十三,第175页。
② 杨伯峻编著:《春秋左传注》"宣公十六年",北京:中华书局,1990年,第769页。
③ 苏辙:《虏帐》,《栾城集》卷十六,《苏辙集》,第322页。
④ 苏颂:《契丹纪事》,《苏魏公文集》卷十三,第177页。
⑤ 参见路振:《乘轺录》,贾敬颜:《五代宋金元人边疆行记十三种疏证稿》,第45、64、66页。

学者指出,路振所见童子实为韩德让侄孙耶律宗福,其所言实属荒谬。①萧太后与韩德让私通之事在宋朝广泛流传,《长编》多次提及,其真伪已不易辨。但路振所载说明,他认为契丹人对于国母与丞相私通恬然不以为丑,完全不在乎汉使观感,不顾忌"国际"舆论,夷狄之无纲常伦理以至于斯!所以说,"夷狄"学习"中华"不过袭其皮相而不得精意,根本就没有把伦理纲常作为立国之本,而这才是"华夷之辨"的根本。

另一方面,正如苏颂、苏辙诗中所说:"玉帛系心真上策,方知三表术非疏";"甘心五饵堕吾术,势类畜鸟游樊笼"②,宋使毕竟还是把契丹学习中国文化当作一件好事,认为夷狄将逐渐被礼义驯化,失其勇武好战之风,爱好和平定居生活,满足于岁币交聘,无复侵盗之心。元丰六年(1083年),苏颂编订了与辽朝的外交文件汇编《华夷鲁卫信录》,他将其中有关辽朝历史和现状的文献编为《契丹世系》《国俗》《官属》《宗戚》《俸禄》《关口》《道路》《蕃军马》《州县》《蕃夷杂录》,这一编目反映出宋人对辽朝的基本认识,概括出辽国的基本面貌和特点。③它说明,在宋人的心目中,辽这个夷狄之国,固然不能与"中国"平等,但它不再"兴灭无常",而是建立了稳定的政权,虽然在制度上仿效"中国",但却形成了自己的特色,持有强大的武装力量,在幅员三千余里的国土上建立都、府、州、县,将奚、渤海等诸多"蕃夷"包含其内,并能与"中国"维持上百年的和平交往关系。于是,在宋人的心目中,那个以"中国"为中心的同心圆似的"天下"变成了华

---

① 参见蒋金玲:《路振〈乘轺录〉所记韩氏子考辨》,《北方文物》,2010年第2期。
② 苏颂:《广平宴会》;苏辙:《虏帐》。
③ 参见苏颂:《华夷鲁卫信录总序》,《苏魏公文集》卷六十六,第1005页。

夷南北两两相对的"天下",华夷并立、南北对峙、各保其土、永久和平似乎成了"天下"应有的正常秩序。

这样一种心态和观念,在彭汝砺的使辽诗中反映得最为突出,令人印象深刻。据《宋史》本传,彭汝砺于治平二年(1065年)举进士第一,在熙丰、元祐、绍圣年间的政治风云中,他表现正直,对新党旧党皆不阿附。①他于1091年(宋哲宗元祐六年,辽道宗大安七年)使辽,来到摘星岭这个"天以别华夷"的分界线上,他却说:"天地万物同一视,光明岂复疆域别。更远小人褊心肝,心肝咫尺分秦越。"②他没有强调贵中华而贱夷狄,没有感叹即将深入异域的悲苦,而是表示对南北秦越应一视同仁,不因疆域有别而仇视他者。在摘星岭上,南北使者各置酒三盏,辽朝接伴使举酒相劝说:"人情似酒一般深",为此,彭汝砺赋诗云:"涿鱼尚可及人信,胡越何难推以心。"③他还在诗中记下了中京契丹伶人的口号:"南北生灵共一天","年年欢好似今年"④;记下了契丹接伴使的祝愿:"不问南朝与北朝","欢娱长祇似今朝。"⑤看样子,华夷南北永久和平相处的局面已是当时人们的一种共同心愿。

三、"朴茂之风亦替"

从金太祖到金熙宗时期,女真族暴兴骤起,在短短的十余年

---

① 参见《宋史》卷三百四十六《彭汝砺传》,北京:中华书局,1985年,第10974—10976页。
② 彭汝砺:《望云岭》,《鄱阳集》卷十二,《宋集珍本丛刊》第24册,第141页。
③ 彭汝砺:《望云岭饮酒》,《鄱阳集》卷七,《宋集珍本丛刊》第24册,第80页。
④ 彭汝砺:《记中京伶人口号》,《鄱阳集》卷十二,《宋集珍本丛刊》第24册,第141页。
⑤ 彭汝砺:《记使人语呈子开侍郎深之学士二兄》,《鄱阳集》卷十二,《宋集珍本丛刊》第24册,第141页。

间,从一个落后的氏族部落联盟迅速发展壮大,灭辽灭宋,占据中原,从生产生活方式、典章制度、礼仪风尚等各个方面迅速学习、吸收中原汉地文明;在征服中原的过程中,也用残酷的暴力手段消灭氏族贵族势力、军阀势力,迅速建立了君主专制中央集权的官僚制度。从订立海上之盟到达成绍兴和约,宋朝频繁向金朝派遣各种名义的使者,这些使者所撰写的行记和回忆录见证了女真族疾风暴雨般的兴起,在文化面貌上的巨大变化,也表达了他们对女真族的情绪、态度和评价。①在这些使者的眼中,金人对辽、宋文化与制度的吸收速度惊人,气势宏大,但同时,这也是一个迅速丧失"朴茂之风"而腐化堕落的进程。

1122年(宋徽宗宣和四年,辽天祚帝保大二年,金太祖天辅六年),马扩来到女真本部商议联合攻辽。这时,女真正处于初兴时期,马扩随同阿骨打一起打围,他看到当时女真最高统治集团过着十分简朴的生活,没有繁文缛节,没有君臣尊卑上下之别。打围中间,马扩与阿骨打及其部下共食,在土炕之上摆设矮桌子,或直接摆上木盘,每人一碗稗饭,菜品有盐渍的蓸韭、野蒜、长瓜,有或烤或煮或生切的各种肉食,以芥蒜腌制,用刀切肉而食,饭后,以薄酒传杯冷饮。马扩说"谓之御宴者亦如此",叹其简朴粗糙。十余日后,马扩以宋使身份向阿骨打递上国书并赴宴。当时,已号称皇帝的阿骨打并没有修建宫殿,只有一间房屋,炕上设金装交椅两副,阿骨打与其夫人并坐,而另一位夫人亲理杂务。阿骨打对马

---

① 这一时期保留至今的使金行记和回忆录有:1. 钟邦直《宣和乙巳奉使金国行程录》;2. 马扩《茅斋自叙》;3. 洪皓《松漠纪闻》;4. 郑望之《靖康城下奉使录》;5. 若水《山西军前和议奉使录》;6. 傅雱《建炎通问录》;7. 王绘《绍兴甲寅通和录》。除《茅斋自叙》和《松漠纪闻》为回忆录外,其他均为使者例行提交的"行程录"或"别录"。佚失的尚有:连南夫《宣和使金录》、章谊《章忠格奉使金国语录》。这些文献的作者、时间、著录、版本情况,参见刘浦江:《宋代使臣语录考》。

扩说:"我家自上祖相传,止有如此风俗,不会奢饰。只得个屋子,冬暖夏凉,更不必修宫殿劳费百姓也,南使勿笑。"不过,马扩看到,其他的女真贵族已经将从辽上京掳掠来的乐工列于屋外,"玩狎悦乐"起来了,独阿骨打"不以为意,殊如不闻"。①

从马扩的记述中可以看出,宋人其实相当欣赏女真初兴之时的淳朴风俗,而尤其赞赏其君臣官民之间没有天悬地隔的差距,比较平等。洪皓《松漠纪闻》说:

> 胡俗旧无仪法,君民同川而浴,肩相摩于道。民虽杀鸡,亦召其君同食,炙股烹脯,以余肉和荠菜,捣白中糜烂而进,率以为常。吴乞买称帝,亦循故态,今主方革之。②

南宋时一位不见史传记载的使者陈准曾记录女真族在战争中实行的军事民主制度,应不是亲眼所见,而是一种追记,其说在南宋流传甚广:

> 自主将至卒皆自驭,无从者。以粟粥燔肉为食,上下无异品。国有大事,适野环坐,画灰而议,自卑者始,议毕即漫灭之,不闻人声,其密如此。军将行,大会而饮,使人献策,主帅听而择焉,其合者即为将,任其事。师还,有大会,问有功者随功高下与之金,举以示众。众以为薄,复增之。③

---

① 参见马扩:《茅斋自叙》,傅朗云辑注,李澍田主编:《长白丛书》四集《金史辑佚》,长春:吉林文史出版社,1990年,第109—111页。
② 洪皓:《松漠纪闻》,翟立伟标注,李澍田主编:《长白丛书》初集,长春:吉林文史出版社,1986年,第33页。
③ 陈准:《北风扬沙录》,《长白丛书》四集《金史辑佚》,第3页。相同记载还见于刘忠恕:《裔夷谋夏录》,《全宋笔记》第5编第1册,郑州:大象出版社,2012年,第76页;徐梦莘:《三朝北盟会编》卷三"重和二年正月十日丁巳",上海:上海古籍出版社,1987年,第19页。

朱熹对此评价说："赏罚如此分明，安得不成事！"①靖康元年（1126年）陷金而于绍兴十年（1140年）回到南宋的张汇详细生动地记述了女真初兴之时君臣、官民无别的风俗，并评价说："君臣晏然之际，携手握臂，咬头扭耳。至于同歌共舞，莫分尊卑而无间。故譬诸禽兽，情通心一，各无觊觎之意焉。"②可见，女真初兴时的原始民主制被宋人看作是女真族能够上下团结、所向披靡的重要原因。宋人将这种氏族部落时期略无礼法的风俗称之为"朴茂之风"，而汉化的进程同时也是珍贵的"朴茂之风"迅速丧失的过程："近年称尚汉仪，朴茂之风亦替。"③

1125年（宋徽宗宣和七年，辽天祚帝保大五年，金太宗天会三年）正月，许亢宗一行来到金上京会宁府（今黑龙江阿城），这时，女真已经在礼仪、典制、宫室、风俗等各方面迅速向中原王朝看齐，使者们再也感觉不到什么"朴茂之风"，看到的是暴发户似的大摆排场，耀武扬威。进入辽东地界，使者们在咸州（今辽宁开原）受到隆重的接待。州守出迎，完全遵照辽接待宋使者的礼仪，乐队所用乐器一件不少，曲调也与中朝一样，但使者听出了不对的地方，"腰鼓下手太阔，声遂下"，"管笛声高，韵多不合"。舞蹈规模很大但很难看："舞者六七十人，但如常服，出手袖外，回旋曲折，莫知起止，殊不可观也。"次日于州守宅中的宴会，较之马扩当年参加的"御宴"不知要讲究多少，尤其吸引使者注意的是"茶食"和"肉盘子"，这两道富有女真民族风味的食物如今排场十足，只有重大宴会才会摆上。然而在宴席之后，中使宣读宋使所上谢

---

① 《朱子语类》卷一百三十三，第2882页。
② 张汇：《金节要》，傅朗云辑注，《长白丛书》四集《金史辑佚》，第59—60页。
③ 佚名：《呻吟语》，《全宋笔记》第4编第8册，郑州：大象出版社，2008年，第39页。

表,女真大臣却故意挑衅,硬说其中"祗造邻邦"典出《论语》"蛮貊之邦",有轻视大金的意味,使长许亢宗罗列《尚书》《论语》中的若干句子加以驳斥,并讽刺说"须到阙下,当与曾读书人理会"。可见,当时女真官员已能读汉文典籍,但却是半通不通的。

终于来到会宁府朝见金太宗,这时的女真朝廷已不复当年可比。上京看起来仍然十分荒凉,与其说是一座城市不如说是一片牧地:"一望平原,旷野间有居民数十家,星罗棋布,纷揉错杂,不成伦次,更无城郭里巷,率皆背阴向阳,便于牧放,自在散居。"但建造在这一片旷野之中的皇城即使在来自宋朝东京的使者看来,也是"甚壮""甚侈"的。大殿尚未修建完毕,但那壮观的规模已经显现出来:"木建殿七间甚壮,未结盖,以瓦仰铺及泥补之。以木为鸱吻及屋脊用墨,下铺帷幕,傍额曰'乾元殿',阶高四尺许,阶前土坛方阔数丈,名曰龙墀,两相旋结,架小苇屋,幂以青幕,以坐三节人。"殿内仪卫人数众多,使者朝见的礼仪也变得十分繁缛,与三年前马扩参见阿骨打并递上国书的场面真有天渊之别。朝见当天,于殿前设"御厨宴",所食依然是各种具有女真特色的肉食面食,但食具酒器已极尽奢华,甚至出现了传说中纣王所用的象箸,传达出浓厚的腐化气息:"前施朱漆银装镀金几案,果楪以玉,酒器以金,食器以玳瑁,匙箸以象齿。"次日宴会上演了大规模的乐舞,有马戏、杂技、杂剧,节目繁多,场面宏大热闹,"服色鲜明,颇类中朝"。但是,使者下面的这段描写则透露出诡异的味道:"又有五六妇人,涂丹粉艳衣,立于百戏后,各持两镜,高下其手,镜光闪烁,如祠庙所画电母,此为异尔。"①

---

① 以上引文见于钟邦直撰《宣和乙巳奉使金国行程录》,亦即《许亢宗行程录》,贾敬颜:《五代宋金元人边疆行记十三种疏证稿》,第243—244、248—249、252—253页。

使者非常细致地描述出女真族在全面学习中原礼乐文化的同时总是在其中夹杂着女真族自身的特色，这一切既让使者觉得"类"又感到"异"，对于这种既类己又异己的"他者"，使者表现出相当严重的厌恶和恐惧，相比之下，北宋使者对于契丹之参杂胡汉不过是不安、不适和嘲弄。在使者眼中，女真族壮丽的宫殿、奢华的器具、讲究的仪式，处处透露着"夷狄"凌驾甚至要包吞"中国"的可怕野心。

洪皓于1129年（宋高宗建炎三年，金太宗天会七年）出使被扣，至1143年（宋高宗绍兴十三年，金熙宗皇统三年）被放归，他在金的15年正是金朝大规模、迅速地采用中原典章制度、建立中央集权国家的时期。在《松漠纪闻》中，他有意识地详细记录了金朝制定的官制、法律、科举，但他要强调的是，从文字表面来看，金朝制度的规模立意不可谓不宏远，不但兼采辽宋，甚至远追盛唐，表现出要成为中国正统王朝的强烈意愿。但是，这个急切地渴望成为"中国"的"夷狄"，是根本无法真正成为"中国"的，"中朝制度"的门面难以掩盖野蛮贪残的夷狄本性，而腐化堕落却随着文明的进程日甚一日。

金熙宗即位后大杀宗室，由多头政治演化为皇权独尊，他于皇统元年（1141年）亲祭孔庙，以儒家作为立国基础，又于皇统三年（1143年）颁行《皇统新律》，"大氐依仿中朝法律"。但洪皓却揭露说，这个"完善"的法律制度在具体执行过程中却是"率皆自便"的："如殴妻至死，非用器刃者不加刑，以其侧室多，恐正室妒忌。汉儿妇莫不唾骂。以为古无此法，曾臧获不若也。"①这个例子说明金人虽依仿"中朝法律"，但却一味袒护腐化而贪暴的

---

① 洪皓：《松漠纪闻》，《长白丛书》初集，第34页。

女真贵族。《松漠纪闻》详记金朝科举制度,能补《金史·选举志》之阙。据《金史·选举志》,金朝科举制度兼采唐、宋而增损之,不但远超辽代,"其及第出身,视前代特重,而法亦密焉"①。从洪皓所记乡试、府试、会试三级考试制度和科目来看,确实是"井井然有条而不紊"。但是,洪皓指出,金朝的科举制度不但不公:"近岁上、中、下甲杂取十名,纳之国中,下翰林院重考,实欲私取权贵也。"而且官场贪贿公行,进士及第的吏员在其中扮演重要角色:"省部有令史,以进士及第者为之,又有译史,或以练事,或以关节。凡递勅或除,州太守告,令史、译史送之,大州三数百千,帅府千缗。若兀术诸贵人除授,则令宰执子弟送之,获数万缗。"②如此一来,科举制度举贤、教化之意全然丧失。洪皓在《松漠纪闻》中全文收录天眷二年(1139年)《奏请定官制札子》以及翰林学士燕地汉族士人韩昉所撰颁行诏书。③制定"天眷官制"的精神正是宗宪所说:"方今奄有辽宋,当远引前古,因时制宜,成一代之法。何乃近取辽人制度哉?"④它在金朝建立中央集权官僚制国家的过程中具有里程碑意义。但洪皓则告诉宋人,这一套出自宇文虚中之手、参用唐宋的皇皇制作,实际上不过"文具"而已。最严重的问题要算是监察制度形同虚设:"故官吏赃秽,略无忌惮。其恃权势者,恣情公行,民不堪命。"另外一个严重的问题是没有磨勘之法,官吏迁转的程序极不合理。⑤

---

① 《金史》卷五十一《选举志·序论》,北京:中华书局,1975年,第1129—1130页。
② 洪皓:《松漠纪闻》,《长白丛书》初集,第37—39页。
③ 参见同上,第44—46页。
④ 《金史》卷七十《宗宪传》,第1615页。
⑤ 参见洪皓:《金国文具录》,《全宋笔记》第3编第7册,郑州:大象出版社,2008年,第143—144页。

四、面对一个陌生的中原

1141年(宋高宗绍兴十一年,金熙宗皇统元年)十一月,宋金达成和议,宋向金称臣纳贡。1143年(宋高宗绍兴十三年,金熙宗皇统三年)十二月,宋金互派使者贺正旦,从此正式开始通使,直至1217年(宋宁宗嘉定十年,金宣宗贞祐五年)金在蒙古压迫之下向宋开战,两国结束外交关系。其间,除完颜亮南伐(1161年)和"开禧北伐"(1206年)时期,宋金之间保持通使七十余年。在这七十年之间,宋朝前往金朝的使者都是行经淮北、河南、河北到达金朝中京即燕京(今北京),他们途经的并非"异域"而是中原故土,他们更多接触的并非"夷狄"而是陷于"胡虏"的遗黎,其惭愤哀痛可想而知。宋光宗时代(1189—1194年)的诗人姜特立,其父在靖康年间殉难,当他一踏上中原大地,丧父之恨、亡国之痛一下子被生生唤醒,成了切身感受:"中原旧事成新恨,添得归来两鬓霜。"①这句诗说出了七十年间出使金朝的南宋使者共同的痛苦体验。这一时期保留至今的使金行记有:楼钥的《北行日录》、范成大的《揽辔录》、周煇的《北辕录》、程卓的《使金录》。②此外,尚有大量纪行诗可以作为补充材料。③

---

① 姜特立:《使北二首》,《梅山续稿》卷一,《宋集珍本丛刊》第48册,第52页。
② 其中,楼钥的《北行日录》、范成大的《揽辔录》是日记体的私人行记,其他都是"语录"。此外,见于著录的使臣行记还有:雍希奭《隆兴奉使审议录》、姚宪《乾道奉使录》、韩元吉《金国生辰语录》、郑俨《奉使执礼录》、赵昧远《使北本末》、郑汝谐《聘燕录》、余嵘《使燕录》,均已佚失。关于上述文献的作者、时间、著录、版本情况,参见刘浦江《宋代使臣语录》。相关研究除前引赵永春、李德辉文之外,还有李辉的《宋金交聘制度研究》第5章"宋金交聘史料研究",上海:上海古籍出版社,2014年;黄玲:《宋代使金行记文献研究》,王雪玲副教授指导,陕西师范大学2011年硕士学位论文。
③ 除收录于个人文集外,北京大学古文献研究所编《全宋诗》收录较全,由北京大学出版社1998年全部出齐。

宋金绍兴和议之后，宋朝要向金朝称臣纳贡，金朝事实上已经取代宋朝成为中原王朝、天下之主。在这样的局势下，使者们通过亲身见闻指出，所谓的"大金"乃是一个僭窃中原、掳掠我民的异族政权，它并没有把中原真正当作自己的家园，而是对中原、汉族实行剥夺镇压的统治政策，具有强烈的殖民性质。这种观察和书写，确实暴露了金朝一直相当严重的民族矛盾，但南宋士人在仇恨情绪下的"偏见"也很明显。

楼钥于乾道五年（1169年）十月使金，时金世宗大定九年。金世宗即位之后，一方面为了挽救中原女真族的腐败，发动复兴女真文化的运动，一方面极力提倡儒家，兴学养士，实行对宋和好政策，积极恢复生产，缓和民族矛盾。"大定之治"被称为金朝的盛世，中原人民誉金世宗为"小尧舜"，名声传到了南宋，朱熹曾加以议论。① 而楼钥在《北行日录》中所记的汉族吏民却全都对金朝统治极其怨恨，有很强的民族意识，从没有把金朝当作自己的国家，甚至视之为"贼"。楼钥一行在前往开封途中遇到运载交子的车辆向北行驶，楼钥评论说："金人浚民膏血以实巢穴，府库多在上京，路途中见运送车辆。河南之民甚贫，钱亦益少。"过东京之后，又遇到给戍边十年不归的女婿送衣物的老人，其中有人告诉他大定十年将实行新的兵制，依照物力纳钱于官以充军费，剥削十分严酷；又有人告诉他金人设千户驱使汉人与南朝作战，他们遇到"王师"皆不尽力，往往一战而散。楼钥回程经过相州（今河南安阳），驾车人告诉使者金朝正在准备和蒙古开战，军吏向使者控诉说："我见父母说生计人口都被他坏了，我辈只唤他作贼。应河南、河北钱物都般向里去，更存活不得。"②

---

① 参见《朱子语类》卷一百三十三，第2885页。
② 以上引文均见楼钥：《北行日录》，顾宏义、李文整理标校：《宋代日记丛编》，上海：上海书店出版社，2013年，第1194—1196、1213页。

第二年,范成大出使经过东京,他全文抄录了海陵王于1154年(宋高宗绍兴二十四年,金海陵王贞元二年)设立的交钞所钞文,并评论说这是金朝实行的一种残酷盘剥河南地区的殖民政策:"交钞所者,金本无钱……又不欲留钱河南,故仿中国楮币,于汴京置局造官会,谓之交钞,拟见钱行使,而阴收铜钱,悉运而北。过河即用见钱,不用钞。"[①]金人把聚敛来的财物运回北方老家,说明他们并没有把黄河以南地区真正当作自己的国土。金朝的殖民性质似乎已经成为南宋士人的普遍认识,正如1193年(宋光宗绍熙四年,金章宗明昌三年)使金的许及之诗云:"辇却民财积上京,民贫政自不关情。"[②]范成大在燕京近郊的定兴县客邸遇到一个在战争中被掳掠的南人女僮,两颊刺着"逃走"二字,她说"在淮乡有父兄",还告诉范成大,在金朝主家可以私自给奴仆黥面,甚至可以随意杀之:"屠婢杀奴官不问,大书黥面罚犹轻。"[③]这件事一方面客观反映了女真族占据中原后奴隶制发达起来,同时这个女僮也象征了金朝治下中原遗民奴隶般的生存状态。

金朝入主中原之后以正统王朝自居,尤其是熙宗、海陵王、世宗时代,各方面的礼仪制度迅速汉化,但也夹杂民族特色。在使者眼中,这无疑是"中华"礼乐已经被"夷狄"从内部篡改,失去了纯正本色,这不由得让使者们格外伤叹:在中原大地上已经很难找到原来的"中国"文化了!为了弄清金人和议的条件,洪皓

[①] 范成大:《揽辔录》,《宋代日记丛编》,第797页。关于《揽辔录》流传和版本问题,参见陈学霖:《范成大揽辔录传本探索》,《宋史论集》,台北:东大图书公司,1993年,第241—285页。

[②] 许及之:《夺玉石桥》,《涉斋集》卷十七,《宋集珍本丛刊》第61册,第120页。

[③] 范成大:《清远店》,《石湖居士文集》卷十三,《宋集珍本丛刊》第48册,第387页。

之子洪适于1164年(宋孝宗隆兴二年,金世宗大定四年)十二月出使金朝,当他途经保州(今河北保定),一早醒来,听到城头鸣角之声已参杂"胡音",顿觉怪异:"谁向城头晓鸣角,胡音嘈嘈不须听。"接着就伤叹起来:"已把哀笳变清角,可伤任昧杂韶英。"①范成大发现"虏乐悉变中华",当他在真定(今河北正定)的宴会上终于观赏到汴京旧乐工演奏的乐舞《高平曲》时,不禁感慨万分:"老来未忍耆婆舞,犹倚黄钟衮六幺。"②1170年(宋孝宗乾道六年,金世宗大定十年)正月,楼钥一行在燕京皇宫朝见金世宗,他惊叹燕京宫殿的恢宏华丽远远超过两宋宫城,十分详细地记录了皇宫建筑、陈设、仪卫以及朝贺礼仪。号为"金殿"的中宫里那镶嵌七宝的主座、茶床、桌帏,"皆本朝旧物",御榻后照屏画龙也"如本朝",官员服装品级也和"我朝"大致相同,但是,殿上铺设大花毡,又加以佛狸毯,"夷狄"的味道一下子就出来了。朝贺礼仪大抵"皆如本朝",但给国主上酒显得很草率,楼钥感到"其礼文不伦如此"。乐舞"大率学本朝",但"装束甚异",其中夹杂的女真音乐令使者不忍卒听:"乐声焦急,歌曲几如哀挽,应和者尤可怪笑。"③同年八月,来到燕京觐见的范成大对金朝皇宫的建筑、规制、仪卫观察得更加仔细,贬斥也更加明显:"制度不经,工巧无遗力,所谓穷奢极侈者。"范成大在《揽辔录》中全文摘录了大定二年(1162年)的颁定官制诏书,还记录了金朝十四路地方行政制度以及"遵中国之式"的《大明历》,但范成大要强调指出的是"金既蹂躏中原之地,制度强效华风,往往不遗余力,

---

① 洪适:《次韵保州闻角》,《盘洲文集》卷五,《宋集珍本丛刊》第45册,第83页。

② 范成大:《真定舞》及注,《石湖居士文集》卷十三,《宋集珍本丛刊》第48册,第386页。

③ 楼钥:《北行日录》,《宋代日记丛编》,第1208—1209页。

而终不近似"。①

最让使者感到伤痛、恐惧的,还并不是"夷狄"强效"华风"却终不近似,而是中原人民已习染"胡俗",逐渐同化于"夷狄"。华、夷之间如此双向的浸染混合,最终将使整个中原尽成"异域",汉人皆变"北人"。对于使者们来说,真正可怕的,其实是形成了一种"变质"的中原文化,它将僭窃"中国"之名号,混淆甚至取代"中国"。

当楼钥在开封看到接待使者的承应人"或跪或喏,跪者北礼,喏者犹是中原礼数,语音亦有微带燕音者",他感到"尤使人伤叹"。一至久陷夷狄的燕地,他发现:"人物衣装又非河北比,男子多露头,妇人多耆婆。把车人云:'只过白沟,都是北人。'"②燕人已皆化为"北人",那么,中原沦陷日久也将无复有"中国"之人!范成大所见所感比之楼钥更加严重,故都东京"民亦久习胡俗,态度嗜好,与之俱化,最甚者衣装之类,其制尽为胡矣"③。相国寺依旧繁华,寺榜虽然还是宋徽宗御书,而寺中杂货"皆胡俗所需而已"④。不仅故都,其实一过淮河,汉族男性的服制皆已胡化:"戴冠者绝少,多绾髻,贵人家即用珠珑鏓冒之,谓之方髻。"在相州(今河南安阳),中原遗民见使者"往往垂涕嗟啧,老姬跪拜者尤多,指使人云:'此中华佛国人也。'"可见其身为"中华"之人的历史记忆已经遥远模糊。至邯郸,见城墙之外有居民以长竿挑一白狗,又以一竿缚茅草浸酒,上面有揭条,人们告诉他,这本是女真人祭天禳病之俗,如今则为汉人效法。⑤又过了七

---

① 参见范成大:《揽辔录》,《宋代日记丛编》,第799—800页。
② 参见楼钥:《北行日录》,《宋代日记丛编》,第1194、1203页。
③ 范成大:《揽辔录》,《宋代日记丛编》,第797页。
④ 范成大:《相国寺》及自注,《石湖居士集》卷十三,《宋集珍本丛刊》第48册,第384页。
⑤ 参见范成大:《揽辔录》,《宋代日记丛编》,第797—798页。

年,于1177年(宋孝宗淳熙四年,金世宗大定十七年)出使的周煇已经感到:"绝江渡淮,过河越白沟,风声气俗顿异,寒暄亦不齐。"①金宋以淮河为境,本是人为划定,其南北皆中国大地,但分离半个世纪之后,已使人觉得两国之分界竟也如天设地造一样。他一入境即观察到,人物冠服南北已迥然有异,而且"北人"衣冠尚简,贵贱尊卑略无分别,简直没有什么礼教了:"有位者便服,亦止用皂纻丝或番罗系版绦,与皂隶略无分别。绦反插,垂头于腰,谓之有礼。无贵贱皆着尖头靴,所顶之巾谓之蹋鸱。"②

我们透过使者的眼睛不难看到,金、宋两国的文化风貌越来越各具特点,越来越有了明显的差异,在中国之内已经形成两种有所不同的中国文化。

五、华夷之辨、正统之争与"中国"观的再形成

魏特夫将辽、金、元、清归并为所谓"征服王朝",虽然影响很大,但在中国学界一直存在较大争论。③但很多学者都认识到,辽、金文化的形成确实很难以"汉化"概括之,而是契丹、女真文化与中原汉族文化相互"涵化"的结果,辽、金文化是一种既有别于原契丹、女真文化,又有别于原"中国"文化的"第三种文

---

① 周煇:《清波杂志》卷三"朔北气候"条,《全宋笔记》第5编第9册,第33页。
② 周煇:《北辕录》,《宋代日记丛编》,第1134页。
③ 魏特夫、冯家昇合著的《辽代社会史》(1949年)提出了所谓"征服王朝"论,将历代少数民族建立的王朝分为两大类型,南北朝时期的北魏、北周、北齐属于"渗透王朝",而辽、金、元、清则属于"征服王朝"。"征服王朝"的主要特点在于,在中原建立统治的同时,精心维持着北方根据地,并形成多元并存的政治、经济体制;在文化上,具有民族本位意识,不是单向地被汉族文化同化,而是双向的"涵化"从而形成"第三种文化"。(参见魏特夫:《中国辽代社会史总述》,苏国良等译,郑钦仁、李明仁主编:《征服王朝论文集》,台北:稻香出版社,2000年,第1—69页)

化"。① 尤其是金朝,中原大地在一百余年漫长的时间里多民族杂居、融合,并在融合中产生了新的一体化趋势,这必将导致原来的中原文化有所变容,整个北方形成一种不同于南方的文化状况。如上文所述,自居"中国"的宋朝使者们对这一现象有着极其负面的印象、感受和评价。使者们对辽、金文化的这种实际观察和感受告诉我们,宋人"华夷之辨"所欲严辨之"夷",并非是与"中华"处处适相反对的"古之夷狄",而是杂糅华夷、兼容胡汉、颇类"中华"的"今之夷狄",比较起来,宋朝使者们对没有受到多少汉化的"夷狄"如处于初兴阶段的女真、蒙古,反而有所欣赏赞美。②

"今之夷狄"以他们那种貌似"中国"的杂交文化改窜、混淆了真正的"中国"文化,使"中国"文化失去了原本纯正的面貌。尤其是金朝,不但已经盗取中国的土地和人民,而且还一心要取代宋朝成为中国之正统,连"中国"的名号也将为之窃夺。在这种情况下,"今之夷狄"那种貌似"中国"的杂交文化具备了僭夺、取代原有"中国"文化的态势,从而会使真正的"中国"文化彻底消失。这种忧患恐惧是以前从来没有过的,宋人的"华夷之辨"要表达的不仅是民族危机而且是很深刻的文化危机,这也是宋以前的"华夷之辨"所没有的内容,我们也可以在这个意义上理解宋人的"华夷之辨"为何那么峻急,为何坚决反对"以夏变夷"。这种"华夷之辨"落实在文化实践上就是要求清除杂入"中国"的"夷狄"因素,恢复"中国"文化之纯正本质,确立一种纯粹的或者

---

① 参见陶晋生:《传统中国对外关系的省思:以宋辽金时期为例》,《宋辽金史论丛》,台北:联经出版公司,2013年,第17—34页。
② 1221年出使河北蒙古军营的赵珙在《蒙鞑备录》中感叹蒙古"有太古风",对蒙古人的真实不妄、淳朴笃诚表现出发自内心的欣羡。(王国维:《蒙鞑备录笺证》,《王国维全集》第11卷,杭州:浙江教育出版社,2009年,第356页)

说在纯粹性上超越前代的"中国"文化。这当然是不可能的,其结果其实是塑造了一种具有鲜明时代特征的"渐趋单纯和收敛"的"宋型文化"。①

与北宋对峙的"北朝"辽已具有较强烈的"中国"意识。据学者研究,兴宗以后,契丹自称"中国"已明确见诸文献和墓志碑刻,道宗以后,自称中国"正统"的史料更是频繁出现。②占据中原百年的金朝更是不断地运用各种政治、文化手段来宣称自己已取代宋朝成为"中国","德运"和"正统"的讨论最具有代表性。③金朝后期的儒士如赵秉文在"正统"问题上与南宋道学家看法完全相同,认为判别中国之"正统"的标准既不是具体的地域也不是种族,而在于是否以"公天下之心"行"公天下之道":"《春秋》:'诸侯用夷礼则夷之,夷而进于中国则中国之。'西蜀僻陋之国,先主武侯有公天下之心,宜称曰汉,汉者,公天之言也。自余则否。"④如此一来,金朝、南宋双方都借着把"中国"抽象化、义

---

① 参见傅乐成:《唐型文化与宋型文化》,《汉唐史论集》,第 380 页;刘子健:《中国转向内在》第一部分"从北宋到南宋",赵冬梅译,南京:江苏人民出版社,2002 年,第 6 页。

② 赵永春、李玉君:《辽人自称"中国"考论》,《社会科学辑刊》,2010 年第 5 期;刘浦江:《德运之争与辽、金王朝的正统性问题》,《中国社会科学》,2004 年第 2 期。

③ 饶宗颐:《中国史学上之正统论》,上海:远东出版社,1996 年,第 51 页。关于金朝"中国""正统"意识的研究,可参见 Hok-lam Chan, *Legitimation in Imperial China*: *Discussions under the Jurchen-chin Dynasty* (1115-1234), Seattle: University of Washington Press, 1984;刘浦江:《德运之争与辽、金王朝的正统性问题》;赵永春:《试论金人的中国观》,《中国边疆史地研究》,2009 年第 4 期;熊鸣琴:《金人"中国"观研究》,上海:上海古籍出版社,2014 年;齐春风:《论金朝华夷观的演化》,《社会科学辑刊》,2002 年第 6 期;刘扬忠:《论金代文学中所表现的"中国"意识和华夏正统观念》,《吉林大学社会科学学报》,2005 年第 5 期;王明荪:《南宋及金朝的"中国"观》,《第三届海峡两岸宋代社会文化学术研讨会论文集》,杭州:浙江大学出版社,2013 年。

④ 赵秉文:《蜀汉正名论》,《闲闲老人滏水文集》卷十四,四部丛刊本,第 10 页。

理化,而宣称对"中国"的独占。

两宋"华夷之辨"的峻急、"中国"意识的强化正好说明还另有一种北朝的"中国"意识的存在,并对之形成巨大的挑战和威胁。重要的是,这个北朝的"中国"意识是不能以"民族主义""国族观念"来定义的。有学者认为,宋代具有近代国族主义色彩的"华夷之辨"及其"中国"意识,乃是近代"中国"认同的历史源头和基础。①我想指出的是,中国民族主义的源头或可追溯于宋代,但宋代以"华夷之辨"为标准的"中国"意识却并非历史上"中国"意识的主流,更不是现代"中国"认同的基础。在这个时代及其之后乃至于近代的历史进程中,"中国"并不就是宋朝那种强调同质性、转向内向化的"中国","中国"意识更不可以被宋朝那种有着现代国族主义色彩的"中国"意识所垄断。有人曾告诉朱熹,金朝进士所作之赋"气脉厚",朱熹说:"那处是气象大了,说得出来自是如此,不是那边人会。"②本身就是鲜卑族后裔的元好问在金亡后编撰了《中州集》,其中收录了不同民族、地域的诗人及其作品,有由宋入金的宇文虚中、蔡松年、吴激等人,有由辽入金的王枢等人,有出于渤海大族的王庭筠、高宪等人,有女真人完颜璹、完颜从郁、石抹世勣等人,有契丹人耶律履等人,还有使金被扣的宋人司马朴、滕茂实、朱弁等人,这样的"中州"反映了金朝多种民族、多元文化混杂交融的状况。由宋入元的遗民家铉翁感叹道:

> 盛矣哉! 元子之为此名,广矣哉! 元子之用心也。夫生于中原而视九州四海之人物犹吾同国之人,生于数十百年

---

① 葛兆光:《宅兹中国——重建有关"中国"的历史论述》,第25—26页。
② 《朱子语类》卷一百九,第2435页。

后而视数十百年前人物犹吾并世之人……若元子者,可谓天下士矣!数百载之下,必有谓予言为然者。①

元好问的"中州"似乎已在呼唤、预示一个包容广大、多种异质性并存的"大中国"的出现。

---

① 家铉翁:《题中州诗集后》,《元文类》卷三十八,上海:上海古籍出版社,1993年,第476页。

第三编

中土世界：古代中国的社会、政治、文化

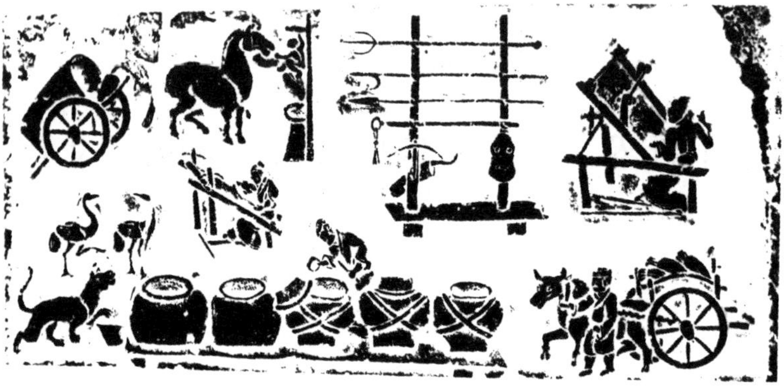

仪式、象征、教化[*]

——先秦两汉婚姻礼仪中的宇宙观、伦理观与政教论述

林素娟

> 因为男女正是天父地母和阴阳的象征，
> 所以男女的结合，也就象征着天地
> 的交泰以及阴阳的和谐……

男女婚姻的结合，牵涉层面极为广泛，一直是研究家族结构、社会制度、伦理道德、礼教功能、两性问题、民俗……所关注的焦点。传统儒家伦理学的角度，将婚姻定义为人伦之始，于是在政教上，婚姻一直居于十分重要的核心位置。而古宗教将婚姻视为宇宙中两种力量的结合，其与繁育、丰产密切相关。透过男女婚姻的结合再现宇宙之生化与创造，于是婚姻被提高到天地运行之理及宇宙图式再现的层次。在礼俗与政教上，此种宇宙图式的再现关系着是否循天道而行，以再现宇宙神圣的化育，其于人间世界的秩序、繁育与丰产，乃至于伦理观、政教上发挥着决定性的影响。

---

[*] 本文由作者据其2011年9月6日所做同名报告修订。——编者注

一、举婚龄为例

男女婚姻年龄与天地阴阳运行的神秘之数有关。①基于"阴以阳化,阳以阴变"的原则,男子生理发展的阶段以阴数八的倍数为标志,女子则以阳数七的倍数作为标志,男子在十六岁、女子则在十四岁时具有生育能力,而两数合为三十。另外,《大戴礼记》又指出,中古之时,以三十、二十岁为成婚之龄,两数合为五十;太古之时,以五十、三十岁为成婚龄,两数合为八十。三十之数是由男女生理成熟之数相加而成,五十则是以《易·系辞》为代表的天地演化之数。②因为男女正是阴阳象征的具体化,男

---

① 这里所谓的神秘数字,尤其是指和天地运行相关的象数之数。事实上,这种神秘数字超越于单是计量数字的想法,在中国并没有断绝过,例如宋代数学家秦九韶在其名著《数书九章·原序》就提到:"周教六艺,数实成之。学士大夫,所从来尚矣。其用本太虚生一,而周流无穷,大则可以通神明,顺性命;小则可以经世务,类万物。"(周冠文、陈信传、张文材:《数书九章今译及研究》,贵阳:贵州教育出版社,1993年,第1页)

② 《礼记》卷六十一《昏义》孔疏:"大戴说男三十女二十为昏娶,合为五十,应大衍之数目。《易·系辞上》:"大衍之数五十,其用四十有九。"不过,各家对五十的具体内容之解释有所不同,略引如下。荀爽云:"卦各有六爻,六八四十八加乾坤二用凡有五十,乾初九潜龙勿用,故用四十九也。"郑康成云:"天地之数五十有五,以五行气通,凡五行减五,大衍又减一,故四十九也。姚信董遇云:天地之数五十有五者,其六以象六画之数,故减之,而用四十九。"王弼则说:"演天地之数,所赖者五十也,其用四十九,则其一不用也,不用而用以之通,非数而数之以成,斯易之太极也。"但郑玄的说法又点出了一个问题,即男女为阴阳、天地的象征,因此男女婚配之龄或者更应取法于天地之数。但"天地之数五十有五",并非大衍之数的五十。如此说来,在阳/天/男、阴/地/女二分论式下,按照"天数二十有五,地数三十"来说,应该以二十五、三十分别为男、女适婚年龄更为恰切。或许有人看出个中牵强,所以像郑玄改采《周易》其他经文,结合卷七《系辞上》的"天一地二天三地四……"、卷九《说卦》的"参天两地而倚数",以男三十、女二十而婚乃取"象天三覆地二"来支持(参见贾疏所云[《周礼》卷十四《地官·媒氏》]);下文所引《白虎通》则字面上虽仍旧沿用"应大衍之数"一语,实际上却与原文文脉不相干,乃是从数以十为一单位入手,以"数三终,奇,阳节也""数再终,偶,阴节也"兜合。以上引文详参孔颖达:《周易注疏》(以下简称《周易》)卷七《系辞上》,台北:艺文印书馆,2001年,第153页。

女结合而繁育子孙,其实也正象征着天地相合而化生万物的过程①,因此,在人副天数的数术系统下,男女婚配年龄也要取法"天地相承覆之数"②。至于太古之时,男五十娶、女三十嫁,两数相合为八十,其中的"八"则象征着四隅、四正,亦为宇宙图式之展现。③总之,人间男女要符应天地阴阳消息与演化的宇宙图式,婚龄就是在这样的思维与态度下,具体地套合而成。其实,将夫妇关系模拟于天地关系,乃是战国以来就有的说法。因为男女正是天父地母和阴阳的象征,所以男女的结合,也就象征着天地的交泰以及阴阳的和谐,故《易·系辞》说:"天地氤氲,万物化醇,男女媾精,万物化生"④,《归妹》卦的《彖》辞也提到:"归妹,天地之大义也,天地不交,而万物不兴,归妹,人之终始也。"⑤这都将男女结合与天地交泰模拟在一起。

男女的结合与丰产间的关系很早即为人所注意,与原始宗

---

① 男女结婚其实是模仿和重复宇宙的创生,这种结构非常普遍,参见伊利亚德:《圣与俗——宗教的本质》,第188—191页。
② 《周礼》卷十四《地官·媒氏》郑注。
③ 关于四隅与四正,最明显的莫过于表现在考古所发现的式盘上,而这种式盘正是数术对应系统的实际运用工具,此可证诸李零对考古发现的考证:"式是一个小小的宇宙模型,它的空间、时间结构和配数、配物的原理,处处都带有仿真的特点。但这里要讲的是,古人发明这个模型,目的不仅仅在于'模仿',还想借助它做各种神秘推算,提出问题和求得答案,以沟通天人","先秦两汉时期,天文学上流行的宇宙模式是'盖天说'。观察者把天穹看作覆碗状,而把大地看作沿'二绳四维'向四面八方延伸的平面。天穹以斗极为中心,四周环布列星,下掩而与地平面相切。二者按投影关系,可视为方圆迭合的两个平面。式就是模仿这理解而做成。式图的空间结构经分解,包括四方、五位、八位、九宫、十二度等不同形式","现已发现年代最早的式是在西汉文帝时……从文献记载看,式作为实际存在的工具至少在战国时期就已出现……式在战国时期的流行,不仅可以从文献记载阴阳五行说的内容结构得到印证,而且也可以由出土发现。"(详参李零:《中国方术考》,北京:人民出版社,1993年,第32—33、102、120、150页)
④ 《周易》卷八《系辞下》,第171页。
⑤ 《周易》卷五《归妹·彖辞》,第118页。

教及丰产仪式关系密切①；不过明白将天地与男女相模拟，似乎还是阴阳思想较发达后的产物②。而在阳尊阴卑，天尊地卑的思考格局下，天父地母的想法，或许也就很容易被模拟地建立起来。在此背景下逐渐发展为"牝土之气御于玄天"③"天地，夫妇也，天施气于地以生物"④，将早期男女的交媾与丰产的关系，渐渐地转成以阴阳的角度来理解。由于人间的"夫妇之道，取法天地"⑤"天地合气万物自生，犹夫妇合气，子自生矣"⑥等想法，所以夫妇关系的协调与否，也就可以直接感应于天地的调和与否，甚至直接影响到宇宙的秩序与和谐，由此导出"夫妇节而天地和"⑦的说法。反过来说，天地的失序，有时也会与夫妇关系的失和联想在一起，例如《春秋繁露·求雨》就曾提及久旱不雨的情况下，须"令吏民夫妇皆偶处"⑧，来感应天地以期达到致雨的效果。又如《后汉书·周举传》曾记载东汉顺帝阳嘉三年（134年）河南大旱，周举就将之归咎于男女婚娶失时，阴阳闭隔所致。⑨

　　夫妇的关系既是阴阳的具体化，能对天地运行发生感应，为

---

①　可参见拙文：《土地崇拜与丰产仪典的性质与演变——以先秦及礼书为论述核心》，《清华学报》，第39卷第4期，2009年。
②　钱穆：《周官著作时代考》，《钱宾四先生全集》第八卷，台北：联经出版公司，第350—358页指出将天地、日月等并提并区分阴阳，是阴阳思想发展后的产物。
③　《淮南子》卷四《地形训》。
④　黄晖：《论衡校释》卷三《奇怪篇》，北京：中华书局，1996年，第162页。
⑤　"儒家说夫妇之道，取法于天地，知夫妇法天地，不知推夫妇之道以论天地之性，可谓惑矣。"（《论衡校释》卷十八《自然篇》，第782页）
⑥　同上，第775页。
⑦　孙诒让：《墨子闲诂》卷一《辞过》，台北：华正书局，1987年，第35页。
⑧　苏舆：《春秋繁露义证·求雨》，北京：中华书局，1996年，第437页。
⑨　"举对曰：臣闻易称天尊地卑，乾坤定矣。二仪交媾，乃生万物……夫阴阳闭隔，则二气否塞，二气否塞，则人物不昌，人物不昌则风雨不时，风雨不时，则水旱成灾。"（《后汉书》卷六十一《周举传》）

求天地的和谐,夫妇之道也就应尽量取法天地之道,甚至使它就是天地之道的具体流行。然而天地的现象纷然杂陈,而天地之道的运行理则又该如何来理解把握呢?基本上,《易传》以象、数来说明天地生化的理序。①而汉代的数术系统,应该就是在《易传》的象数基础上,更进一步地强调数的对应性;换言之,即透过对天地运行的规律,而抽象出"数"来依循,此时的"数"乃成了天地运行的具体原则,正所谓"神虽非数,因子而显"②。总之,汉人透过阴阳五行和象数的对应形成了一套弥天盖地的数术系统③,人身小宇宙与人世所有的行事,皆需要和大宇宙相对应,并企图在此对应的图式下,来引发感应乃至和合的效果。这种特别依循"数"的数术原则,我们可以汉代董仲舒所谓的"人副天数",来见出端倪:

> 人有三百六十节,偶天之数也;形体骨肉,偶地之厚也。上有耳目聪明,日月之象也;体有空窍理脉,川谷之象也;心有哀乐喜怒,神气之类也。……是故人之身,首妾员,象天容也;发,象星辰也;耳目戾戾,象日月也;鼻口呼吸,象风气也;胸中达知,象神明也;腹胞实虚,象百物也。……天地之

---

① 此如易学家杭辛斋所指出的:"凡言象者,不可不明消息。消则灭,息则滋。……乾息坤,坤消乾,阴阳之大义,造化之橐钥,物理所莫能违,人事所莫能外,故物无大小,事无巨细,言象者必先明乎消息盈虚之故,而象始可明。""凡言象者,不可忘其数。……卦有定位,即有定数。易数乾元用九,乃天一不用,用地二至地十。数定而象之无定者,可因子而定,故观象必倚数。如体物者,必准诸度量,测远者必察其角度,自舍数言象,而象茫如捕风矣。"(杭辛斋:《学易笔谈》卷三《象义一得》,严灵峰主编:《无求备斋·易经集成》第137册,台北:成文出版社,第148、145页)

② 《周易》卷七《系辞上》疏引顾欢语,第152页。

③ 数术所包含范围十分广大,《汉书》卷三十《艺文志》即将其分为天文、历谱、五行、蓍龟、杂占、形法等部分,共百九十家,二千五百二十八卷。

符,阴阳之副,常设于身,身犹天也,数与之相参,故命与之相连也。天以终岁之数,成人之身,故小节三百六十六,副日数也;大节十二分,副月数也;内有五脏,副五行数也;外有四肢,副四时数也;乍视乍瞑,副昼夜也;乍刚乍柔,副冬夏也;乍哀乍乐,副阴阳也;心有计虑,副度数也;行有伦理,副天地也。此皆暗肤着身,与人俱生,比而偶之弇合。于其可数也,副数;不可数者,副类。皆当同而副天一也。是故陈其有形,以着其无形者,拘其可数,以着其不可数者。此言道之亦宜以类相应,犹其形也,以数相中也。①

人身小宇宙不但与天地大宇宙相符应,更可从形体上,具体地和日、月、五行、四时等天地之"数"相套合;另外,有关身体的功能、活动,以及情感的反应,等等不容易以数来直接归纳的,也可与天地的活动来以"类"相从,而形成董仲舒在《阴阳义》所说的:"天亦有喜怒之气、哀乐之心,与人相副。以类合之,天人一也。"②其实,这种透过数字来符应宇宙之道的情形,早在战国秦汉之际就已逐渐形成了,例如在《吕氏春秋》《淮南子》《黄帝内经》等书中就已经存在,只是到了董仲舒人副天数的系统下,此体系似乎发展得更成熟且包罗甚广,解释层面也收纳得更多,几乎所有的人间事务,均被要求与天地之道有具体的符应。在此思潮的氛围下,男女的婚龄当然也不例外,必须与天地衍化之"数"相符应。而由于《易·系辞》"大衍之数"的五十,乃象征着自然演化万物之数,以之来对应人间男女繁育子孙一事,正可以达到生生不息之俾利。所以,尽管上述汉儒经生的三十、二十婚

---

① 《春秋繁露义证》卷十三《人副天数》,第357页。
② 《春秋繁露义证》卷十二《阴阳义》,第341页。

龄之说,虽然与下述我们所要指出的史实所录现实有一段差距,却仍然常常出现在汉代经生对先秦经书的注疏观点里。然而,三十、二十之说或许是最常见的数术观点,但却不是唯一的模拟,例如上述《大戴礼记》也提到了八十之数,同样也是一种"数"的模拟,只是在《大戴礼记》中,它们被分别放在上古与中古等不同的时段中。

男女婚龄还牵涉到生理成熟与否的实际问题,在《黄帝内经·素问·上古天真论》中,曾对男女生理的发展有所说明:

> 女子……二七而天癸至,任脉通,太冲脉盛,月事以时下,故有子……七七任脉虚,太冲脉衰少,天癸竭,地道不通,故形坏而无子……男子……二八肾气盛,天癸至,精气溢泻,阴阳和,故能有子……八八天癸竭,精少,肾脏衰,形体皆极……天癸尽矣……而无子耳。①

女子的生育力与任脉的虚实通滞,关系极为密切②,一般而言,女子在十四岁时天癸(即天水之气)至、任脉(即阴脉之海)通③,会具有月经和生育能力,七七四十九岁以后天癸竭,地道不通,所以月经停止,失去生育的能力,所以女子的结婚年龄当是在十四岁以后开始的,正符合十五许嫁而笄的说法。另外,《礼记·内

---

① 《黄帝内经·素问》,北京:人民卫生出版社,1994年,第4—5页。
② 参见李建民:《任脉索隐》,《气的文化研究:文化、气与传统医学学术研讨会论文》,台北:"中央研究院"民族研究所,2000年10月。有学脉学数术观的身体论述又可参见李建民:《死生之域——周秦汉脉学之源流》,台北:"中央研究院"历史言研究所,2000年。
③ 关于任脉(即阴脉之海)、天癸(即天水之气)和女子生育的关系,以及和督脉(阳脉之海)的关系等讨论,参见石田秀实:《气、流动的身体》,杨宇译,台北:武陵出版社,1996年,第62—64页。

则》也提到:"夫妇之礼,唯及七十,同藏无间。故妾虽老,年未满五十,必与五日之御。"①行房与否亦是从生殖力的角度进行理解。女性的生理发展与"七"的周期密切有关,这除了前述的"阴以阳化"的原理外,亦受到原始宗教以"七"作为女性生命周期的思维有关。"七"与宇宙的创造以及生育繁衍有密切的关系,"七"亦和月的运行周期相关,而月与女性生育力有密不可分的关系。日本学者小南一郎考察中国七夕风俗,并在七夕风俗中发现数量极多与"七"有关的仪式行为,而这种情形早在汉代就已经存在,而与"七"相关的七夕节,实和母神以及宇宙生命力的繁衍、祈农事有着极密切的关系。②由于"七"与女性的生育有密切的关系,所以用"七"来作为女性生理的周期之数,是很可以理解的。相对于"男长女幼""阳舒阴促","阳以阴变"的原则意味着男子的年岁周期当是比女子的大的阴数,"八"则是最直接能符合此一要求的。

东汉《白虎通义》卷十《嫁娶》,亦透过符应阴阳调和的原理,来构作一套男女的婚龄之说:

> 七,岁之阳也。八,岁之阴也。七八十五,阴阳之数备,有相偶之志。故《礼记》曰:"女子十五许嫁,笄而字。"《礼

---

① 《礼记》卷十二《内则》。
② 小南一郎指出:"七夕的传承与'七'这个数字紧密结合着,这从本文中引用的种种围绕七夕行事亦可得知。又设定七月七日这个日期与另外的三月上巳或五月端什等以干支为主确定的祭日不同,推测原就确定在七日这一天,表示这一行事与'七'的数字有密切关系。'七'与月的盈亏有关,这在道教中的'三元'亦可看出。"(详参小南一郎:《中国神话传说与古小说》,《西王母与七夕文化传承》,北京:中华书局,1993年,第48—52页)另外,叶舒宪也指出"七"是最具代表性的神秘数字之一,它与天地和人的被创造有密切关系(参见叶舒宪,《中国古代神秘数字》第七章,北京:社会科学文献出版社,第135—169页)。

之称字,阴系于阳,所以专一之节也。阳尊,无所系。阳舒而阴促,三十数三终,奇,阳节也。二十数再终,偶,阴节也。阳小成于阴,大成于阳,故二十而冠,三十而娶。阴小成于阳,大成于阴,故十五而笄,二十而嫁也。一说二十五系者,就阴节也。《春秋谷梁传》曰:"男二十五系心,女十五许嫁,感阴阳也。"阳数七,阴数八,男八岁毁齿,女七岁毁齿。阳数奇,故三,三八二十四,加一为二十五,系心也。阴数偶,故再成十四,加一为十五,故十五许嫁也。各加一者,明其专一系心。所以系心者何?防其淫佚也。①

这里除了最常见的三十、二十的说法外,还提出《谷梁传》二十五和十五的说法,不过,此说法在今本《谷梁传》中似乎已不见其文。不论三十、二十,还是二十五、十五,二者均是将男女应合于阴阳之数,来形成婚龄之说的基础。如前文已略为提及的,男八女七之数是阴阳调和思想的呈现,女子系于男子,而七、八二数乃合为十五,此是女子许嫁之年,十五是阳数,而嫁年二十为阴数,为小成于阳、大成于阴。男子无所系属,以十之二倍(阴数)二十为小成,十之三倍(阳数)三十为大成。至于《谷梁传》若用男八、女七均以二倍(偶数)的结果为婚龄起点,实悖乎男子以阳数,以及"阴以阳化,阳以阴变"②的原则,因此谷梁家改以八(偶)三(奇)、七(奇)二(偶)相乘的运用。只是如此一来,造成男、女婚龄二四、十四均属阴偶的结果;若男子加一,使之为阳数,而女子不加一,保持为阴数,则方法上不一致。《谷梁》说于

---

① 《白虎通疏证》卷十《嫁娶》,今本《谷梁传》未见其文。
② 王聘珍:《大戴礼记解诂》卷十三《本命》,北京:中华书局,1992年,第251页。

是采男女俱加一之法，男子八乘以三（阳）加一、女子七乘以二（阴）加一，得出二十五与十五，但二十五与十五又均属阳奇，仍旧显得牵强。于此可以看出经生以男阳、女阴，"阴以阳化，阳以阴变"，以及阴阳调和的数理来诠释婚龄时的努力，以及其中的困境。

另外，五行与干支也会影响到婚龄的解释，如《淮南子》卷十三《氾论训》也提到"礼三十而娶"，而高诱的注解是这样的：

> 三十而娶者，阴阳未分时，俱生于子。然男从子数左行，三十年立于巳；女从子数右行，二十年亦立于巳，合夫妇，故圣人因是制礼，使男三十而娶，女二十而嫁。①

同样的说法亦见于许慎的《说文解字》九篇上释"包"中：

> 包，妊也，象人裹妊，巳在中，象子未成形也，元气起于子，子，人所生也，男左行三十，女右行二十，俱立于巳，为夫妇。②

"子"是元气"未分"、二气将判之点，本诸阳男左、阴女右的原则，分别由"子"两向出发，由子左行至巳，历六位；右行至巳，历八位，阳气左行三周，历位三十、阴气右行二周，历位二十之时，二气会遇于巳。至于何以左行阳气需三周、右行阴气仅需两周，大

---

① 然高诱仍不得不向现实妥协，所以原书虽批评"文王十五而生武王，非法也"，他却于注中为之开脱："岁星十二岁而周天，天道十二而备，故国君十二岁而冠，冠而娶，十五生子，重国嗣也，不从故制也。"（《淮南子》卷十三《氾论训》）

② 段玉裁：《说文解字注》九篇上《包部》，台北：天工书局，1987年，第434页。

概是根据"阳舒而阴促"为说,应用在人身上,即女性较男性发育成熟得早。加以三是奇数、二是偶数,与阳男、阴女分别属同一范畴。

总之,男三十而娶,女二十而嫁的经生说法,具有浓厚的宇宙论倾向和数术学意味。不论就生理因素还是宇宙衍化的对应来说,阴阳调和与"数"占了极重要的地位,男女的结合与生命的繁育关系本来就极为密切,而汉代在数术系统发达后,以此套系统来和男女婚龄相符应,结果更使得两性的结合本身,从天地交媾的生化象征,朝向具体的术数化对应,产生了诸如男女婚姻年龄必须合于大衍之数、天地之数、四向四隅、干支时辰等对应宇宙论的架构。

二、婚配人数亦是神秘数字的运用

(一) 天子、诸侯一娶九女

《白虎通》卷十《嫁娶》说:

> 天子、诸侯一娶九女者何?重国广继嗣也。适九者何?法地有九州岛,承天之施,无所不生也。一娶九女,亦足以承君之施也。九而无子,百亦无益也。《王度记》曰:"天子、诸侯一娶九女。"

《王度记》相传为淳于髡等遗说笔录①,虽难验证,然而当是先秦作品,属孔壁所出古文记之一,或许不远于情实。先秦时已频繁

---

① 参见《礼记》卷四十三《杂记下》孔疏。

使用"九"这个数字①,尤其在战国至两汉"与天地合度"的想法下,自然事象常被拼凑或压缩成"九某某"的模式,如战国时邹衍提出大九州岛的想法,《吕氏春秋》提到:"天有九野,地有九州岛,土有九山,山有九塞,泽有九薮"②,《淮南子》卷四《墬形》亦然,又有九天③的说法。王逸为《九辩》作叙论时,对"九"的性质提出了说明:

> 九者,阳之数,道之纲纪也。故天有九星,以正机衡;地有九州岛,以成万邦;人有九窍,以通精明。屈原怀忠贞之性,而被谗衺,伤君闇蔽,国将危亡,乃援天地之数,列人形之要,而作《九歌》、《九章》之颂,以讽谏怀王。明己所言,与天地合度,可履而行也。④

这段引文点出了用"九"来作为天(如九星)、地(如九州岛)、人(如九窍)之数背后的想法。天子是天的象征,天地交泰而生万物,在对应宇宙论之下,象征天的天子与属于阴的后妃交合,就是一种天地交泰的形式(以阴阳的想法来说即是天阳与地阴相

---

① 如《毛诗》卷二十之三《商颂·玄鸟》:"方命厥后,奄有九有"(第794页),卷二十之四《商颂·长发》:"帝命式于九围"(第803页),卷十一之一《小雅·鹤鸣》:"鹤鸣于九皋,声闻于天"(第377页);《孙子》卷四《形》:"善守者藏于九地之下,善攻者动于九天之上,故能自保而全胜也";《大戴礼记解诂》卷七《五帝德》:"巡九州岛,通九道,陂九泽,度九山。"(第124—125页)

② 陈奇猷:《吕氏春秋校释》(以下简称《吕氏春秋》)卷十三《有始览》,台北:华正书局,1985年,第657页。

③ 如《淮南子》卷一《原道》:"上通九天,下贯九野",卷六《览冥》:"上通九天,激厉至精"、"上际九天,下契黄垆"、"登九天,朝帝于灵门",卷十五《兵略》:"放乎九天之上,蟠乎黄卢之下",卷十九《修务》:"今不称九天之顶,则言黄泉之底。"

④ 王逸:《楚辞章句》卷八《九辩》,台北:艺文印书馆,1974年,第245—246页。

配),女性属于阴,与地母的象征关系密切①,天施气于地以九州岛承,人间的帝王是天的象征,其施气,亦以九女承之。不过这样的想法是将神话思维中的土生万物②,以及天地交合生万物的过程予以阴阳化、政治化,并配合战国以后邹衍大九州岛想法所成的系统。

(二)天子一娶十二女

一娶十二女,这种说法在汉代也颇为盛行,前面提过的《白虎通》除了有天子一娶九女的说法外,也提到天子一娶十二女的说法③,此说早在西汉已见世,《列女传》卷二《贤明传·宋鲍女宗》即言:

> 夫礼,天子十二,诸侯九,卿大夫三,士二。

---

① 参见诺伊曼:《大母神——原型分析》(台北:东方出版社,1998 年),以及杨儒宾《吐生与厚德——土的原型象征》所论之土地女娲与生殖(《中国文哲研究集刊》第二十期,2002 年 3 月,第 13—22 页)。胡万川《捞泥造陆——鲧、禹神话新探》(《新古典新义》,台北:学生书局,2001 年,第 45—72 页)。

② 参见伊利亚德《比较宗教类型》:"水孕育万物种子,土也孕育万物种子。但在土中,万物种子成长结实比较迅速。潜能与种子在水中也许要经历多少周期以后,才可赫然成形。但在土中,潜能与种子从来不曾停止活动。土永恒不停地创生,它赋给回归到土中死寂之物生命与形式。职是之故,水可为位于每一宇宙周期之始,同时也位于其终;土则是位于每一个体生命之始及其终。任何事物只有冒出水面后,才能纷纭成形,但一旦历史灾难(如洪水)或宇宙灾难降临,它们仍旧要回归浑沌。任何生命的展现皆因大地丰饶所致,它在土地中出生、成长,有朝一日生机已尽,它会再度回归……水'先于'任何创造、任何形式;土则'产生'活生生的形式。神话学上水的命运是开展宇宙周期,同时也终结宇宙周期;土则是位于任何生物形式或任何立足于历史位置形式开端与结尾。"(转引自杨儒宾:《水与先秦诸子思想》,《语文、情性、义理——中国文学的多层面探讨国际学术会议论文集》,台北:台湾大学中国文学系,1996 年,第 565—566 页)

③ 《白虎通疏证》卷十《嫁娶》:"或曰:天子娶十二女,法天有十二月,万物必生也。"

《白虎通》之后,续有经生持此说,如《公羊传》卷十七"成公十年"解诂:

> 伯姬以至贤为三国所争媵……唯天子娶十二女。

《后汉书》卷六二《荀爽传》:

> 故天子娶十二,天之数也。诸侯以下各有等差,事之降也。阳性纯而能施,阴体顺而能化,以礼济乐,节宣其气,故能丰子孙之祥,致老寿之福。

蔡邕《独断》:

> 帝喾有四妃,以象后妃四星。其一明者为正妃,三者为次妃也,九嫔,夏后氏增以三三而九,合十二人。《春秋》天子娶十二,夏制也。天子一娶十二女,象十二月,三夫人、九嫔。诸侯一娶九女,象九州岛,一妻八妾。卿大夫一妻二妾,士一妻一妾。①

天子娶十二女的说法也是天人符应观念下的产物,十二女可以是十二地支的象征,而十二地支同时也代表了十二月,这一方面固然是以地支来作为各月的单位,同时也与二分论式下月、地、女同属阴有关。至于蔡邕,还兼取星象为根据,因为在古人的想法中,人间朝廷、后宫的组织应为"天官"的摹本,一一对应,朝廷

---

① 蔡邕:《独断》,《丛书集成简编》卷上,台北:台湾商务印书馆,1965年,第7页。

与后宫的组织与行事与星象间的关系与变化相互感应①,因此,后宫人数方面的规制自然也可在其间寻求论据。

(三) 天子后宫一百二十一人

《礼记·昏义》指出天子后宫有一百二十一人,分别是:一后、三夫人、九嫔、二十七世妇、八十一御妻。这和前面所提的天子一娶十二女在数目上显然有极大的差距,于是有的人将它理解为周制和夏殷之制的不同,认为《礼记·昏义》所说乃是周代的制度,而一娶十二女是夏之制(如前引蔡邕之说),而《春秋》改周之文,从夏之质,故以一娶十二为正法。我们在《周礼》中也可以看见九嫔、世妇、女御之职,不过《周礼》中并没有说明人数有多少,而且也未列出夫人之职,对于这样的情形郑玄的解释是:"不列夫人于此官者,夫人之于后,犹三公之于王,坐而论妇礼,无官职。"②郑玄并曾花工夫说明圣帝明王后妃人数的嬗变:

> 帝喾而立四妃矣,象后妃四星,其一明者为正妃,余三小者为次妃,帝尧因焉。至舜不告而取,不立正妃,但三妃而已,谓之三夫人,《离骚》所歌湘夫人,舜妃也。夏后氏增以三三而九,合十二人,《春秋说》云:"天子取十二",即夏制也,以虞、夏及周制差之,则殷人又增以三九二十七,合三十

---

① 《礼记》卷六十一《昏义》:"天子立六官:三公、九卿、二十七大夫、八十一元士,以听天下之外治……后立六宫:三夫人、九嫔、二十七世妇、八十一御妻,以听天下之内治……天子与后,犹日之与月,阴之与阳,相复而后成者也……男教不修,阳事不得,适见于天,日为之食;妇顺不修,阴事不得,适见于天,月为之食。"

② 《周礼》卷七、卷八之《天官》中的《九嫔》《世妇》《女御》,卷一《天官·冢宰》郑注。

九人,周人上法帝喾立正妃,又三二十七为八十一人,以增之,合百二十一人。其位后也、夫人也、嫔也、世妇也、女御也,五者相参以定尊卑。①

帝喾及尧的四妃,均包含了正妃在内;由舜开始至商则不含正妃,均是以递加的三的倍数加前代之数,夏为:$3+(3\times3)=12$,商为$12+(3\times3\times3)=39$,周为:$39+(3\times3\times3\times3)=120$,周人站在递加的基础上又法帝喾立正妃,故在一百二十妃上又加一妃,为百二十一妃。

帝喾及尧的四妃,均包含了正妃在内;由舜开始至商,则不含正妃,均是站在前代既有的人数上,以三的倍数递加,夏为:$3+(3\times3)=12$,商为$12+(3\times3\times3)=39$②,周为:$39+(3\times3\times3\times3)=120$,周人站在递加的基础上又法帝喾立正妃,故为百二十一妃,愈到后代,人数愈多。后妃之数以三的倍数相乘,三既为阳数开始化育的象征,同时又具有数目众多的意涵,九则象征极阳之数,所以在谈论帝王后妃之数,常以三和九的倍数相复而成。在这样数的推算下,天子十二妃的系统被列属于夏制,百二十一妃的系统则归诸周制,《礼记·昏义》所说乃周制,一娶十二女是夏制,孔子撰《春秋》,为汉制法,改周之文,从夏之质。这样的说法可以同时安立前面所提到的两种不同的系统,把它当作是时代不同的产物,而且当汉人提及天子一娶十二女时,还隐含了一种由周制而返夏制的三统说的想法,故太史公说:

---

① 《礼记》卷七《檀弓上》。
② 《后汉书》卷五十七《刘瑜传》章怀注:"《公羊传》曰:'诸侯一聘三女,天子一娶九女',夏、殷制也"(第661页),称引文字不见于今本《公羊传》。

太史公曰：夏之政忠，忠之敝，小人以野。故殷人承之以敬，敬之敝，小人以鬼。故周人承之以文，文之敝，小人以僿，故救僿，莫若以忠。三王之道若循环，终而复始。周、秦之间，可谓文敝矣，秦政不改，反酷刑法，岂不缪乎？故汉兴，承敝易变，使人不倦，得天统矣。①

这种想法认为历史的演变背后是一种循环的原理，三代各有其德，其演变的趋向是由质实走向文采，再由文采返回质实，终始相循，反复循环，三代以后的各朝代亦应如三代一般，承继着此种律动，质文递嬗。人世间政策的施行亦当与此循环相配合，用以承敝易变，如若不能接上这个律动，则自外于天理循环之外。太史公举秦朝为例，秦朝在周文之后，文敝已盛，本当由文返质，以承敝易变，但却反其道而行，导致其失去政权，所以汉人施政首要在返于夏之质，以质实来救文敝。这种质文循环的说法，落在后妃之数上，则如前面所说，产生改周之文，从夏之质，以一娶十二女为正法的说法。

　　尽管天子的后妃之数最常见的有以上三种说法，不过在汉代以天子一娶九女的说法最为常见，这除了前面已经提到的《白虎通·嫁娶》中所说外，还可以在汉代士人奏议中看出。《白虎通》是东汉官方主持论礼所记的重要作品，很能显示当时对此说的态度。一娶九女之说所以盛行，一方面与"九"这个数字被频繁使用，以作为"道之纲纪"的想法有关，另一方面，天子一娶九

---

① 《史记》卷八《高祖本纪》。此说盖本诸董生对策，详参《汉书》卷五十六《董仲舒传》。另外《汉书》卷二十一下《律历志》也提到三代各据一统，三统迭相为首，并且还将三统与五行、三辰相结合，与太史公之说有些差距，可见在三统论的架构下，配置可能不止一套。

女的说法,应该也受到诸侯一娶九女之说盛行的影响,而跟着流传。再者,汉代的士人一直劝谏帝王要少置妃妾,百二十一人显然被认为人数过多,在由质返文的呼吁下,十二人和九人均被提及①,而九人尤其常见。

---

① 如《后汉书》卷五十七《刘瑜传》章怀注提到"《公羊传》曰:'诸侯一聘三女,天子一娶九女',夏、殷制也",就是将九人视为夏、殷之制。

人群、生计与社会 *
——中古时代的滨海地域
鲁西奇

> 海滨为不同文化最先接触的地域……
> "滨海地域"之概念,实颇可解释
> 汉隋间政治变局、社会变动与文化
> 演进之若干重大关节……

一、问题之提出

在《中国历史发展的五条区域性道路》一文中,我曾经讨论中国历史发展道路的区域多样性,认为在中国历史上,并非所有区域的历史进程都是一致的,不同区域所走过的历史道路可能会有根本性的不同,从而形成不同的历史发展模式;并初步概括出中原道路、南方道路、草原道路、高原道路与沙漠—绿洲道路等五条基本的区域性历史发展道路;进而指出,中国历史发展道路的区域性差异,根源于各地区生存环境的差别、生存于其间的各种人群的不同,以及不同的人群对其所处环境及其变化的"适

---

* 本文由作者据其 2015 年 8 月 25 日所做同名报告修订。——编者注

应"与"应对"采取了不同的策略与方式。①

在撰写该文时,我已逐步进入东南沿海地区历史地理的研究,并开始思考:在中国历史上,滨海地域的地理面貌及其变化如何?其历史发展道路具有怎样的特点?换言之,是否可以概括出一种"中国历史发展的滨海道路"?

"滨海地域"这一概念,是陈寅恪率先提出的。在《天师道与滨海地域之关系》一文中,陈先生揭示滨海地域在汉末至北魏之世政治变局与文化演进中的意义,以为此三百余年间,"凡天师道与政治社会有关者,如汉末黄巾米贼之起原,西晋赵王伦之废立,东晋孙恩之作乱,北魏太武帝之崇道,刘宋二凶之弑逆,以及东西晋、南北朝人士所以奉道之故等",皆可"用滨海地域一贯之观念"解释之;而海滨为不同文化最先接触的地域,故天师道"信仰之流传多起于滨海地域",或当缘于滨海地域之易于接受"外来之影响"。②陈先生所言,关乎者甚大,其所揭"滨海地域"之概念,实颇可解释汉隋间政治变局、社会变动与文化演进之若干重大关节,更可进而拓展为解析中国历史上环中国海区域、内地以及"内亚"三大政治经济与文化区域之形成及其变动的分析工具。然未知何故,数十年来学界于陈先生昔年所揭示之若干重要概念如"关陇集团""山东豪族""河北胡化"等,皆颇多阐发、继承或讨论,唯于此"滨海地域"之概念与理路,却甚少见有具深度之阐发与讨论。

陈先生所揭示的滨海地域,乃是相对于非沿海州郡而言的

---

① 参见拙文:《中国历史发展的五条区域性道路》,《学术月刊》,2011年第2期。

② 参见陈寅恪:《天师道与滨海地域之关系》,初刊《中央研究院历史语言研究所集刊》第三本第四分册(1933年),后收入《金明馆丛稿初编》,上海:上海古籍出版社,1980年,第1—40页,引文见第1、39—40页。

总括性概念,只能视作一种文化区域或较抽象的研究框架,很难将之作为独立的政治或经济地理区域加以界定,更难以落实到具体的历史地理空间上。因此,欲将"滨海地域"作为一种研究对象,就必须对"滨海地域"之概念,做出相对明晰之界定。结合自己的历史地理背景,我把"滨海地域"初步界定为:指濒临海洋、居住人群之生计与海洋环境有着密切关系或受海洋环境影响甚巨的地区,包括大陆的沿海地区、沿海诸岛屿及相关水域。滨海地域的范围,固然与其和海洋间的空间关系直接相关,但更重要的乃是生活、活动于其间的人群在生计方式、居住方式与生活方式诸方面依赖于海洋:他们以捕捞、采集、养殖、制盐或海上航行、运输、贸易作为主要的生计手段,靠海为生。质言之,"滨海地域"应当是靠海为生的人群生活、活动的区域。

对"滨海地域"做了初步界定之后,我进一步明晰了自己研究的出发点,是区域历史地理与地域史视野下的"区域"或"地域",是把滨海地域作为连接陆地与海洋的特殊"区域"而展开考察的;研究者的立足点,是在"滨海地域",是站在滨海地域的立场上,既看背后的陆地及王朝国家,也看面前的海洋及海外的世界。这一种研究视角,既不同布罗代尔(Fernand Braudel)、乔杜里(K. N. Chaudhuri)、滨下武志的"海洋"视角(即从海上看陆地边缘),也不同于航海史、海外交通史与海外贸易史的"陆地"视角(即从陆上走向海洋及海外),更不同于海疆史研究的"国家"视角(即站在王朝国家的立场上看海疆地区)。我的总体思路是:把"滨海地域"作为一种在中国历史发展进程中具有独特意义与特殊地位的"区域",考察中国历史上受到海洋因素影响的地区,具有怎样的环境,居住于此种地区的人群具有怎样的生计形态,形成何种社会与文化,以及国家如何控制此种地区,亦即这种滨海地域在经济、社会、政治、文化领域表现出怎样的特点，观察此种地域与国家政治变局、社会变动及文化演进之关系，进而对起源于海滨地域之文化要素在中国历史文化形成与发展过程中之地位与意义做出思考。显然，这项研究的出发点，融会了区域历史地理的"区域"立场、社会经济史的"地域"立场与政治文化史的"中国"立场，力图通过对滨海地域历史进程及其政治、经济、社会文化之多元性与多样性的考察，从一个方面揭示中国政治、经济、社会与文化的多元性与多样性。

在开展了五年左右的初步研究之后，我逐步将上述想法具体化，提出了五个问题，作为展开研究工作的大致方向：（1）谁住在海边？具体地说，在不同的历史时期，有哪些人、怎样的人居住、活动在滨海地域并主要依靠海洋为生？（2）他们怎样生活？或者说，他们依靠怎样的海洋资源、采用怎样的方式维系生存并尽可能发展？（3）他们有怎样的社会生活？具体地说，他们互相之间怎样交往并组成自己的经济、社会关系网络？又是在哪里、如何与从事农耕的人群及其他人群交往的？他们的交往方式、经济社会关系网络与农耕人群相比较，有怎样的特点？（4）他们与国家（王朝国家与近现代民族国家）之间的关系若何？具体言之，他们入籍吗？如果入，怎样入籍，入哪种类型的籍？其赋役负担如何？他们怎样看待自己的身份以及与国家的关系？国家又是如何看待他们的？（5）他们的思想与文化如何？具体地说，他们信仰、祭拜什么神，有怎样的传说或神话？从中可以看出哪些是他们独特的世界观念或者文化？

显然，这是一项需要宏大视野与深入细致研究相结合的研究设想。本文即试图在近五年来初步研究与思考的基础上，以汉唐时期为中心，围绕谁住在海边、他们怎样生活、他们在哪里来往和交易、他们信仰怎样的海神等四个问题,简述初步形成的几点认识。

二、谁住在海边?

在古代,哪些人、因为怎样的原因居住、活动在海边,并依赖海洋为生呢?从《山海经》之《海外南经》《大荒南经》所记的长臂国、张弘之国,《吕氏春秋》《史记》所记的"海上人""东海上人",到鉴真在舟山群岛一带见到的以及圆仁在海陵、扬州间见到的"白水郎",《太平寰宇记》所记泉州的"夷户",广州新会县的"蜑户""卢亭户",琼州城外的"蕃、蜑二坊"户,都表明自先秦以来,从渤海湾到北部湾滨海地域,一直有各种各样的、靠海为生的人群居住并活动着。可是,由于历史文献中关于这些人的记载多出于主要在"内陆"(相对于滨海而言)生活的文人、官员及偶然经过的鉴真、圆仁等,一些传说、故事更是扑朔迷离,需要经过细致辨析,才能窥知若干真相的片断。《中古时代滨海地域的"水上人群"》就是试图从文献解析入手,对相关记载做一些辨析。①在这篇文章的基础上,我才可以大致地梳理清楚中古时代居住、活动于滨海地域,并主要依靠海洋为生的几种人群。

(1) **渔民**。文献中,见有采用不同方式在滨海水域捕鱼拾蛤为生的渔民。一是主要利用海鸟捕鱼的渔民。这部分人群流动性较大,他们追逐鱼群和气候,随季节流动,也可能深入到较远的海域。二是在海边插网捕鱼的渔民。南朝齐顾野王撰《舆地

---

① 参见拙文:《中古时代滨海地域的"水上人群"》,《历史研究》,2015 年第 3 期。

志》记载说:"扈业者,滨海渔捕之名。插竹列于海中,以绳编之,向岸张两翼。潮上即没,潮落即出。鱼随潮,碍竹不得去,名之云扈。"①这些渔民采用在潮间带列网的方式捕鱼,应当是在松江入海口附近活动。三是主要在近海海滩上捕捞采集的渔民。《太平寰宇记》卷一百二记泉州同安县"煮海里","一边在海中,有岛屿四所,计百余家居焉,无田畴,人以钓鱼拾螺为业"。钓鱼拾螺,也主要在近岸的潮间带和浅海地带开展。这些渔民已被编入户籍系统,居住应当比较稳定。

(2)"艇户"。敦煌所出《水部式》规定:"沧、瀛、贝、莫、登、莱、海、泗、魏、德等十州,共差水手五千四百人,三千四百人海运,二千人平河。宜二年与替,不烦更给勋赐,仍折免将役年及正役年课役。兼准屯丁例,每夫一年各帖一丁,其丁取免杂徭。"沿海十州所差水手,特别是其中的海运水手,当出自滨海人群。《水部式》另一条规定说:安东都督府都里镇防人所需食粮,由莱州"召取当州经渡海得勋人、谙知风水者,置海师贰人,拖师肆人,隶蓬莱镇,令候风调海晏,并运镇粮"。②海师、拖(舵)师均谙熟海上的风向与海潮起落与海流,显然来自海上人家。

被征发为海运水手以及海师、拖师的滨海人家,应当入了籍,被纳入王朝国家的户籍系统中。从事海运就是他们应服的役。白水郎可能就是这样的人。由于海运需要专门的技术,所以海运水手可能属于一种特殊的役职。他们的家庭可能也被编

---

① 《初学记》卷八《州郡部》江南道"扈渎、盐田"条,北京:中华书局,1962年,第187页。

② 参见刘俊文:《敦煌吐鲁番唐代法制文书考释》,北京:中华书局,1989年,第330—332页。

入特殊的户籍中。这些被纳入海运役职的人户，很可能仍住在滨海地域，也仍然捕鱼拾蛤，但不再频繁流动，偶有流动，也是在有限的沿海范围内。有的艇户或白水郎，可能上了岸，在岸上建有固定的房屋。

（3）**盐民，即从事制盐的人户**。海盐生产，不仅需要对滨海地带的占有或控制，还需要较大的投入与协作，绝不是一家一户就可以"煮海制盐"的。盐民必然依赖控制滨海地域、可以投入物资与资金并负责运输、销售的官府或土豪巨商，在其控制下，才能从事制盐。据此，我把从事海盐生产的盐民分为两种类型：

一是官府直接控制的盐户。汉代盐官控制下的海盐生产，据《史记·平准书》《汉书·食货志》所录盐铁丞孔仅、东郭咸阳的说法，是"煮盐，官与牢盆"。也就是说，由官府提供生活必需品与生产工具给煮盐者（盐民）。曹魏、西晋、北朝政权亦多推行官营制度，盐官且多加戎号，以军事方式管理盐业，盐民更处于官府的直接控制之下。唐代南方沿海地区的盐业生产，在实行榷盐法后，逐步形成以盐城、海陵、嘉兴、临平、兰亭、富都、新亭、永嘉、侯官等九监为主体的盐产管理体系（岭南盐产则不在九监之内），盐户则被纳入由九监控制的亭户系统，归属设在的监、场管理、控制。在官府直接控制下的盐户，在户籍系统中单列门类，中唐以后统称为"亭户"。在唐代榷盐法下，官府规定了亭户每年必须完成的生产定额，向亭户支付盐价，作为亭户完成盐产定额的报酬；而亭户生活所资，主要就是官府所给予的盐价。

二是在土豪富商控制下的盐民。在汉武帝时实行盐铁专卖制度之前，"豪强大家，得管山海之利，采铁石鼓铸，煮海为盐。

一家聚众,或至千余人,大抵尽收放流人民也。远去乡里,弃坟墓,依倚大家,聚深山穷泽之中,成奸伪之业,遂朋党之权,其轻为非亦大矣!"①豪强大家,盖得控制滨海产盐之地,聚集"放流人民",供给其衣食工具,让他们煮海制盐,然后收集盐产,运销各地。那些由豪强大家控制的"放流人民","远去乡里,弃坟墓",显然逸出于王朝国家编户齐民体系之外,必须"依倚大家"方得生存。六朝乃至唐前期南方沿海的海盐生产,大抵一直控制在此种"豪强大家"之手。即使在中唐实行榷盐法之后,岭南沿海及浙闽沿海部分地区的海盐生产也仍然处于土豪富商的控制之下。

(4)海盗。在中古时代,从辽东湾到北部湾,中国沿海可能一直有各种各样的海盗在活动着。他们航行在海上,抢掠、走私,也参与合法贸易。我主要根据其活动"基地"的不同,将中古时代中国海域活动的海盗区分为三种类型②:

一是"岸基海盗",即以岸上陆地为基地的海盗。他们基本居住在沿海陆地上,专事抢劫在海上航行的船只。天宝七载(748年)冬十一月,东渡日本在海上遇风的鉴真一行在漂流十七日后,"到振州江口泊舟";在振州略事休整后,"别驾冯崇债自备甲兵八百余人,经四十余日,至万安州"。《东征传》云:

> 万安州大首领冯若芳请住其家,三日供养。若芳每年常劫取波斯舶二三艘,取物为己货,掠人为奴婢。其奴婢居处,南北三日行,东西五日行,村村相次,总是若芳奴婢之住

---

① 王利器:《盐铁论校注》卷一《复古》,北京:中华书局,1992年,第78—79页。
② 参见拙文:《中古时代环中国海域的"海盗"》,未刊稿。

处也。若芳会客,常用乳头香为灯烛,一烧一百余斤。其宅后,苏芳木露积如山,其余财物,亦称此焉。①

显然,冯若芳就是居于海南岛东部岸上、专事抢掠经过万安州以东海域的广州—南海航线上航行船只的大海盗。《东征传》说他是万安州大首领,很可能拥有正式官方头衔;振州别驾冯崇债能够"自备甲兵八百人",必是当地豪强,很可能也从事海上抢掠活动。

二是"岛基海盗",即以岛屿作为活动基地的海盗。他们一般居住在岛屿或滨海洲滩上,以岛屿或洲滩为基地,乘船去抢掠海岸陆地上的村庄、市镇甚至城池,事成后携带抢掠财物,甚至挟裹部分人口,回到岛、洲上。东汉永初三年(109年),"海贼张伯路等三千余人",寇掠乐安、北海、东莱、渤海等九郡国,为官军所败后,"遁走辽东,止海岛上。五年春,乏食,复抄东莱间,雄率郡兵击破之。贼逃还辽东,辽东人李久等共斩平之"。②显然,张伯路等海贼的根据地就在山东半岛与辽东半岛的渤海海峡诸岛屿上,所以进可以扰掠东莱、北海、渤海诸郡国,退则可以遁归海岛。在官方文献中,这些海盗往往被称为"海贼""海寇",他们一般逸出于王朝国家的控制体系,甚至武装对抗官府。但他们在海岛、洲滩上也往往从事捕鱼、采集与耕种,是沿海岛屿与洲滩最重要的开发者。

三是"海基海盗",即以特定海域为活动区域,甚至控制此一海域的航行与贸易,主要从事海上走私活动的海盗。他们的势

---

① [日]真人元开著、汪向荣校注:《唐大和上东征传》,北京:中华书局,2000年,第68页。
② 《后汉书》卷三十八《法雄传》,北京:中华书局,1965年,第1277页。

力一般比较大,形成有组织的走私贸易网络,甚至参与沿岸地区的政治活动,成为某种政治组织。根据长庆元年(821年)平卢军节度使薛苹的奏称,我们可以了解到,在9世纪前叶,黄海北部及渤海海域与沿岸已经存在着一个庞大的掠卖新罗户口到唐沿海诸道的贩卖人口的网络,经营并控制此一网络的,就是各色"海盗"。①《新唐书》载:

> 有张保皋、郑年者,皆善斗战,工用枪。年复能没海,履其地五十里不噎……自其国皆来为武宁军小将。后保皋归新罗,谒其王曰:"遍中国以新罗人为奴婢,愿得镇清海,使贼不得掠人西去。"清海,海路之要也。王与保皋万人守之。自太和后,海上无鬻新罗人者。②

张保皋(朝鲜金富轼《三国史记》作"弓福")、郑年之徒,盖本即出于海盗,出没于新罗、大唐间。张保皋集团据有新罗清海镇(今莞岛)后,垄断或控制新罗、唐大间的海上贸易,进而发展成为影响新罗政局的一个政治集团,其所依赖的,乃是对此一广大海域及其沿岸走私贸易的控制。③

当然,上述四种人群的分类仅仅是一种叙述框架。对于生活于滨海地域的人群而言,区分绝不会如此清楚。居住于海边僻远海岛的渔民很可能拓殖岛上的荒地,也可能在海边置灶煮

---

① 参见《唐会要》卷八十六《奴婢》,北京:中华书局,1955年,第1571页。
② 《新唐书》卷二百二十《东夷传》之"新罗",北京:中华书局,1975年,第6206页。
③ Ha Il Sik, "Dynastic Crisis and the Ruling Strata in the Eighth and Ninth Centuries: Political Administration and Bureaucracy", in *State and Society in Middle and Late Silla*, edited by Richard D. McBride Ⅱ, Cambridge, MA.: Korea Institute, Harvard University, 2010, pp.161-164.

盐，同时将自制的盐航海运往内地销售（"私盐"）；偶尔，他也可能会在某个夜晚结伙到海上或岸上去"做一票生意"，或者去给人运一船货物。这样，他就兼具渔民、农夫、灶户、水手甚至是"海盗"的多重身份。

三、他们怎样生活？

在传统时代，可供开发利用的海洋资源主要有三个方面：一是以鱼为主的各种海产品，获取的手段主要是捕捞和养殖。二是海盐，获取的方式主要是煮海水为盐，后来发展为晒盐。三是航行，海岸港湾提供了便利的停泊点（港口），广阔的海洋提供了海上交通与运输的便利（近海航路），从而给滨海人群提供了一种重要的生计手段，即做水手，从事航海运输。海鱼（包括贝类）、海盐与海路乃是滨海人群可赖以为生的最主要的三项海洋资源。

直到最近，有关中国海洋渔业史的研究，仍然是主要根据一个世纪以来对海洋渔业资源的现代调查，去追踪历史时期海洋渔业的分布、渔业活动。这一分析方法的前提，是假设古代的人们对海洋渔业资源有较为全面的了解与把握，自然而然地会集中在渔业资源丰富的海域从事渔业生产。可是，我们根据文献史料的记载与个案分析，发现中古时代的渔业活动及其分布地区主要集中在渤海湾、莱州湾、海州湾、长江口两侧、杭州湾以及浙南福建沿海各海湾、岛屿间，珠江口两侧、北部湾等近海水域，特别是黄河、潔水、浮水、无棣河、淮水、长江、浙江水（钱塘江）、椒江、瓯江、闽江、九龙江、珠江、符江等河流入海口及近海岛屿附近水域。滨海渔业产品，除各种海鱼之外，还见有海蛎、蛤、蚶、螺、珠及紫菜、菰米之属。据此推测,中古时代的海洋渔业当属于沿海渔业,渔业活动大抵限于距离海岸(包括离岛海岸)一日间航程以内的海域;捕鱼捡蛤应当是滨海渔民的主要生计活动,除了在潮间带插网捕鱼、利用驯化的海鸟到稍远的海域捕鱼之外,在沿岸浅滩及岛屿采集贝类与海藻亦占据相当重要的地位。

显然,中古时代渔业生产的分布及其与现代海洋资源调查所得的认识,并不一致,或者说,中古时代渔业活动集中的地区,并不一定就是海洋渔业资源丰富的地区;而近海捕捞更是中古渔业主要的生产活动;渔业活动的周期性也未必与鱼汛形成对应关系。这虽然是受到渔业资源、航海技术与捕捞方式的影响,但更重要的原因可能是:一方面,渔民需要在渔船上装载淡水和谷物,他们的船太小,也不够坚固,所以他们很难在远离海岸的海上过夜;另一方面,渔民需要将他们的渔产品卖给岸上从事农耕的人家或者市场,而农耕人家及市场都集中在河流入海口附近。

同样,中古盐业生产的分布与盐业资源的分布之间,也并不完全对应。汉唐时期海盐生产的分布,向来受到关注。总的说来,中古时代滨海地域的盐业生产主要集中在黄河、海河、济水入海口的渤海西岸、西南岸地带(汉代渤海郡、千乘郡、渔阳郡、北海郡、东莱郡,北魏沧、瀛、幽、青,唐代沧、棣、青等州),苏北沿海地区(汉代盐渎县,唐代海州、盐城监、海陵监),江南滨海部分地区(汉代会稽郡海盐县,孙吴海盐、海昌、南沙司盐都尉,唐代嘉兴监、临平监),浙东舟山群岛(唐代富都监)及浙闽沿海部分地区(新亭监、永嘉监、侯官监等),以及珠江口两侧(唐代东莞县、新会县)等。

在理论上,海盐生产主要受到海水的含盐度及海岸地带的物质环境两方面因素的制约或影响。显然,近海水域海水含盐度越高,越便于海盐生产,特别是在广泛采用"煮海为盐"生产技术的中古时代,更应当是如此。同时,在"煮海为盐"的制盐技术下,宽广的潮间带(便于提取卤水)和芦苇滩(可以提供燃料)是海盐生产的两个必备条件。中古时代,今苏北沿海近海水域的海水含盐度,很可能是最高的(在黄河夺淮入海之前);它又有宽广的潮间带的芦苇滩,是最合适的海盐生产区。自古以来,这里也是最重要的盐产区(汉代盐渎县,唐代海州、盐城监、海陵监)。但是,渤海西南部近海水域,以及长江、钱塘江之间的东海近海水域,受到黄河、海河、长江等河流注入的较大影响,海水含盐度并不高,在理论上并不是很好的盐产地(虽然它们满足地势低平、芦苇滩宽广的条件)。但事实上,这两个地区(特别是渤海西南部沿岸)在汉唐时期却集中了许多盐场,分布着众多的盐灶,并且生产了大部分的海盐。

何以会如此?重要的原因也许正是因为上述地区密布着众多的河流与湖泊。较大的可以航行的河流是用于运输的,将盐区产的盐外运,并将盐区需要的谷物、工具等运进来。我们更注意那些小的河流,以及湖泊,它们显然不能运输大宗盐、物,但对于盐民来说,却也是必不可少的:他们乘着很小的船,去收割芦苇作为燃料,汲取淡水,采集菰米、莲子、莲藕,以弥补谷物的不足。

由此,我触及滨海渔民与盐民生计的一个重要特征,即不能自足。受到文献记载的限制,我们无法估算海产品在中古沿海渔民食物构成中所占的比例,但它应当不会很高。换言之,滨海渔民绝不是总是吃海鱼或贝类,而盐民更不会以吃盐为生。他们需要从外界获取粮食、衣物或其原料,甚至淡水。更为重要的是,他们的生产资料也需要从外界输入:滨海渔民需要获得木料以打造渔船,得到麻等织物以编织渔网;盐民生产所需的铁锅等工具,大都是先向官府或控制海盐资源的巨商借贷的,然后用生产出来的盐来偿还。

因此,考虑到滨海渔民、盐民在食物结构上的结构性短缺,特别是其生活必需的淡水、谷物以及生产必需的造船用的木料、纺织渔网的织物以及铁锅等,必须从其生计系统的外面获取,我们把中古滨海渔民与盐民的生计界定为一种不能自足的生计形态,而由此形成的区域经济形态则是一种结构性短缺的经济。①

弄清楚渔民与盐民生计的不自足性及其经济的结构性短缺之后,从事海上运输的"艇户"的生计就一目了然了:海上运输本身更不能生产任何食物,其赖以为生的船只也需要从外界获取原材料才能打造。所以,艇户的生计更不能自足;而海上运输在中古时代甚至不能构成一种经济类型。

那么,渔民、盐民以及艇户又是如何解决这种生计的不自给性或者经济形态的结构性短缺的呢?第一,是适应,即尽可能将从事渔业、盐业生产的地点,选在靠近淡水资源、又便于采集野生谷物的地方。第二,是交易,即通过不同途径,用自己的产出(海鲜与海盐)与劳动力(对从事运输业的水手来说)换取必需的粮食、衣物或其原料、木材、铁锅等生活、生产必需品。第三,是垦殖,即采取不同手段,自己开垦土地,从事农耕。滨海洲滩与岛屿的早期垦殖,很可能相当大部分,即出于滨海渔民、盐民等人群之手。第四,是抢掠和走私,即通过抢掠和走私手段,以获

---

① 参见拙文:《中古时代滨海地域的"鱼盐之利"与滨海人群的生计》,《华东师范大学学报》,2016年第4期。

取粮食、财物作为一种生计手段或补充。在这个意义上,做"海盗"是一种生计方式。

显然,滨海人群生计的不自足性及其经济形态的结构性短缺,促成了滨海地域经济网络的外向性和流动性:自古以来,滨海地域就需要通过与外界的交流与贸易,才能建立起自己的经济体系。因此,滨海地域乃至海洋区域的外向性与流动性,是根基于其内在生态生计系统的。同时,无论从事渔业、盐业生产,还是从事海上运输,甚至是海上走私和抢掠,均需要较强的技术条件和特定的生产工具,也需要不同行业的配合,从而强化了滨海人群间的相互依存。区域内部人群的交流、依存及其和外部环境之间的交流、贸易的必要性,乃是滨海地域经济形态的重要特征。而此种地域经济形态的存在,在一定程度上说明,所谓中古时代的经济形态以自给自足、封闭、独立为根本特征的看法,至少对于滨海地域及其人群而言,可能是不适用的。①

四、他们在哪里交往?

既然滨海地域的人群必须开展内部与外部的交往,那么,他们互相之间怎样交往并形成自己的社会组织或网络,又是如何与主要从事农耕的岸上农民、商贩乃至官府打交道呢?这也是一个非常重要而复杂的问题,今见材料与相关研究还远不足以回答。

---

① Lu Xiqi, "Fish, Salt, Freshwater and Cereals: The Livelihood of Coastal Fishermen and Salt-Producers in Medieval China", paper presented at the "Resourceful Things: An Interdisciplinary Symposium on Resource Exploration and Exploitation in China", Cambridge, MA.: Harvard University, the Fairbank Center for Chinese Studies, April 20-22, 2016.

我的思路,是先看他们在哪里、在怎样的地方进行交往,然后再去看他们怎样交往。显然,无论是滨海渔民、盐民,还是从事海上运输的艇户,甚至海盗,都需要港口。港口无疑是他们内部及与外部间交往的重要处所。

迄今为止,关于中国历史上沿海港口的研究,主要集中在较大的贸易港口,特别是国际贸易港口方面。这些贸易港口大都靠近治所城市,或者本身即是治所城市的组成部分,如登州港、扬州港、明州港、泉州港、广州港等。在这些港口进行贸易和交往的人,主要是社会经济地位居于中上层的群体,包括官员、商人、文人和其他较为富裕的人群;在那里交易的货物则主要是丝绸、香料、金银器和其他手工制品,以及米粮、食盐、衣物等城市居民消费品。事实上,渔民、盐民与艇户等真正靠海为生的人群,虽然也有一部分经常在这种港口活动甚至居住在周围地区,但其中的大部分人却主要是在远离治所城市的较小的港口活动。

在《隋唐五代沿海港口与近海航路》一文中,我曾经综合使用相关文献记载,细致考定隋唐五代时期文献所见沿海港口的具体位置。我注意到:除了上述治所城市附属的港口外,相当多的沿海港口,都与其所在州县的治所城市之间存在相当大的距离。如浮游岛、三山浦分别在莱州城(掖县)西北四十里、北五十里,实际上都是靠近海岸的岛屿,其港口即在岛屿与海岸之间形成的海湾中。文登县的成山浦、赤山浦分别距离县治一百八十里、六十里,距离登州治所更远;浃口(望海镇)距离明州城七十里;海门山距离台州城一百二十六里;作为广州外港的扶胥口在广州城东八十余里;作为廉州通海港口的海门镇也在廉州城南七十余里处,等等。

这些港口,才是滨海人群真正使用的港口。有的港口是因为其地有鱼盐之利而兴起并为渔民、盐民服务的。如莱州牟平县境内滨海处早在汉代就置有盐官,到金代在宁海场的基础上设置福山县,之罘山、八角口就在其附近。距海陵县甚远的掘庭港附近有盐官,又有白水郎居住,使用它的显然主要是渔民、盐民和艇户。晋、南朝时南沙县乃吴时沙中司盐都尉所升置,唐代福山浦港即在其地。沪渎更因滨海捕鱼而得名,附近并有盐田。海盐、澉浦、盐官三港之兴起也与盐业发展有关;浃口(望海镇)更以"地滨海口,有鱼盐之利"著称。

另一些港口的兴起,则与造船业有关。晋、南朝至隋唐时横阳县,乃吴时横屿船屯所升置;福州海口镇的前身,是吴时建安典船校尉府,"主谪徙之人作船于此";甘棠港(黄崎镇)的前身,也是吴时温麻船屯。这些港口,虽然是作为官府的造船基地而被记录下来,但在官府将之作为造船基地之前,其地当已有造船业的发展,港口的形成最初应当是以民间造船业为基础的。

还有一些港口,是作为海上航行的标志或中转停泊地而逐步形成的。如崞山、大朱山、锯门山、海门山、屯门以及九州岛、石象山等。锯门山扼三门湾出口,来往船舶须于其下候潮涨波平之时,方可得渡,因而形成港口;屯门盖因航海船舶需要在此候风转帆而形成的。这些港口的主要功能,是在航路上发挥指示方向、修理船只、补充航行物资等作用。

这些海滨港口与州县治所之间相距既远,关系也较为疏远,表现出程度不同的独立性。有的滨海港口,因为在对外交通与贸易上的重要性,官府特别置官管理,从而将之较严密地纳入到王朝国家的控制体系中。如以平卢军节度同十将兼登州诸军事押衙充任的勾当新罗使,就住在赤山浦岸上的赤山村,直接代表平卢节度使和登州刺史,处理相关事务;唐后期在浃口置立望海镇,直属浙东观察使管辖,不属明州刺史;在广州外港扶胥口设立南海庙,朝廷与地方官府多次派人致祭。但更多的港口,事实上与其所在州县的治所城市之间关系较为疏远,从而表现出对王朝国家控制体系的巨大疏离。如乳山浦距离牟平县一百六十里,在其附近岸上形成一个新罗侨村。当圆仁表示希望在其地留住时,村勾当大包大揽地回答说:"如要住者,我专勾当,和尚更不用归本国。"①表现出对官府制度规定的极大蔑视。大朱山驳马浦距离密州(治诸城县)一百八十余里,载炭前往楚州贩卖的新罗人往往停泊其处,显然是由于其地没有官府巡察。由苏州城出海的两条要道娄江、松江的入海口,娄江浦与沪渎,在唐代都没有设县置镇;鉴真一行尝泊舟娄江浦(狼沟浦),也未见有官府巡察,说明官府对此种港口的控制相当疏松。浙闽岭南沿海的很多港湾更是崎岖复杂,水道也更为繁复难明,滨海港口往往距所在州县治所更远,交通更为不便,故官府对港口及海道的控制更为疏松。在广州至安南海道上占有重要地位的冈州崖门、雷州碙洲、围洲等处,距离州县治所既较远,亦无任何军事建置。

因此,这些港口的功能,主要是作为居住在滨海地带、主要从事鱼盐生产的人群,以及在海上漂泊流动的水上人家活动、联系、交往的据点而发挥作用。由于这些滨海或海上人群并未或未彻底纳入王朝国家的编户系统,所以,这些港口在其作为滨海与海上人群生产与交往活动中心的初起阶段,事实上并未完全纳入王朝国家的控制体系。随着王朝国家控制力不断向滨海地域的扩张与渗透,王朝国家通过设立船屯、盐官等方式,不断强化对此类港口的控制;另一方面,滨海与海上人群的生产生活需

---

① [日]小野胜年:《入唐求法巡礼行记の研究》卷二,京都:法藏馆,1988年,第17—18页。

求,也促使他们不断"上岸",与王朝国家控制的编户齐民进行贸易(主要是以鱼、盐交换粮米、布帛等生活必需品及铁器、木料等生产必需品),从而逐步进入王朝国家的政治经济与文化体系之中,但仍然保持着程度不同的疏离。①

由此,我初步认识到:滨海人群交往的地方,很可能主要是那些远离官府政治经济控制中心的偏僻之地,在那里,官府的控制相对薄弱,他们的自主性也就相对较强。为了区别治所城市的港口("治城港口"),我把这些港口称作"自立港口"。"治城港口"通过内河水路、陆路,将其所吸纳的诸种物资与人力资源输送到王朝国家的政治经济与文化中心,并强化了对其所联系的滨海地域的政治经济与文化控制;而"自立港口"则主要通过近海航路,将滨海地域联系起来,形成相对松散、空间范围不稳定,但联系不断的经济网络,进而将滨海与海上人群联系起来,组成相对独特的"滨海地域社会"。这是中古时代乃至整个传统时代中国滨海地域历史进程的两个方向,虽然王朝国家为主导的前一种方向不断强化对滨海地域及"自立港口"的控制,但以滨海与海上人群为主导的后一种方向,在很长的历史时期内都顽强地保持着自身的发展势头,并在中国传统社会后期(明清时期)成为中国经济与文化向海外发展的重要路径和历史根源。

五、他们信仰怎样的"海神"?

中古时代,靠海为生的滨海人群几乎没有留下任何自己书

---

① 参见拙文:《隋唐五代沿海港口与近海航路》,武汉大学三至九世纪研究所编:《魏晋南北朝隋唐史资料》第29、30辑,上海:上海古籍出版社,2014年,第80—136页。

写的材料,所以,要探索其思想与信仰世界,大抵只有两条线索:一是被辗转记录下来,通过分析基本可以确定来源于滨海人群的传说、故事;二是可能确定是滨海人群所信仰并奉祀的"海神"。

我最初的思考是从寻觅滨海人群的神话与传说开始的。著名的"海螺姑娘"的传说,很可能就来自滨海的水上人群,其中在风雨中飘然而去的海螺姑娘,或者就是后世闽粤沿海"不落夫家"女子的早期形象;海螺姑娘本身,则是滨海人群将海洋生物(鱼、螺等)人格化的结果。中古时代传说与故事中对各种海洋人物的人格化乃至神格化,以及中晚唐以后逐步成形并渐次丰富的对海底世界(以"龙宫"为中心)的想象与描述,很可能最初或主要来自滨海人群。

正是从这里出发,我注意到滨海人群最初信仰的海神,很可能大多来源于海洋生物或滨海生物。《山海经·海外北经》与《庄子·大宗师》中所见的"北海神禺强",与《庄子·逍遥游》所说之"大鲲"皆当出于"鱲",亦即鲸;其形象据说是"鱼身手足",其本体是一条大鱼(鲸),"手足"显然是其人格化的结果。①《史记·秦始皇本纪》记秦始皇三十七年(公元前 210 年)东巡,回归途中,"梦与海神战,如人状"。问占梦,博士曰:"水神不可见,以大鱼蛟龙为候。今上祷祠备谨,而有此恶神,当除去,而善神可致。"②博士将海神分为恶神与善神两类,而以大鱼蛟龙为恶神,以从未有人见过、只在始皇帝梦中现过身的"如人状"的海神为善神,恰恰说明当时的海神形象正是这些大鱼蛟龙。《列异传》载兖州苏士以母病往祷度索君庙,"见一人,着白布单衣,高冠,

---

① 参见袁珂:《山海经校注》,上海:上海古籍出版社,1980 年,第 248—249 页。
② 参见《史记》卷六《秦始皇本纪》,北京:中华书局,1959 年,第 263—264 页。

冠似鱼头"。度索君告诉苏士,此即南海君。①这个南海君戴着鱼头冠,显然是鱼变的。至于《山海经》所见的东海神禺䝞,南海神不廷胡余,西海神弇兹,则都是"人面鸟身",珥两蛇,践两蛇。鸟抓蛇的形象,正与鱼鹰捕鱼的形象相近。所以,东海、南海、西海神的本来面貌,很可能是渔民捕鱼使用的海鸟。以鱼、鸟为本体的海神形象,应当均出自滨海人群。《魏书·地形志上》之"沧州·乐陵郡·乐陵"原注:"大家姑祠,俗云海神,或云麻姑神。"②麻姑神、蒲姑神等海神,其本初面貌应当是麻、蒲等滨海植物的神格化。

滨海人群信仰的第二类海神,是来自海上的人格化女神。《会稽记》载:"东海圣姑从海中乘船,张石帆至。"《舆地记》则说会稽大禹庙内"别有圣姑堂,云禹平水土,天赐玉女也"。③这个圣姑据称是从海上乘船而来,显然是滨海水上人群信奉的神明。文献所见的东海圣母、东海姑、圣姑、圣母等,大抵皆与此类相同。他们大抵是以滨海人群的保护者形象出现并得到奉祀的。

滨海人群信仰的第三类海神是海域的统治者。隋唐时润州丹徒县有一个传说,说"昔高骊国女来此,东海神乘船致酒礼聘之,女不肯。海神拨船覆酒,流入曲河湖,故曲阿酒美也"④。这位东海神应当是位男性。邢子励《赵记》中记载了另一个故事,说是曹魏青龙二年(234年)四月的一天,一位名叫郝女君的女子正"与邻女采樵于潓、徐二水合流之处",忽有数妇人从水出,

---

① 参见《太平御览》卷八百八十二,北京:中华书局,1960年,影印本,第3919页。
② 《魏书》卷一百六上《地形志上》,北京:中华书局,1974年,第2473页。
③ 参见《太平寰宇记》卷九十六,北京:中华书局,2007年,第1925、1930页。
④ 《太平寰宇记》卷八十九,第1759页。

至女君前曰:"东海公聘女君为妇,故遣相迎。"遂敷连茵褥于水中,置女君于茵上,青衣者侍侧,顺流而下,给东海公做妻子去。①这个东海公也是位男神。《列异传》有一则故事,则说东海君淫了葛陂君的夫人,因而受到处罚。②文献中还见有东海明王、海王神、海龙王、东海君等称谓,大都贪色霸道,不似"善神"。连做了东海公之妇的郝女君后来都非常强势。我怀疑此类海神的本来面目,很可能就是一些海盗首领。

以上三类海神,大抵皆为滨海人群所信仰。这些海神,与王朝国家所祭祀之五岳海渎中的海神,其初当非属同一系统。盖王朝国家的海神祭祀,源于华夏中心的五方四海说,以为除中方外,四方之外各有海,四海各有神主之(一般认为,南海神曰祝融,东海神曰勾芒,北海神曰玄冥,或作颛顼,西海神曰蓐收),其地位与性质,则与山川岳渎之神相同,故朝廷致祭之。汉时立于东莱郡临朐县的海水祠、立于临淮郡海陵县的江海会祠,隋时立于越州会稽县、唐时立于登州的东海神祠,隋唐均立于广州南海县的南海神祠,都是国家祭典,其神明之来源、形象均与滨海人群没有直接关系,至少在其初也并未得到滨海人群的信仰。滨海人群所信仰的海神系统与王朝国家祭祀的海神系统间融汇变化,是个非常复杂的过程,其结果则是彼此融汇,互有取舍,其中国家奉祀的南海神与东海神渐次得到滨海人群的信仰。

六、几点初步认识

即使仅仅出于研究资料的考虑,本项研究的重心也应当放

---

① 参见《太平寰宇记》卷六十六,第 1345 页。
② 参见《太平御览》卷八百八十二,第 3919 页。

在宋元明清时期。可是,我尚未能开展宋元时期滨海地域的研究,更遑论明清时期。受到资料的限制,关于中古时代滨海地域历史与文化的探讨,无论怎样充分地使用可见数据,所得的认识都可能仅仅是一些零碎的片断,我们据此所看到并描述的中古时代的滨海人群及其生活,都不过是一些在历史的时空中闪烁变幻的影子。尽管如此,我们依然可以捕捉到某些影像,并把它们用粗线条勾勒出来。

第一,自古以来(我们无法知道"古"到何时),在北起辽东湾、南迄北部湾的滨海地域,就一直活动着主要靠海为生的各种人群,其主体部分未必来自内陆,而更可能是滨海地域的"原住民"。汉唐时期,因为各种原因,在陆地上以农耕为生的人群以不同方式来到滨海地域或"海上",成为渔民、盐民和艇户,乃至海盗("入海"),但也有相当部分滨海人群沿着海岸移动("浮海"),并最终成为农耕人群("上岸")。在任何时期,和中国沿海的任何地区,都可能既有"入海"的人群,也有"上岸"的人群,同时存在着漂浮于海上的人群。他们中间的很大一部分没有"入籍",逸出于王朝国家的控制体系之外,是"没有身份的"人,所以,他们不会被记载下来,我们也无法估算他们的数量。

第二,滨海人群的生计是不能自给自足的,借此而形成的经济形态存在着结构性的短缺。这与中古时代农耕人群的生计基本可以自给自足、由此形成的"自然经济形态"形成鲜明对照。滨海人群生计的不自足性和地域经济形态的结构性短缺,造就了滨海地域的外向性(或开放性)以及流动性——它促使人们采用各种方式,向外界获取生存资源,拓展生存空间与社会发展空间,从而与农耕人群相对的"封闭性"和"安土重迁"区别开来。开放而活动的滨海地域及其人群,在中国历史上具有怎样的意义,还无法做出评估。

第三,滨海人群互相之间交往以及与农耕人群、市场以及国家交汇的地方,一般是远离治所城市的、较为偏僻的沿海港口。以这些港口为中心,形成滨海人群开展经济活动、社会交往乃至文化活动(如海神信仰和祭祀)的网络。这一网络体系在功能上主要是面向在滨海地域居住生活的人群的,是为适应滨海地域人群的生计、往来而兴起并发展的,是滨海人群的社会经济网络。所以,相对于以陆地农耕人群为主体、以王朝国家的控制体系为中心的社会经济与文化体系而言,它在政治控制、行政管理、经济往来乃至文化表达方面,都显示出程度不同的疏离倾向。这种疏离的极端表现是以不同形式"乘桴浮于海"的各种人群以及海盗和海盗集团。

第四,滨海人群的海神信仰以及相关传说、神话,折射出滨海人群与海洋的关系,反映出存在一种滨海地域文化的可能性。将海洋与滨海生物(鱼、鸟等动物以及麻、蒲等植物)视为神明而予以信仰,是海洋人群信仰的通例[1];女神面貌的海洋神,在世界各地的水神信仰中,也比较普遍;而海域由神明统治的观念,则很可能是陆地统治权力在海洋区域的反映。在这个意义上,中古时代滨海人群的海神信仰,早已显示出不同源头的信仰互相融汇的趋势。尽管如此,滨海人群的海神信仰,仍然相对独立于王朝国家的海神祭祀,从而表现为两个系统并存的局面:前者是立足于滨海看海,并在生活中感受到海的力量和神秘;后者是立足于中原看四方的海,是王朝国家政治空间想象与建构的组成部分。

---

[1] Paul D'arcy, *The People of the Sea*, Honolulu: University of Hawai'i Press, 2006, pp.40-49.

中古内陆欧亚的物种、图像与传说

尚永琪

> 试图"回到历史的现场",
> 动物及其图像传播问题
> 就是一个合适的通道。

中古内陆欧亚的物种、图像与传说,是一个过大的题目。之所以选择这个题目,就因为这是一个思路,期望能共同努力,以后会有更多的人从这个角度去做一些更系统、更精准的研究出来。

讲到物种,至少是有动物、植物,我的主线是围绕丝绸之路展开,围绕丝绸之路动物和植物的传播,大家可以看薛爱华的《唐代的外来文明》这本书,现在这本书有新的版本《撒马尔罕的金桃》。薛爱华先生是著名汉学家,他把动物、植物传播的路线、物种,概括得非常精到。我开始做动物、植物传播的时候就是拿他其中的一节做一个最基本的基础,看看他讲了哪些动物,我就去在文献中集中找那些动物;讲到哪些植物,我就去集中焦点找那些植物;他没有讲到的,再作为补充事项多方搜求文献或图像。这里列出来的有骆驼、大象、虎、豹、狗、狮子、鹰、单峰驼、马、羊,这些图像是不同来源的东西,既然讲到了物种,那我现在主要就是从动物做起,植物目前还不在计划中。

研究动物及其图像的传播，当然不是随手捡起的一个题目，而是对古代世界的理解有关，历史研究不仅仅是要研究古代的帝王将相及其宏大事项，譬如古代重大的事件，政治、经济、军事等庞然大物。但是更本质的是古代的世界应该像我们所生活的当下世界一样，是一个柴米油盐俱全、喜怒哀乐毕现的非常丰富的"杂多世界"，它会有各种各样不同层面的鲜活存在。所以不能大家都去关注皇帝如此如此、将军这般这般。毕竟，历史也应该是普通人间的历史，而不仅仅是权贵的历史。我最天真的妄想就是企图穿越到古代世界去看一看，但是现在的技术达不到，无法穿越过去。那么就想找到"物种及其图像"一个合适的通道。有一个相似的实例是，我曾想了解一下明清社会，但是要读明清大量的正史资料、笔记、研究著作、专题论文等，真的是没有那么多的时间，就去看看明清小说。明清小说描述的那些东西，虽然它是一个文学性的创作，但是通过那些描写，对明清社会就会有一个感性的大框架概略认识，有一个鲜明生动的整体印象。了解宋代社会就看宋代的一些笔记小说，体味宋代南方的社会、杭州的社会原来是这样，有这样的人，有那样的事。这样就会有一个立体的感知性的东西，包括你去看《清明上河图》，就知道当年的汴河两岸、市井繁华是这个样子的。我的想法是能进入一个比较理性的，但是又会产生感性体会的古代社会的某一个被忽略了的场景，也就是试图"回到历史的现场"，动物及其图像传播问题就是一个合适的通道。需要强调的是，我所谓的这种动物及其图像的研究或追索，既不是博物学，也不是动物学，而仅仅就是理解古代历史的一个通道。中国传统的博物学在古代知识体系中就比较发达，而我们今天讲的动物学是个现代体系，它是自然科学体系，我不是做自然科学的，所以对动物史的研究不是纠结于物种和自然科学的探讨,而只是使用动物学家或相关领域的科学家给出的描述或结论,以此为动物的历史学研究提供科学基础。

那么,为什么要选择"动物及其图像的传播"这样一个路径呢?我在早期做博士学位论文的时候是以佛教社会史为题目的,研究古代早期的佛教,大多的研究者都是哲学系出身,因而佛教哲学思想是他们的主要方向,历史及其人物本身可能就不是非常关注,尤其是很难从历史学者的眼光去看那些曾经的佛教传播参与者。而我正好不期望过多关注宏观的、上层的问题,这方面的研究太多了,所以只是想关注早期参与佛教传播的普通的芸芸众生,期望从民众史或社会史的视角去揭示他们的生活状态是怎样的?在那个佛教初传的时代他们过得好吗?佛教信仰到底给一般民众带来了什么?事实上,我的博士论文《3—6世纪佛教传播背景下的北方社会群体研究》也主要追索了这些问题。然而,做完博士论文之后,我觉得还不是很满意,论文是完全按我们现有的学术规范来做的,引用了大量的文献。做完后不免在劳累之余又细细反思一番,感觉用最通晓平白的文字就能概括或描述的历史问题,为什么一定要绕那么多弯,引用那么多古文献磕磕巴巴地去证明这个事情呢?觉得历史在我这里变得如此不流畅,既没有确定、流畅的系统知识,又没有足够触摸感知的生活细节,只是满足了我自己认为的"专业性",而完全没有回到历史场景。还有一个感觉,那就是这个"群体研究"是以"士、农、工、商"四民来总体论述的,还是太粗线条、太大而化之,看起来振振有词地提出了那么多理性的结论,但还是看不到历史的那种鲜活和温度,只有文字和逻辑,没有人,没有生活。于是就想做得再细一点,所以就开始研究胡僧,也就是来华传教的西域僧人，这就聚焦了更细微的群体，人物众多，但是特征鲜明，各有其鲜活面貌。研究西域僧人的时候，我的基本想法可以从这句话中体现出来："至少在工业革命之前的好几千年岁月里，无论是东方人还是西方人，从上层建筑到烦琐世俗，甚至在卑微的生活中，神性思维都如影随形。"这里我提出一个词叫"神性思维"，什么是神性思维呢？举一个最简单的例子，古代的时候人生病了，首先想到的病因可能不会是感冒、肝炎、什么什么病，不会这样的。可能会认为是不敬祖先、不敬神，冒犯了神导致的，就会请一个专业神职人员来念念咒或者做点法事之类的，生活中所有的事都跟神有关。但是，"现代生活不需要过多的神性思维，事实上过去的历史也证明了，过头的神性思维不但束缚了个体的自由，而且在很多方面还为整个社会的发展带来了阻力甚至破坏。然而，那些曾经在人类社会漫长的生存时段中发挥过作用的神性思维及其结果，大量地保留在古代的各类文献之中。"如果你要读《大正藏》或者《道藏》，里面有大量的神性思维的文献，它整个构架不是我们现代理性的科学思维，而是神性思维。"研究古代史或宗教史就无法避开这些文献，这些西域胡僧在传教的过程中，自觉不自觉地制造了很多具有魔幻色彩的神异事迹，如何解读这些故事或者说编出来的传奇，我在这本书中做了一些尝试。生活清苦、衣衫褴褛地在黄沙弥漫的古道上一步一步前行的西域僧人们，面临着柔弱的人之肉身根本上不堪抵抗的风雨雪雹、高山冰河、盗贼劫匪及狼虫虎豹的威胁。有的僧人在这样的路途上花费了整整 10 年的时间，目的就是到东方大国传播佛教，这需要坚强的意志和近乎无坚不摧的金刚身躯。于是皮肤黝黑干枯的他们向人们诉说着如何腾云驾雾日行千里，躲避权势者追捕的神奇经历，描述如何听懂了路途上飞过的大雁叽叽喳喳的语言,如何掉到了冰冷的河水中,又如何被龙王请去做客的故事,以及如何在濒临死亡的时候得到了菩萨的救助。"这个就是我在"西域僧人"这个选题中要做的工作,通过对神性思维的梳理,完整地把这些西域胡僧的生活事项给表达出来。我提到神性思维的时候,没有用"事后诸葛亮"的那种聪明的批评态度,而是尽量回到历史的场景追问"为什么"。我们对神性思维文献的处理,传统的办法一般都是批评,说他胡说八道,然后再在里面找出所谓合理的成分。那么在宗教文献里面有那么多胡说八道的东西,我们看还是不看,我们只能说它是想象性的,他为什么会这样想象?为什么会去这样讲有他"当时"的道理,我们不能用千年之后演化积累出来的"聪明"去批评千年之前的"愚昧"。历史学能做的工作一是还原,二是追问;追问才能使我们明白,哦,在那个时代环境和知识体系下,原来他们是这样认识世界,是这样思考问题的。

做完"西域僧人"之后,又进一步细化,完成了《鸠摩罗什及其时代》这样一个课题,从特定群体又进一步细化到此群体中的个体典型代表。前面的研究课题,我所追问的是"他们"生活得怎么样,这里我就想问问"他"生活得怎么样?鸠摩罗什这个来自西域的著名佛经翻译家和传播人生活得怎么样?鸠摩罗什是来华传教译经西域僧人中的典型代表,研究他的人生轨迹与社会贡献,是对"西域僧人"群体研究的一个高光点。

从西域到中原地区,帝王们对鸠摩罗什的待遇很好,礼敬有加。但是他自己还是很不满意的。他认为自己应该是一个更伟大的人,结果到中国来做了一个翻译,整天以翻译佛经为职业,即使如此,也还是"罗什所谙,十不出一",就是说他所谙熟于心的佛经仅仅翻译出来了不足十分之一。我们今天认为他是四大佛经翻译家之一，有非常杰出的成就，但是他则认为自己应该是一个创造性地构建佛教理论的经论家，而不应该是一名译经人，认为自己翻译佛经是做了一件小事而已。

在研究鸠摩罗什的过程中，我注意到了下面这个词：金狮子床。鸠摩罗什很年轻的时候在龟兹，就是现在南疆的库车地区，库车王给他最高的礼遇，就是坐在金狮子床上面讲经。那么这个金狮子床是一个什么样的东西？我要把这个小东西搞清楚，从这里出发一发不可收拾，就把它做成了《莲花上的狮子》这样一本小书，内容包括狮子作为物种的传播、作为图像的传播、作为在丝绸之路上它的图像演变和宗教之间的关系，还一些文学性传说文本的演变。可以说，这是一个关于狮子文化传播的大杂烩，目的在于追索狮子文化是怎么从印度、从中亚传到中原，到中原来以后，它的形象与文化象征又发生了怎样的变化等这些问题。这本书在商务印书馆出版后，我就从狮子开始做其他动物。所以很多东西不是说我自己一定要去把它做成什么，就是各种因缘际会碰到一起了，就去这样做了。

关于狮子的各种讨论，当然首先是从狮子的物种及其分布等情况谈起，到狮子的进贡、狮子图像的基本造型，包括走狮、蹲狮、翼狮，这些造型来源于什么文化类型，到中原之后它的图像是如何发生变化的。我在《莲花上的狮子》一书中主要就是讨论这些东西，当然是以不同文化背景下的狮子图像流变及其象征意义为主的，因为鲜活的动物狮子本身不适宜于在黄河或长江流域野外生存，只是作为贡品、珍稀之物零星地豢养在皇家园林中。公元前两三千年之前两河文明和巴比伦文明之中，他们对狮子的描述是非常写实的，不像在古代中国的狮子图像，早期中国的狮子图像很多是变形的，因为见过狮子的和没见过狮子的画家的感觉是完全不一样的,见过真狮子当然就画得鲜活生动了。我们古人中有很多作画或雕刻的根本就没见过狮子,只是凭着想象去画或照着模本去画,当然就免不了会走样,与真狮子有一定差距。

又比如狮子座,鸠摩罗什坐在金狮子座上讲经的,狮子座是诞生于两河流域的一种塑造王者、天神的座椅,在公元前三千多年前就出现了,当然它的形态是不一样的,在西亚地区女神伊南娜是站在狮子背上的。后来中亚、北非、西亚、波斯的很多王与神,包括中亚地区波斯有名的拜火教的神都是骑在狮子背上的。在佛座的两边有两个守护的狮子,这个样式也成为以后中国佛教造像或者菩萨造像的固定样式,而双狮也成为中国历代的寺庙、宫廷、衙署门口的守护者。

在做完狮子及其图像的基础上,我进一步扩大了动物及其图像研究的范围,包括马的培育与武力征服、骆驼与商人、羊与游牧社会、狼与狼族传说、鹰与古代王族象征等问题。当然我目前做的这些研究还不是非常成熟,比如说马,马就涉及《相马经》,《相马经》我们出土得很多,但是域外也有很多《相马经》如阿拉伯文的《相马经》、古希腊也有《相马经》,而国内有古藏文《相马经》、藏文大藏经中的印度《相马经》等文献,那么对于阿拉伯文、藏文的《相马经》,我就没有语言阅读能力,还是希望有一些专家来解读,这样才会在全面的比较中得出正确的认识。

上面我综合介绍了目前研究的一些情况,下面我专门就骑乘动物的专题研究,做一个简略的说明。古代的各类图像中,神或王者往往都被塑造为骑在动物背上的非凡形象,如有骑羊、骑马、骑象、骑狮子、骑虎。犍陀罗石刻中,七岁的释迦牟尼就骑着羊、带着一帮堂兄弟们浩浩荡荡地去上学;中国古典小说描写中，姜子牙就骑个"四不像"；中亚的娜娜女神就骑在狮子背上。而这些图像的演变，从西到东或者从东到西，在古代丝绸之路上不同的地区其形象是有一些差别的。譬如马，随着马种的交流传播和在不同地区的杂交培育，留在历史遗物中的马的形象是不一样的，古希腊雕刻中的马精致而奔放、波斯图像中的马张扬而健壮、汉代的马龙颈细腿、唐代的马壮硕敦实，等等。不同的形象反映的是马种的不一样和应用方式的细微变化，更表征着不同地区、不同时代育马文化的审美趣味。再譬如羊，作为最早在西亚地区驯化的物种，那么它在公元前的西亚文化与中原文化中的寓意是有很大差别的，形象也不一样；西亚图像中的山羊往往与生命树雕刻在一起，表达丰育的观念和生殖崇拜，中国文化中的绵羊则是福泽绵厚、骑羊升仙等寓意。而骆驼则是大家都比较喜欢的物种，它是丝绸之路上的标配，是古代丝绸之路的象征性动物，从中亚到长安的古代商贸往来，骆驼功不可没。尤其是唐代雕塑品中大量的西域胡人与骆驼的造型，包括驮着胡毯与酒囊等丰富商品的驼俑，还有胡人乐队坐在骆驼背上声情并茂地表演的历史场景，都是我们认识当时东西方交流的重要物证。

下面关于动物传播再讲一个事例，就是关于狼。大家知道狼不像马，不像骆驼，是人类无法携带它从东面跑到西面的动物，它是野生动物。野生动物有很多，其中狼是跟民族的崇拜和族源传说相关的，所以它属于我们要研究的丝绸之路上建立民族形象的文化事项。古代突厥人就认为他们自身是狼种，这个记载来自于《周书》卷五十《异域下》之"突厥"：

> 突厥者，盖匈奴之别种，姓阿史那氏。别为部落，后为邻国所破，尽灭其族。有一儿，年且十岁，兵人见其小，不忍杀

之，乃刖其足，弃草泽中。有牝狼以肉饲之，及长，与狼和，遂有孕焉。彼王闻此儿尚在，重遣杀之。使者见狼在侧，并欲杀狼，狼遂逃于高昌国之北山。山有洞穴，穴内有平壤茂草，周回数百里，四面俱山。狼匿其中，遂生十男。十男长大，外托妻孕，其后各有一姓，阿史那即一也。子孙蕃育，渐至数百家。经数世，相与出穴，臣于茹茹。居金山之阳，为茹茹铁工。金山形似兜鍪，其俗谓兜鍪为"突厥"，遂因以为号焉。……其俗……旗纛之上，施金狼头。侍卫之士，谓之附离，夏言亦狼也。盖本狼生，志不忘旧。

对这段文献的研究，无论是东方还是西方的学者解读非常多，大家下去可以看看丹尼斯·塞诺和罗新教授的相关文章。从传世图像与文献记载来看，因为突厥认为他是狼种、狼的后代，所以在突厥可汗的旗上面就放一个金狼头，这是它的一个标志。那么金狼头是什么样的呢？我们从图像中就能得到一个例证，罗马皇帝所立的著名的图拉真纪功柱上面，有一组图像表现的是当时罗马帝国的雇佣兵萨尔马提亚人，萨尔马提亚人是非常凶狠的，他们戴这种小圆帽，人跟马都穿鱼鳞甲，作战非常英勇。这幅浮雕图像中，萨尔马提亚人的骑手就拿着一个旗，这个旗就是我们说的狼头纛，这个狼头纛是一个金狼头，后面用皮或者毛做的一个飘带，它跟一般的是不一样的。这个图像就说明了一个什么问题呢？狼头纛最早是萨尔马提亚人使用的，早于突厥人，就是说用狼头纛作为军队或者部族的标志，我们最早从图像中能见到的是萨尔马提亚人，后来才被突厥人所利用，这说明在文化继承上有两种可能性，要么突厥的某一支部落来自萨尔马提亚人，要么是突厥人接受了萨尔马提亚人的文化影响，所以他们才会用完全一样的狼头纛。

在这个基础上,我做的另一个工作是去思考古代世界的骑乘动物与其秩序象征,希望从人们骑乘不同动物的角度,审视古代人对社会秩序象征符号的使用。我们知道,骑不同的动物跟人的社会身份、文化地域、历史背景、地理条件都是有关系的,比如说骑大象,肯定一般人是骑不了大象的,因为大象的驯化成本很高,普通人没这个经济条件和社会地位;大象是在亚热带才能很好生存的动物,至少北半球无论多高的社会地位,也很难骑上大象,这跟地理条件相关。再比如,骑马跟骑驴的差别就很大,社会地位高的人是不可能骑驴的;而传说中的骑狼,差别就更大了,小孩可以骑羊玩,谁骑狼试一下?但是在那些文学性、传奇性的传说中,而不是现实存在中,就有骑狼的说法。正是因为这些差别和原因,所以我把骑乘动物做了两个简单的分类:驯化的骑乘动物和想象的骑乘动物。驯化的骑乘动物当然就是我们至今生活中还在骑乘的马、牛、骆驼、驴等,而想象的骑乘动物在宗教、神话中非常多。要表明一个宗教的神圣和法力无边,或者表明一个帝王跟别人有什么不同的地方,那么就会想象他骑的动物坐骑跟你不一样,譬如我们古代小说中姜子牙骑的四不像之类。

第一,我们先看驯化的骑乘动物。古代人的坐骑,当然跟现在坐轿车差不多,也是对人类社会身份的一种标识。这个标识大概受三个因素的影响:第一个因素是骑乘动物的体量,因为它决定了人的运动高度。谁都喜欢骑高头大马,不会骑小矮马。为什么我们古代见到人要鞠躬,要跪下来,就是放低你的身段,这是从动物本能和基本的社会性发展而来的一个等级分层法则,譬如两个小狗打架,打不过怎么办,赶快躺下,表示我不行了,我躺下就是我的高度比你低了,你不要咬我了。人也是一样,鞠躬、下跪等礼节就是放低身段,就是表示我比你低一点。第二个因素是骑乘动物的速度决定人的运动速度。国王、英雄、神祇骑的不是天马就是千里马,那就是要骑快马,一般的马就是普通人去骑,这是速度问题。第三个因素是骑乘动物的形貌决定人的运动气质。比如说骑马,你一定会骑白马、黑马、枣红马等,单色的、形象比较好的马,没有人会骑一匹杂色马或毛色灰暗不好的马。关于骑乘者身份高低的判定,目前来看可以用这三个指标来排序,那就是坐骑的高度、速度、气质。如果这三个因素还不能完全将权贵者或神从芸芸众生中分辨出来,那么对坐骑的装饰就成为一个重要的补充手段,譬如中亚的萨迦人,他们骑的马就要做各种各样的装饰,把鹿角装饰在马头上,或者用硬的牛皮或彩色的毛毡在马头上做出鹿角加雄鹰的装饰,并且马鬃要做装饰,尾巴也要做装饰,那么首领或神偶骑着这样的马,当然就跟别人的马完全不一样了。虽然每个人都骑马,但是最高身份者骑的马就会是这样的,萨迦人的马是对身份的另一种标示。

第二,看看想象的骑乘动物对人类及神祇身份的标示。一般来讲,东西方传说或图像中的神,有骑翼马的、有骑狼的、有骑龙的、有骑麒麟的、有骑狮子的。此类想象性的骑乘动物是如何选择出来的,我认为可能有两个指标:第一,它必须是人类日常生活的强力威慑者。在有狮子的地区,人们想到的这种力量强大到只有神或伟大人物才能骑乘的动物肯定首先是狮子,没有狮子的草原地区可能就会想到就骑狼,因为狼在草原上是最凶狠的动物,人们就想象那些很厉害的神或者是王就会骑狼。第二,对非骑乘动物的想象性驯化是选择此类坐骑的另一个指标。

比如说骑羊,广州叫五羊城,就是五个骑羊的先人,他们为什么骑羊,不骑别的东西呢?就是对非骑乘动物的想象性驯化,这个表明骑乘者跟别人是不一样的、非凡的,所以才有能力骑乘那些普通人驾驭不了的动物。

我们在这里举几个骑在狮子背上的古代图像的例子。譬如中亚的娜娜女神,她是骑在金狮子背上,佛教神系中的观音菩萨、文殊菩萨,都是坐在狮子背上的。这种王或神人骑狮子的文化,大概起源于公元前三千多年的西亚地区,然后一直向周边地区和远东传播。然而它的传播也很有意思,佛教菩萨坐在狮子背上的图像,一直传到了东亚的朝鲜半岛和日本列岛,但是国王坐在狮子背上的图像或文化传统,传到现在的甘青地区就停止了,文献记载中只有在青海地区建立南凉政权的鲜卑国王才坐狮子座,以秃发乌孤为首的这支慕容鲜卑部落是从东部跑到河西祁连山区去的,所以秃发乌孤国王坐狮子座,不是鲜卑本身的传统,而是与他们到青海地区后受西域的影响有关。但是,一过甘青地区以东,就没有这个影响了,后来坐在狮子背上的都是佛教的,跟国王和王权完全没有关系了。

在早期图像中,1世纪前后的贵霜国王是坐在狮子座上的,他的座椅一左一右两个狮子,其实埃及法老也有这样的狮子座;在一尊2世纪初的佛陀立像中,佛陀的两脚之间蹲着一头小狮子,表明佛陀出生于狮子家族,是跟国王家族与狮子的象征有关,也是一个狮子座。再举个例子,如印度的湿婆神是骑在鹦鹉背上,跟后来的神骑在孔雀身上是一样的,这也是一种想象性的驯化。

最著名的想象性驯化的骑乘动物就是羊,在犍陀罗造像中有很多"释迦太子骑羊问学"的图像,骑羊是个挺有意思的事情,牧区的小孩小的时候也都骑羊、骑大公羊，当然只能是骑着玩。羊显然不能如马和驴那样，被经常性地作为一种骑乘动物来骑着走路，但是在中国古代文献中有羊车，两匹羊拉一个小车，皇帝、妃子或者宫廷的女性乘坐，这种车显然只能在内廷乘着玩玩，不可能在外面的通衢大道奔驰。至于骑羊出行就更离谱了，我到现在也没有找到这样的生活事例，但这方面的文献记载还是有的，司马迁在《史记·匈奴列传》中说，匈奴的一个典型特征就是："儿能骑羊，引弓射鸟、鼠。"就是六七岁的匈奴小孩骑着羊练习射箭。在汉代的画像石中也有骑羊的图像，那个骑在羊背上的可能是胡人或者是神仙，大概有表达吉祥的意思。在西藏阿里地区的寺庙中也发现了一幅猎人骑羊图，图中那个猎人完全是古代藏族贵族的打扮，骑在白色绵羊上，其随从是几个手持弓箭的鸟头或兽头人，画面上方飞着一只鹰，绵羊前后还有猎狗在奔跑，这说明图像表现的是一场骑羊狩猎活动。德国一个藏学家认为这是一个藏族猎人在打猎，但是我们注意到这个骑手他有头光，那么他肯定是神，而不是普通的藏族贵族或猎人在打猎。目前我们知道的是，从阿里地区到尼泊尔一直到不丹，历史上存在一个运盐的道路，其主要运输力就是羊，赶着大群的羊驮着盐，但人是骑不了羊的。那么古人为什么要将羊想象为可骑乘动物呢？我想可能是因为它是非常之动物，就是本不可乘而乘的动物，此外也是因为羊温驯而吉祥，正是因为此，所以骑羊的一般是神者、王者、宫廷之中的妇女和儿童。

当然，无论是骑马、骑狮子、骑羊，在古代文化体系中，骑乘动物都是一种身份地位的象征，这一点在骑驴与骑马方面就变得非常突出。

中国古代文献对于骑驴有个很正式的说法："驴者，乃服重致远,上下山谷,野人之所用耳。"就是说驴不是达官贵人或有身份的人骑的,是"野人"也就是最普通的小老百姓骑的。如果你是有身份的人是不会骑驴的,骑驴是个降身份的事情。我在这里举个例子,唐末大将王师范向后梁太祖朱全功投降就是"缟素乘驴,请罪于太祖"。马都不骑了,打仗作战是要骑马的,说要投降,骑个驴去见你,就是说我的身份都降到这个地步了,你就放过我吧。骑驴是一个自降身份的事情,在任何地方都是一样的,袄教圣经《阿维斯陀》中有这样一个记载:"为家庭主妇治病,报酬是一头毛驴;为村长之妻治病,报酬是一头牝牛;为城市长官夫人治病,报酬是一匹骡马;为王后治病,报酬是一峰雌骆驼。"当然这是一个经济性的描述,如果我们把这个经济性的描述转化成一个社会地位或者政治性的描述,就是为骑乘动物排了一个序,毛驴是最低档次的,牛是倒数第二档次的,倒数第三档次的是骡马,第四档次是骆驼。说明不同的动物无论是在经济价值,还是社会的身份地位的标示上是不一样的。

举一个特别有意思的事例,我们知道艾特玛托夫是中亚有名的作家,他有一个对话录《悬崖猎人的哀歌》,其中就讲到一个故事,身为政府官员的艾特玛托夫的父亲受难了,他跟母亲也被牵连,被遣送回哈萨克斯坦老家的小村子里去了。他妈妈就想孩子以后一定要好好学习,一定要出人头地,艾特玛托夫确实学习也非常好,高中毕业后,不负母望考上了哈萨克斯坦的畜牧学院,畜牧学院也是大学,考上这个畜牧学院,大家都非常高兴。乡亲们就问他去学什么,艾特玛托夫就说学的是关于马的专业,怎么样保护马、怎么样养马。中亚人对马的感情是非常深的,孩子考上这样的学校,还是关于马的专业,就觉得非常骄傲,他的母亲、舅舅都有了翻身的感觉。结果他在上学上到大二的时候,有一天跟老师领着大一的学生出去实习,就到驴马市场去实习,他负责给大一的学生讲驴的专业问题。正好那个卖驴的驴主人是他们村的,这个驴主人回去就说艾特玛托夫考上大学后说是学马的,原来他是学驴的。这样一传言,他的身份地位一下子降了,他觉得很没面子,妈妈和家人也觉得很没面子。你看,在这里,一说学马的就认为身份特别高,而去讲关于驴的知识身份就特别低,好像就不该学习关于驴的知识。当然这是乡村农人不懂学科专业的误解造成的,只要是学兽医或畜牧,肯定关于马和驴的知识都要学的。由此可见,在人们的意识形态中,马与驴的差别表示着身份的高低,这同我前面讲的跟它的高度、速度有关,驴是很小的,高度也不够,速度也不够,形象也不好,没有马那么好。

乘驴是对身份的一种降低,无论是欧洲还是中亚、西亚,到东亚,都是一样的,在古代就有很多这样的文献资料。譬如毛驴在军队中是驮兽,作为军队的统帅是不能随便骑毛驴的,在萨珊波斯最伟大的国王霍斯劳一世时代,波斯将军韦赫里兹同也门国王迈斯鲁格对阵时,迈斯鲁格为表达对波斯军队的蔑视,就骑驴去对阵。作为也门国王,他一般都是骑乘大象指挥军队的,但是这次他觉得骑着大象跟波斯将军打仗是大材小用,所以就换成骑上一头毛驴,意思就是表示我这么牛的人,我骑驴都能够把你打败,就是要在尚未开战之前首先轻视侮辱一下波斯将军。他没想到的是,一开战就被波斯军队打得落花流水,丢了自己的性命,迈斯鲁格也由此被韦赫里兹蔑称为"母驴的儿子"。

唐代佛教文献中,史家释道宣对唐玄奘印度论经有这样一个记载,就是论经的失败者要受到乘驴和屎瓶浇顶的惩罚。唐玄奘在印度取经学习期间,去跟印度各个大寺的僧人们论经,最后玄奘取得了胜利,就让他骑在大象背上游街三日,以示夸耀。但是跟他论经失败的那些人怎么办呢?他们要受到惩罚,玄奘在那里牛哄哄地乘象游街的时候,那些失败者也骑在驴背上跟在后面游街,这就是告诫失败者,不好好学习、没有把经义学通就要受到惩罚。其实在整个欧亚地区,骑驴游街都是一种通用的惩罚措施,埃及、叙利亚地区是如此,中国古代也是这样。

关于坐骑的问题,当然不仅仅是个高度与速度问题,骑乘动物的外貌气质也很重要。骑乘动物的选择不仅仅是好看,还有着自然选择的基础。比如说白马、青马跟骝马就有着气质的稳定性,国王或者将军都骑白马或者黑马等纯色马。如小说中的关羽骑枣红马,而亚历山大大帝骑的是一匹黑马。现在动物学家研究青马、白马和骝马有气质的稳定性,尤其是黑马。如果在战场上马群受惊的话,所有的马都受惊了,以黑马为典型代表的纯色马不会轻易受惊,它大概会有数秒的迟疑,它要自主判断一下是跑还是不跑,而这时候骑在马背上的主人只要给它一个明确的暗示,它就会做出正确的决定。在战场上要骑上这样一匹马,胜利的可能性、保住命的可能性就更大。杂色马就不行,其他颜色的马稳定性就比较差一些。因为做过很多实验,突然让马群受惊,纯色马尤其是青马,它绝对不会第一个先跑的,所有的马都开跑,它才开始跑,它要看一看发生什么问题了,判断一下,不乱跑,这个非常重要。在各种图像中,国王、将军为什么要骑这样的马,是有道理的,这都是一种经验的总结,不仅仅是好看。古代的将军健儿们为什么要骑青马呢,为什么要骑白马呢,白马当然是比较扎眼,人群中你要骑白马首先就能看到你,这是一个原因,第二个原因就是气质的稳定性,这个才是最重要的。

对于这个问题,动物学家有一个非常专业的解释,他说动物的毛色与驯化的进程密切相关，人类可以通过毛色比较理想的动物进行有意识的选择，白色与黑色的动物能承受较大的压力，不容易受到惊吓，比较忠诚，且组织结构较为分散。就是不随大流，比较独立。这就是为什么古代的君王和将军都喜欢骑这种纯色马的原因，当然他们也和我一样不懂自然科学的道理，但是他们有足够的战场骑马实践经验，因而掌握这个选马窍门。当然也有骑花马的，中国古代有名的于阗花马，唐代一些贵族就喜欢骑它，大概因为它的图案长得比较规则，更容易引人注目。

关于骑乘秩序问题，我还想讲一讲相马技术中的秩序原则。在不同的民族，尤其是游牧民族和农业民族之间，相马的技术标准是不一样的，举个例子，对于贵族日常摆排场用马，他绝对不会将一匹马的速度放在选马首位，他更需要的是马的外形与颜色一定要好看、威风，还要温驯，不会给他带来危险。比如说我们看汉代和唐代的文献讲贵族的马都用一个词叫肿马，就是胖马，唐代画像中那些贵族骑的马都特别肥胖健壮，那样的马好看，跑不动，温驯，那种马是不能上战场的。上战场的马要求跑得快，要求有耐力。游牧的马尤其需要有耐力，譬如蒙古族对蒙古马就形成了一个比例体系，就是马的各个部位应该像什么，有一大套这样的体系，这跟农业社会的贵族用马是不一样的。

印度主要是贵族社会，佛经中的《相马经》就是关于贵族社会用马的标准，《佛说马有三相经》提出了"善马有三相"的标准："善马有三相，用入官可给御，中王意，得名为官马。何等为三相？一者有善马，意自能走；二者有力；三者端正好色；是为三相。"此处之"善马"就是脾气好的马，我让你怎么走就怎么走，还要有力，贵族一般都挺胖的，你没有力气的瘦马是驮不动的。马是国王用来拉车、用来骑的，当然必须是乖乖马。所以《相马经》

随着不同的社会、不同的用途,标准是不一样的。

古希腊色诺芬将军的《相马经》,强调的是战马的标准。色诺芬是骑兵元帅,将军出身,他选马的一个最重要的指标就是马蹄子,贵族骑马一般要好看,而骑兵的马首先要求蹄子要结实,马蹄子绝不能有毛病,大家知道马失前蹄是要人命的。大流士跟亚历山大对阵,大流士丧命就丧在马失前蹄,因而到战场上马蹄子是非常重要的。色诺芬《相马经》就是从马蹄子开始,他的著作第一句就是讲到马蹄子,要什么样的蹄子,马蹄子的蹄甲要多高,马蹄子的形状要什么样的。而《齐民要术》中所收录的中国传统《相马经》,则是相马从头始,而非从蹄子开始。马王堆也出土了《相马经》,是专门看马的眼睛,马王堆的《相马经》为什么失传了呢?就是它百无一用,仅仅看马的眼睛能从马群中选出骏马来,可能吗?它讲得非常细,关于马的眼睛讲了很多,不是一个简单的技术指标,而是一个感性的描述,而非理性的总结,所以它的失传是很正常的。《齐民要术》的《相马经》相马从头部开始,表明它是跟农业社会的农业用马和仪仗用马有关的技术总结,国王、皇帝、大臣、贵族骑的马,马头一定要好看,蹄子差一点无所谓,摆排场出行也不是战场,即使蹄子不好,也不至于像在战场上那样瞬间丧命。因此,在不同的使用条件下,《相马经》的内容是不一样的。

中古货币史的结构特征
陈彦良

> 晋氏不铸钱。……
> 不见其损,有时而尽,
> 天下钱何得不竭!

我的题目是中古货币史的结构特征,这基本上是我过去魏晋南北朝货币史几篇发表文章的总结,是一个综合性的心得和概述。这段时间非常长,所以我们用这种概括性的角度去理解这个时代的货币史。在讲这个主题之前,我先要说一个有趣的问题,就是四铢半两钱制和西汉文帝的货币制度。简单说来,就是汉文帝的自由铸币政策。这个在中国的历史上非常少见。以它的规模之大、程度之深,在世界史上也很少见。这是一种放任,政府放任民间铸钱。一般的学者过去的理解就是放任民间铸钱,那么钱一定是很乱的,品质一定很差,一定发生通货膨胀。我把我所能收集到的考古资料做一个整理,发现刚好相反:放任时期的钱,品质是最好的。汉代的货币经济发展算得上是历史上很少见的,这一切都需要重新理解。武帝的时候发行过四铢,也发行过三铢,后来又改成五铢,所有他发行的这些钱,再加上汉初的吕后,还有惠帝时期、汉高祖时期,最后的结论都是比较好的。文帝四铢也比武帝发行的四铢要好，其实是好很多。所有的资料一致地指向一个重点，就是放任时期的铸币品质是比较好的。这整个过程需要解释，这在货币史上是很突出的一个案例。整个发掘汉代货币制度的问题给我后来对魏晋南北朝的货币史研究也带来很大的启发，我的想法是，汉文帝那个时候的货币为什么会那么好，相对其他时期都要好？有这么一个文献，就是1975年在江陵凤凰山汉代墓，发掘出来"称钱衡"这个东西，那是古代在市场交易之前，每一枚钱进行称量用的工具。这个工具上面有四行刻字，说实在的也挺幸运，这四行刻字还蛮清晰的，得以让我们归纳出来这个时候的制度是什么。我们刚才说了这是汉文帝放任民间铸钱，到景帝过世前三年，国家才重新收回，由国家专铸了。到武帝时，更直接是由皇室专铸，就是在上林苑、上林三官去专铸。所以我们可以知道，文景时期90%的时间都是放任时期，却有这么一个称钱制度。虽然是民间铸钱，但政府有规定，就是在用钱的时候都是要经过称量。如果你不称量，那是要处罚的。所以我们就可以找到文帝时期放任铸币的一个核心精神，一个是放任铸币，第二个是称钱制度。

我认为正是称钱制度的存在可以解释为什么钱会变得越来越好，因为大家都经过钱称的裁决，所以任何铸币者，我们可以先不管到底是谁铸的（当然我们从文献的一些蛛丝马迹，知道邓通在铸，吴王刘濞也在铸，这个我们先不管）。早期的文献其实也有一些记录，就是在河南、山东地区发现的文帝时期的铸币都是比较好的，现在我们整理的考古资料也都证明了这一点。因为这两个铸制度特质，所以造成自由铸币制度成功了。这个现象非常特别，它的含义也很深，所以我就此发表成另外一篇文章《江陵凤凰山称钱衡与格雷欣法则》。称钱衡告诉我们什么？它是一个格雷欣法则的重新解释。当然我们知道格雷欣法则一般都是说劣币驱逐良币,这是17世纪的格雷欣,英国的一个商人提出的。我们一般都认为劣币会驱逐良币,已经习以为常。实际上格雷欣法则并不是这样。我想我们可能要略过一些冗长的论证,简单地归纳。经济学里面其实有两个格雷欣法则,如果说劣币会驱逐良币,那么汉文帝的钱一定是很差的,所以肯定它是相反的,是良币驱逐劣币。到底是劣驱逐良,还是良驱逐劣,这个需要去辩证一下。经济理论告诉我们其实它是有这么一个内涵的。我们简化地说第一种格雷欣法则,是假定良币劣币之间有一个强制固定的交换比例,如果是这样的话,劣币会驱逐良币。这个就是我们一般熟知的劣币驱逐良币的说法。但这其实需要一个限定条件,就是假定良跟劣币有一个强制固定的比例。如果不是呢?如果两者没有强制固定的交换比例,最后是良币会驱逐劣币。称钱天平告诉我们什么?它那个制度就是符合条件的,它们有强制固定的交换比例,因为大家都要经过称量,你不合格,市场就加以拒绝,由是来汰除劣者。

我们刚才说的是文景时期的制度。在文景时期之外其他各朝,现在都简化说明。汉简里面有"行钱制度",这个是从秦代以来就有了。刚才我们说文帝时是"称钱",需要"称",其他时期是"行钱","行钱"就是"不称",政府强制规定。就是说你的钱只要差不多就可,就不要再来吵我了。一概推行,不用吵!不用质疑,只要不会太差就可以推行,好坏钱一体通用,这个叫行钱制度。汉简里面几次出现这样的记载,所以它是整个帝国在推行这样的制度,一个搭配的制度。文景时期之外另一个制度是政府专铸,所以它的制度特色是两点,第一是政府专铸,国家垄断;第二个是行钱制度,强制推行。结合刚刚格雷欣法则的一些考辨，我们最后发现这两个制度加起来就等于：假定良币跟劣币有强制固定的交换比例（条件 a），劣币会驱逐良币。这样一个制度就会让钱越来越差。我们现在没有时间去把两汉 400 年的货币演变全部做一个回顾，但是我们现在可以确定其他时期，就是在专铸和行钱制度底下的钱质量确实是比较差的。有学者举出两汉的钱，王莽的大泉五十，和武帝的五铢，他认为大泉五十品质相当好！但其实单从品质的好坏没法论证货币制度正确与否。所谓"大泉五十"意思是什么？就是说这枚钱是等于五铢的 50 倍。古董收藏中大泉五十很常见，它的钱虽然铸工、品质都还不错，但是实际上它没有汉五铢 50 倍的价值，因为它只有比五铢好一点点而已。假设好 10%，但是价值是它的 50 倍，这显然是不对等的，是超越的，这就需要辨析一下了。

我们归纳起来就是说这个钱币的法定重量跟它的实际重量，当然还包含实际的含铜量，整个做一个比较的话，法定重量跟实际重量越接近，那个货币制度就越成功。如果它的实际重量跟国家规定的重量有一个偏离，当然那个货币制度就是不成功的。如果我们接受这样的观念，会发现格雷欣法则是一个很有趣的含义，其实钱也是"物"，只是它是由金属构成的。用格雷欣法则可以推论出来，市场生活任何东西，包括商品、劳动力、种种服务，其实都是"物"。所以它有一个很深的含义，假设没有人为地规定它的价格（条件 b），"良物"会驱逐"劣物"。假定人为地规定某种工资或是某种商品的价值，那么"劣物"会驱逐"良物"，整个是会反转的。如果我们举一反三，用理智去推的话。

我把西汉的研究延伸到东汉，发现东汉竟也有行钱制度。东汉时期的整个货币演变是这个样子的，自武帝起就是专铸制度，且伴随有行钱制度，往下延伸。历整个东汉，大约 190 年其实是一个长期的、缓慢性的通胀过程。我发现在桓帝的时候，桓帝永寿三年，公元 157 年，汉桓帝推了一个叫"宽锲薄之禁"这样的法律。这是什么？我们刚才说了东汉时期也是政府专铸，现在政府要放宽钱禁，就是有人会在钱币上刮屑，偷工减料的意思，这个就叫"锲薄"，就是去刮磨它，使它变轻小。刮磨它干什么，当然是收集铜屑以铸造新的钱。政府放宽这种禁令！文景时期是民间铸，现在是国家铸了。但是政府放宽这种禁令，这意味着什么？打个比喻，就是警察放任小偷偷钱，视而不见，不就等于是在鼓励他？这个就是所谓的"宽锲薄之禁"。这样的制度，在桓帝以后产生一个急速性的通胀，就是恶性膨胀。这方面的证据，考古界非常多，几乎几期的《文物》或是《考古》，或者如《中原文物》等，就可以看到。东汉末期有一种很特殊的钱，叫作"剪轮钱"。剪轮就是一枚五铢，用工具硬把它凿成两枚，外面那一圈就把它重新熔铸成像内圈那么小的钱，这个叫作剪轮钱。有的考古学家叫作剪边钱，或者对文钱。这类钱就是在汉桓帝之后才大量的出现，所以它必然有一个制度上的连接，就是跟宽锲薄之禁是息息相关的。我们整个归纳起来可以看出什么？刚才我们说了这种制度是硬推的，好坏钱一起推行，那么宽锲薄之禁从这个角度去看，它等于是行钱制度的放大，两者精神是延续的，而且是更极端的行钱制度，所以造成了一个恶性通胀。但我们现在面临一个问题，因为《后汉书》原来是没有《食货志》的，所以我们对东汉时期的货币跟经济其实很多是不知道的。过去像傅筑夫先生的论文，基本上在我看来是解释错了。那时候恶性通胀已经出现了，东汉前半期基本上还是延续货币经济，但是它的一个过程是缓慢性的通胀，到汉桓帝之后它急转直下，变成恶性通胀了。汉末加上董卓铸小钱——董卓铸的小钱又意味着什么?当然是宽锲薄之禁的更进一步恶化,所以它整个是一步接着一步错。我们归纳出来,到汉末董卓尚未铸小钱时,货币其实已经崩溃了,或已经在崩溃的边缘。黄巾之乱这个大动乱就是在这个事件之后!它是很有趣的一个情况:黄巾之乱是在汉末严重通胀之后发生的,这个在过去学界没有人指出来过。我不敢说我的研究是一个定论,但基本上是一个比较新的方向。

全汉升先生有一篇很著名的论文:《中古自然经济》。"中古自然经济"怎么来的,我上面指出的情况把东汉跟魏晋货币史做一个连接:因为货币崩溃,所以市场瓦解,交易停顿,所以就是自然经济了。那些钱轻、劣到无以复加,非常轻薄,非常细小。这个方面的考古资料太多了,那些钱不但是轻薄,而且很乱,大小混淆。我们研究历史时通常会想象一下古代的人面临这种时代问题的时候,他们是怎么做的。比如想象一下古代人在市场中进行交易。据许倬云的研究,他告诉我们,汉代的市场经济是很发达的,农民也要到市场去买卖东西的,这些都要经过货币。这种情况已经延续三百多年了。现在一下子货币崩溃了,没法交易,市面上的钱大大小小,差异非常大。我们可以回想那时候的老百姓怎么去做生意,非常困难,所以市场崩解,自然经济就开始了。我们不排除其他因素,只是指出货币史的这一面,当然战争还是最重要的,这是一个过程。

刚刚说的是我对秦汉以后货币的一些心得,我们回到魏晋南北朝,为什么要谈杜佑的说法,因为这个也是很多魏晋南北朝货币史的研究者忽略的。曾有人主张魏晋南北朝用食物去交易,用谷、帛或是米、盐之类的食物去交易,这种交易模式比用钱去交易好,因为钱会偷工减料,用谷、帛、米、盐,就不会偷工减料,所以它是一个比较好的制度。很显然这是错的,因为谷、帛、米、盐为何不可以偷工减料呢,谷子没晒干,称重就比较重了,像丝帛的档次有很多种,谁说它不能偷工减料?我们回归到为什么要用钱。一千多年前,杜佑告诉我们,"钱"是计算的一个工具,"万物不可以无其数,既有数,乃须设一物而主之"。就是说整个市场的运作需要一个计价的工具,货币就是最好的工具,所以唯钱但可贸易流注,"不住如泉",像泉水一样不停流转。若谷帛为市,"非独提挈断裂之弊",因为在用的过程它会慢慢耗损,比如说你要找零,我们把丝帛拿来找零怎么找,剪刀拿起来就剪下去,剪下去的话价值就大损了。杜佑告诉我们这个道理,简单但非常重要。杜佑的货币思维,我们要重新估价,因为那看似浅显,实际是很高深的。劳干先生的说法是延续杜佑的:为什么需要货币,因为人类在交易的过程需要一个精确的标尺,所以用物物交换就不能精确,因为你没有一个共通的尺度,没有钱这个尺度。我上课时很喜欢跟同学开玩笑,说魏晋南北朝这种自然经济也不错,像梁方仲先生就说魏晋南北朝是"用实物来进行的货币经济"。当然我非常推崇他的研究成果,但是在这一点上很显然是错的。所谓用实物来当作交易媒介的货币经济,这是很奇怪的说法。因为实物不成一个精确的标尺,所以交易就非常困难。这就对商业不利,对整个社会经济结构都不利。像梁先生,他忽略的是什么?一个重要的概念,就是我们刚刚举的杜佑跟劳干先生的说法。但在货币理论中,就有一个很好的概念,就是"流动性"(liquidity)的概念。这个东西是它承载这个商品劳务的交换,没有这个东西就没办法去承载,市场的运作就会不那么顺畅,所以流动性的概念非常重要。

我们都知道魏晋南北朝的研究还是以全先生的《中古自然经济》一文最重要,它是一个最基础的、最具创新见解的成果。

虽然说创新，但其出版也已经是七八十年前了。何兹全先生差不多慢了几年，但想法跟全先生极其相关。听闻全先生的《中古自然经济》得到傅斯年先生的高度肯定，所以何先生想跟他比赛，就写了一篇《东晋南朝的钱币使用和钱币问题》。两篇都是经典文章，可是哪一个说得对呢？我们单看这个篇名就知道他们的观点有点不是那么一致。全先生谈魏晋南北朝是自然经济，它是没有货币的，都是实物的；何先生却说它是有钱币的。到底谁对谁错，我的研究基本上就是延续这个问题。我的观察是，这几十年来累积的成果，基本上就是全、何两位观点的延伸。这个对话还是持续在进行，总有一个说得比较对吧？所以我就继续弄个通透。在做这个工作之前，我们不单单要谈"流动性"概念，以及唐代杜佑和当代劳干先生的观点，我们要进一步澄清以下这几个概念，魏晋南北朝的货币史才会比较有一个贯通的、完整的理解。第一个是通货膨胀的问题。货币会引起市场危机简单说只有两种，一种是通货膨胀，一种是通货紧缩。那么通胀就是因为货币要超过商品的数量，通缩就相反，这个道理大家都懂。但在实际历史的研究上面需要做一些比较细的考辨。你怎么断定那个时候发生通货膨胀？你怎么断定那个时候发生通货紧缩？我们就要去推，基于下面这几个基础原则去推。像钱币减重或者质地劣化，基本上它就是通胀；等于是铸币者把每一枚钱的质量给缩减了。他为什么缩减，因为把剩下的制料拿去铸新的币。我们看到钱币减重或者质地变劣了，比如说是用铁或者铅，加很多杂质下去，他的目的就是要增加钱币数量，这就意味着是通胀。实际上讲钱币减重不一定要发生通胀，但是历史上，根据考古与泉币学界的经验，它们同时发生。虽说我们没亲眼看到谁把多余的铜拿去铸新钱，但这个论证基本上是没问题的。通货膨胀不单是钱体减重，还有改铸大钱。比如说像我们刚才举的王莽"大泉五十"，铸大泉是可以的，如果是大泉等值于一钱，或是说它的法定价值跟五铢一致，那就不是通胀。但它是大泉"五十"，这个等于是改铸大钱。第三种是降低金属含量，或是改变铜与铅的比例，铜变少了，铅增加，因为铅的提炼成本远远低于铜。

那么通缩呢？通缩就是发行数量减少，或是这个时期出现很多窖藏的行为。老百姓为什么把钱窖藏起来，大部分的情况有很多种，魏晋南北朝第一个原因就是因为战争，当时听闻战争开打了，如果你是老百姓你会怎么做？大家当然逃难，逃难会带钱吗？你如果逃难会带什么？绝对不能带钱，带的钱越多会怎样？

他们没有手机，也不能带钱。带钱是很危险的事情，路上强盗、饥民一大堆。虽然你家里有很多钱，你是家财万贯，你都会做这个动作，就是把钱埋起来。那个时期我们发现如果窖藏钱币的话，就是说这个钱没有在市面上流了，马上窖藏起来，它就退出流通，所以市场就出现通缩。又或者，从考古的资料中我们发现那个时期比如墓葬，或是那个时期的窖藏都是用古代旧钱，来表示那个时期没有在铸钱，没有铸钱当然都是通缩。

中国这几十年的考古成果非常丰硕，像魏晋南北朝的考古非常多，很有代表性的是20世纪80年代在河南安阳发现的这个窖藏古钱。我举这个例子是因为它最典型，我们去读考古的资料，像《考古》还有《文物》这两大刊物，里面这个太多了。安阳窖藏古钱的重点是什么，年代是在陈、隋之间，那么里面的钱这么多样，我们就不一一去谈了。从西汉时期的四铢半两一直到五铢，到大泉五十，到东汉末年的磨边跟剪边五铢，东汉董卓的小五铢也有115枚。那么三国时期的钱，两晋南北朝的像两晋的四铢、五铢、二铢、永安五铢、长柄五铢、大同，全部都有，这个太多了，我们不一条一条去说了。

陈、隋之间的这个窖藏很有代表性，因为它等于是魏晋南北朝400年的一个总结。这个总结告诉我们这个资料：东汉时期的钱币有1 597枚，超越两晋南北朝时期的1 161枚。也就是说这400年铸的钱，400年之后还在用东汉时期的钱，而且形式非常混乱，各朝各代怎么样的钱都有。我们回顾一下中国三千年的历史，没有像这个时期这样混乱的，钱币制度很混乱，那么这代表什么含义，就需要去解释了。我们把东汉到魏晋南北朝之间的过程做一个检讨，根据洛阳烧沟汉墓发掘资料（烧沟汉墓考古是蒋若是、吴荣曾先生他们年轻的时候去挖掘的。后来出版一本专著，资料非常精湛，是很重要的一笔史料），东汉就是呈现一个通胀的状态。为什么还需要处理其他陪葬物品呢？因为有审查者提出一个质疑，说东汉的钱越来越多，那是因为习俗的关系。他认为东汉风俗越来越厚葬，所以丢的钱越来越多。我不知道大陆这边的风俗怎么样，像台湾地区南部一直到最近都还是这样，人去世采土葬方式的话都要丢钱的，往墓穴周围撒一圈。这个时代墓葬会放多少钱，当然取决于那个时代有多少钱。贫穷的或通缩的年代，丢的钱肯定会比较少，在富裕或者通胀的年代丢的钱就比较多。我外祖父、我的姨丈过世都是要丢钱的，家人都要去丢的。这个风俗从汉代就一直延续到现在，我们可以看到东汉墓葬越丢越多，到第六期是东汉末年了，每一个墓有259枚，它呈现的就是长期通胀的模样，这跟我们刚刚的研究是一致的。是不是厚葬的就需要检验了，如果是厚葬的话，它的陪葬品会跟钱币的增加幅度是一致的。如果我们把洛阳烧沟汉墓的陪葬品做一个对照,我们会发现其他的陪葬物跟钱币的增加率是不一样的,所以可以推翻厚葬论。如果是厚葬,它应该比例一样,但是它不一样的。甚至这个陪葬品其实还有一个附带的可以解释的一点,就是在东汉末年通胀的时候经济崩溃了,所以陪葬品减少了,是可以做这样解释的。因为恶性通胀导致经济崩溃,所以陪葬品减少,陶器都减少。

我们对比两汉时期的各种墓,考古资料越来越多,甚至连四川地区汉代的墓葬,每一个墓至少 50 到 100 枚之间。我们等一下对照魏晋南北朝是多少枚,这个就很清晰了,这个可以呈现当时的货币问题。成都也是一样,西汉墓至少都是 50 枚。这些是我们对照魏晋南北朝的一个背景知识,有些概念还是要先解释,通缩为什么会发生。当然通胀发生是因为铸币者要偷工减料,而通缩为什么发生?政府不积极铸币,或者是其他原因,比如说战争,或者其他人为的像税收过重,造成市场瓦解,交易不能进行,通货流量下降,也会导致通缩。

牟发松先生在 31 年前写了一篇极具洞见的论文《鲁褒钱神论的产生与当时的商品货币经济》,他那篇文章是跟胡寄窗先生的论点相抵触。当然胡寄窗也是名家,贡献非常大。但是这点上,牟先生说的绝对是正确的,胡先生是错的。牟先生说西晋不铸币,确实是这样。我的研究补充了牟先生没有用到的几条史料。牟先生没看到那些史料就能够做出这样的判断,非常了不起!他的文章还告诉了我们西晋的紧缩政策,这个绝对正确,甚至整个文章里面还用通货紧缩,太厉害了。他还告诉我们鲁褒的《钱神论》是因为官场黑暗写的,这个也是绝对正确。

当然三国时代我们也可以讲很多。曹魏时期就是曹魏五铢,其实它的量非常非常少,在曹操当政的时候基本上都是用实物来进行交易。而且那时候都是在战争,市场根本还没复原。经济上还有一个重要的政策就是屯田政策,屯田政策是什么?本质上就是国家统制农业,所以那个市场交易本来就很少。曹魏五铢的量也非常稀少。到魏文帝曹丕的时候,甚至直接废除五铢。所以我们怎么看曹魏时期,它就是通缩,钱非常非常稀少。蜀汉是"百钱"制度,比方说它有"太平百钱",就是说它的钱是以百钱为主。百钱是什么意思,就是说这一枚钱等于是汉代五铢的百倍,所以百钱制度是通胀的政策。当然我们再看孙吴的话,基本上从"大泉五十"开始,这个是早期,比较多的是"大泉五百",然后又发行"大泉当千",后来又发行"大泉两千",甚至有一些研究告诉我们孙权发行"大泉五千"。我们现在就明白一点,三国魏、蜀、吴,魏是通缩政策,蜀是通胀,大概是一百倍的通膨。孙吴是什么?是五千,大泉五千,它是大约两千到五千倍的通胀。如果我们对比三国时期,哪一个制度比较好,其实蜀汉的制度是比较好的。因为就算通胀,但是有货币在铸造,在推行,总比没钱好。大致上有钱总比没钱好,我们要掌握这一点。这是经济学的重要常识。曹魏是钱非常非常少,所以蜀汉的这种通胀政策,虽然通胀一百倍,但总比曹魏没有货币要优胜。孙吴是通胀过头,到五千,所以三国的话,总结是蜀优于吴,再优于魏。为什么蜀汉可以支撑那么久?其鼎足西南,不能说没有它的货币原因。由此可断言,诸葛亮制下的货币制度相对健全。虽不是非常的健全,但是相对健全。这是个有趣的问题。

到西晋的时候就不一样了,牟先生已经告诉我们它是不铸币的,像这一条史料,牟先生就没有用,但是支持牟先生的见解。这条史料其实在《南史》《南齐书》中都有,但是少了这几个字:"晋氏不铸钱。"还有下面这几个字:"不见其损,有时而尽,天下钱何得不竭!"同样的一篇史料,在《资治通鉴》里面完整地把这个重要的内容收录进去了。如果你要研究古代史,每一个文献都要去查查《资治通鉴》,很值得,我已经发现好几次了。司马光这几个人在编写《资治通鉴》的时候功力非常深湛,裁断很精。同样的史料在南北史的时候,却把它割弃了。他的这句话"晋氏不铸钱"是南齐的孔觊说的话,原则上可以视作它是一手史料,因为南齐离东晋不很远,他的总结是很可信的。晋氏不铸钱。那么钱都没铸了,"后经寇戎水火,耗散沉铄,所失岁多,譬犹磨砻砥砺,不见其损,有时而尽,天下钱何得不竭!"这也告诉我们一个很重要的道理,古代的人都已经看到了:"钱竭则士、农、工、商皆丧其业,民何以自存!"这十足表现出一种经济凋敝的现象。或许因为这个重要的史料被忽略,很多学者基本上对晋朝货币制度的论断都不是太正确。就如陈寅恪先生,陈先生看鲁褒的《钱神论》,也认为要对当时的货币经济重新估计。那个观点却是错了的。很显然寅恪先生没有看到这句话,那是通缩造成经济凋敝的一个写照。再细看《钱神论》,它的真正含义,其实我们不用说太多,牟先生已经解释得很清楚了,就是一个金钱政治,就是贪腐。晋朝尤其西晋的贪腐真的太多了。晋武帝治国非常荒唐,沉湎女色,乘羊车的典故我们都知道。统一天下之后后宫一下子暴增几千人,女孩子太多了,所以用羊车去决定今天晚上要跟谁。这是非常贪腐、荒唐的一个朝廷。但是不单单这样,钱会成为神,原因是什么?陈寅恪的想法是钱会成为神,表示钱多。但是我们转念一想,钱会成为神其实是因为钱少;其实它是通缩。有的学者,当然也包含陈寅恪先生,说有另外的史料,像"一食万钱"(台湾地区的学者也是有这样说的),这意味着达官政要一餐饭就一万钱,像今天的高档餐饮一样,肯定是货币经济非常发达。其实并不是那样的,不是,因为整个官场非常腐败,贪赃枉法的事太多了,达官政要有很多钱,可民间就没有钱了。因为我们还可以从北朝的史料中看到一食数万钱,如果按照一食万钱可以推动货币经济的话,那么北朝的货币经济就更发达了,但显然不是。北朝是自然经济,一般学者,包括何兹全先生对此都没有异议,说北朝是自然经济,但是它一食数万。北齐韩继明"一席之费,动至万钱",北齐都是这个情况,都是自然经济,一席动至万钱,那是因为吏治非常腐化,官僚特权非常厉害,所以导致他们有那么多的资源跟金钱去花费。

我们简单地总结西晋跟北朝,加上十六国时期基本上都没有铸什么钱,所以整个华北一百多年都是通缩的。我们刚刚说过了,延续东汉跟魏晋的情况。曹魏基本上没有什么铸钱,魏文帝又罢五铢,这个我们说过了。他当然也有铸,所谓"曹魏五铢",但是那个品质非常差,而且数量极稀。孙吴是大泉五百、当千、二千。我们看大泉五百、当千。想象一下,好像当千肯定那个钱一定很大枚,非常大的一块,但实际上去称是6克多。五铢是3.2克,当千的钱才6克多,只是五铢的2倍,你规定它是1 000倍,很显然这是一个非常糟糕的政策。孙吴立国那么久,我们刚才说了,这个制度很荒诞,但至少它有铸钱;曹魏不铸钱更糟糕。也是货币理论的一个理解,通缩比通胀对经济的伤害更大。蜀汉是直百五铢,还有太平百钱。蜀汉是直百的系统。孙吴是当千,是千的体系,蜀汉是百的体系,曹魏是0,等于没有,0的体系。直百五铢的品质其实比大泉当千要来得好,而且它的比例是比较合理的,所以它的货币制度相对优胜,但是如果说我们要跟两汉时期400年的货币制度来比的话,三国无论哪一个政权,货币制度都是很糟糕的,是一个衰世的表现。

我们回到十六国之后的北魏,北魏其实也有铸钱,一开始是太和五铢,这个是太和改革的一个重要环节,我们都知道太和改革,冯太后跟孝文帝进行的太和改革有好几个层面,但是铸钱这回事一般我们都不太注意。其实这个事情是有划时代意义的,因为华北地区一百多年没铸钱。第一次铸的是"太和五铢",后来又改成"永平五铢",后来又改铸"永安五铢"。问题是什么呢?就是这三种钱基本上品质都很差,而且铸量非常少。加上北魏贪官污吏非常多。魏晋南北朝很少有一个朝代是吏治非常清明的,吏治都很黑暗。《魏书》载:"今钱徒有五铢之文,而无二铢之实,薄甚榆荚,上贯便破。"(《高崇传·子道穆传》)上贯的意思就是用绳子去串,串就破了。"置之水上,殆欲不沉。"就是它太轻,不会沉。《魏书》又云:"巧伪既多,轻重非一,四方州镇,用各不同。"(《食货志》)这告诉我们北魏时期不单铸量很少,其次品质很差。第三是币式纷纭,非常混乱。如果说现在坐时光机器回到北魏那个时期,我们看到市场上老百姓是一个头两个大,买卖怎么进行都很痛苦。古代老百姓,尤其这个时期,生活非常痛苦。我们现在方便久了,就好像理所当然。其实大大不然。苦民所苦,是我们做研究时一贯的主张。如果没有这种想象力,历史研究其实有点空虚。

东魏、北齐一开始先用永安五铢,但是盗铸很多,为什么盗铸呢?因为吏治极糟。我们如果对高欢政权有所了解的话,就知道它非常腐败。腐败也有它的原因,毕竟这个时候各个政权竞争非常激烈,统治者不敢对手下官僚约束太严,怕他叛逃,故而放任他们胡搞。那些盗铸,文献上所有资料,都告诉我们盗铸者都是达官贵人,不是民间百姓或私商。我们研究货币史有一个很严重的误解,就我的观察来说,大部分都认为古代的盗铸者一定是大商人,实际上我接触那么多的史料,我敢说90%以上其实不是商人在盗铸,有本事的都是有权力关系的,是政治人物盗铸,不是纯粹的商人。像蒋若是先生他们对汉代的研究也都透露这一点:汉代的盗铸者不一定是商人,有这可能是官僚背景的商人为之,但重点是官僚背景,而不是商人身份。东魏、北齐四境盗铸,都是达官政要所为。《隋书》所谓"雍州青赤,梁州生厚、紧钱、吉钱、河阳生涩、天柱、赤牵之称"(《食货志》),现在已经搞不清楚,具体这些名称到底代表什么样的钱,名堂非常多。在中国历史上大概没有其他时期有这么多古怪称号的钱。这说明这时候货币制度极其混杂,是一团乱的状态!但是在这个一团乱的状态底下,突然发现有魏晋南北朝一个货币思想史的大师级人物:高澄。高澄是高欢的接班人,同时也就是兰陵王高长恭的父亲。我们读历史的话就知道,这个人私德怎么样不好说。但是在货币思想史上,他提出了一个石破天惊的解决办法,我们注意到他提的办法恰恰等于汉文帝的做法,一模一样。为什么高澄会有这个想法?因为东魏、北齐初期还是用北魏的永安五铢,但是"雍州青赤,梁州生厚……"这个非常乱,已经造成整个国家的危机,朝廷上下都在讨论这个问题怎么解决。高澄当时还没有接班,但是他提出这样的意见,包含允许私人铸币,这个等于和汉文帝的政策放任铸币是一样的。第二个是悬秤,悬两具秤于市场中;百姓也可以造秤。在这里,各位也不用质疑,古代的秤其实就是天平,要做一个天平出来是很简单的事情,反正两边平衡就是了。天平是很重要的事情,而造秤在技术上也不会有大问题。凭秤定轻重,也就是有一个处罚的准据;反正就是经过钱秤称量。汉文帝的称钱制度也是一样。最后一点,就是以百日为限,这个不是那么重要。但允许私铸和钱称制度,这样的话,恰恰符合刚刚解释的格雷欣的正向法则,也就是将发挥良币驱逐劣币的作用。这是高澄的做法。(参见《魏书·食货志》)很不幸的是什么呢?他提此意见,在朝的大臣完全反对!我的解释是说,那些盗铸嫌疑人不外乎就是那些大臣,所以官僚集团群起反对。总之,放任的方案没有落实,不多久,大概不到几个月,高澄就被暗杀。在这里我有个揣想,假设高澄这个制度被落实了,而且在北齐被推行,像汉代文景时期那样,至少四五十年的时间,其后的历史会发生什么事?我们都知道汉代国力之所以强,后来到西汉末年,大家说"人心思汉",东汉末又出来个"人心思汉"。人心思汉这回事只有汉代最明显,少有听说人心思秦、人心思宋,或者思明,独有人心思汉。我认为汉代的轴心就是文、景、昭、宣体制,文、景、昭、宣的特色就是自由放任的经济。昭、宣没有放任铸币,但是其他率皆放任居多。其实我们从汉书的《杜周传》得知,杜周的儿子叫杜延年,杜延年跟霍光建议"尊孝文时政"。就是说昭帝的时期是回到孝文帝,所以称昭、宣中兴。我认为,就是文景、昭、宣体制,让汉代国强民富。汉武帝统治大概50年的时间里,"天下户口减半",它是个衰期,这个衰期跟以往的衰世可以互相仿佛的。当然王莽的制度比汉武帝更加倍了,所以导致它灭亡。

如果我们用这样的背景去推说高澄这样制度的落实,会让北齐强盛,以至于后来可能高齐会打败宇文周,这不是不可能的事情。当然这在历史上已经不可能再发生了,只是我们的突发奇想。但这个突发奇想就是让我们对货币史有一个比较活泼的理解,就是这样一个制度非常特别。我不知道高澄是不是有看过或者了解汉文帝的制度。这个不知道,已经变成悬案了,但有这样的想法非常难得。中国古代的奇才异能之士确实很多,但我们并未注意到少见的经济思想的突出创造者高澄。

北周虽然国势稍微强盛一点,但是它的货币政策其实都是大有问题的,像"布泉""五行大布",还有"永通万国"。离谱的地方在哪里呢?五行大布的发行是布泉的十倍,而重量却是差不多的。永通万国钱是宇文赟为了增筑洛阳城,搞了一大堆财政耗费,于是就铸钱支用。永通万国钱在文献上有两种记载,就是说它的价值是五行大布的十倍,另外一种记载是千倍之多。如果说以多为准的话,文献上大部分的记载是永通万国钱是五行大布的一千倍。永通万国钱考古也都发现过,很漂亮的一个古钱,在古董收藏界算是很有价值的。但像这样的制度是非常糟糕,有点荒诞的。一千倍的话,市场是不可能信任的,政府要强制它推行,老百姓怎么接受呢?它对于社会经济伤害其实非常大。北周最后的结局为何,在货币制度上是可以揣摩出来的。

南朝宋、齐、梁、陈币制都是非常乱的。南朝宋是"元嘉四铢",很快就变得很轻薄,中期又发行小钱。重点是什么呢?宋几十年的历史,到最后,朝廷对本朝发行的新钱全部废止。为什么主动废止?因为他们都失败了,不管是元嘉四铢或是小钱都失败,干脆废止。整个南朝宋是乱七八糟的。南朝齐,据彭信威先生总结:南朝齐是中国历史上通缩最严重的时期。如果跟两晋比,只有更严重。如果我们讲第二个时期就是两晋。中国历史上通缩最严重的就是南齐,第二严重的应该说是晋朝,如果我们硬要去选一个第三严重的,我个人会选明朝,当然大明宝钞如李剑农先生所言是"纸本位",这又是通胀。所以明朝的制度是很糟糕的,刘光临最近的几篇文章也是很不错的文章。当然南齐整个是通缩状态,如《南齐书》载萧子良所言:"泉铸岁远,类多翦凿,江东大钱,十不一在。"(《武十七王传》)大钱的意思是好钱；江东的好钱十个之中，连一个都无。

我们看梁朝，梁朝是怎样的情况呢？一开始是五铢，后来是"女钱"，其实很快都变轻了。其后发行铁钱，即梁五铢铁钱，这个铁钱非常多。中国历史上发行铁钱且是政府持续性的一种制度，最完整的就是梁朝。这个铁钱后来大概是从二十多年之后，在中大同年间就出现"短陌"的现象。我们先讲铁钱，这是货币史上较突出的一章。《隋书》记述："至普通中，乃议尽罢铜钱，更铸铁钱。人以铁贱易得，并皆私铸"，所以通胀，到大同年间变成了"遂如丘山……以车载钱，不复计数，而唯论贯"（《食货志》），论贯的意思就是一百一百或是一千一千的去使用钱。可以举的一个例子是国民党政府1949年滥发金圆券，当时老百姓是挑着纸钞上街去买菜，梁代是铁钱遂如丘山，"以车载钱"；老百姓上街买卖是要这样做的。这当然是一个崩溃的状态。很有趣的现象是什么？还是看《隋书》，没有多久，皇帝突然下诏"通用足陌"，但"诏下而人不从，钱陌益少"（《食货志》），这个陌应该念为"佰"，即"足百"，古代人就是一百或者成千一串地去用钱。所谓"足陌"是什么意思，就是以一百当一百。若是80当一百或者70当一百，这个叫作"短陌"。后来"钱陌益少"，甚至50或是35就当一百。刚刚不是说在通胀吗？现在又50或者35就当一百，这个意思是铁钱的价值上升了，也就是通缩又来了。这里有一个很有趣的现象，到最后梁末的时候35就值原来的100，这个叫作"短陌"。我们刚刚不是说它是通胀吗？显然它有一个翻转。我用一个图，我把它称作《梁朝铁钱桑拿浴图》：一开始它是通胀，像乘火箭上升一样，通胀，但是在中大同的时候突然一个翻转，就是急速下降。各位看这上面的图，一左边是增率，右边是时间，如果增率低于零就叫减少，那个时期就叫短陌时期。为什么会这样呢？我也给大家做一个解释，就是说铁钱是容易锈的，铁钱第一个很容易锈，第二个是梁代的吏治比其他时期之差有过之而无不及，我们都知道梁武帝时期有权有势者，白昼杀人，非常奇怪，梁武帝有一最，中国历史上如果有哪一位皇帝最会赦免犯罪的人就是梁武帝，因为梁武帝是念佛的，"南朝四百八十寺"，可见其盛况，他也去佛寺舍生，反正他就不想杀生。

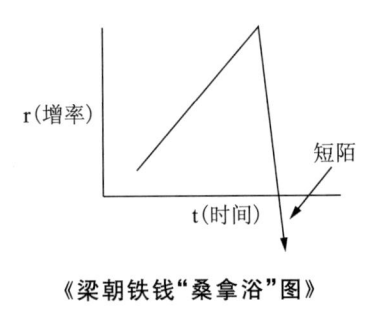

《梁朝铁钱"桑拿浴"图》

其时吏治腐败，那么铸币机构呢，当然也一样，因此铁钱品质急速恶化。在铁材极易锈蚀的条件下，钱越来越薄，锈烂碎裂更快。古时防潮保湿不易，轻薄的铁钱淋雨更易锈蚀。所以铁钱短时间内就几乎烂碎无余，这是我对短陌现象的一个解释。上周还在通胀，这周变通缩，因为铁钱瞬间都锈烂遭弃置了。我不敢说这个已经成为定论，但它是历史上通胀迅速转通缩的很少见的案例。

五铢铁钱残存很少。上面说到"遂如丘山"，照道理讲，如果文献上的记载是对的话，现在应该到处都有，包括上海这里，可能学校地底下挖深一点都能挖得到。现在为什么挖不到，没有了，不见了。这个是梁朝的问题。

那么陈朝呢？我们刚才说梁朝是通胀，然后一下通缩。陈朝货币仍是五铢，但是那个量都很少，后来又改做"大货六铢"，它只有六铢,但它规定是五铢的十倍。一样的道理,这都是比价混乱导致币性丧失,老百姓的交易就没法进行。到最后就废六铢而行五铢。所以陈朝自始至终没有一个稳定的币制。

我用一个图表示这个时期四五百年币量的涨跌,到曹魏的时候急剧下降,两晋、南北朝到隋,甚至到唐,考古上都告诉我们那段时间钱都非常少。隋朝相对好一点,隋文帝的时候铸的量比较多。但是到隋炀帝的时候就大不然了,其时货币是非常乱的,这是另外一章,我们不谈了。到唐代,贞观时期其实铸钱量都非常少,所以我的个人看法:贞观之治是大打折扣的,贞观之称"治",要从别的角度去理解。我认为是它的政治,它处理周边民族问题非常漂亮,很成功。因为太宗本身是一个少见的将才,他底下的人也都是用兵能手,把当时民族问题明快地解决了,复归太平,故叫作贞观之治,但社会经济其实是谈不上的。因为我们从史书可以看出来,其实武德和贞观时期,这些老百姓还是非常穷困的。

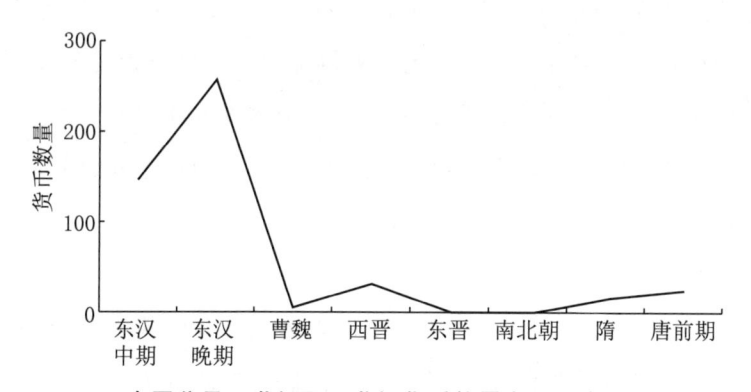

中国公元 2 世纪至 7 世纪货币数量变化示意图

总结这个悖论,这个时期那么多朝代,发行那么多种形式的钱,我们可以看到一个共同点,第一个就面值而言,钱币的质量降低,价值又灌水。所以从这个角度来看,它是通货膨胀,但是它的实际发行量又非常少,所以它同时又是通缩。这是一个很矛盾的现象,就面值上来讲是通胀,实际发行量又是通缩,这是第一个悖论。第二个悖论,就存量来讲,就是说它发行之初的迅速泛滥,像铁钱、南朝宋的小钱都是快速泛滥。从突然增量、迅速贬值的角度,它是通胀。但是当朝廷把这个通胀的钱放出去的时候,老百姓瞬间拒绝,大家都傻眼了,都觉得这个东西能用吗?拒绝使用。所以从流量的角度看,钱不流了,则它又是通缩。这是第二个悖论。通胀和通缩同时存在,这是很有意思的现象。这当然不是最后的结论,但这是很值得去思索、去继续研究的货币史问题。如果我们打一个比较浅显的比方,通胀好像是洗热水澡,因为越来越热,就像美国在搞的量化宽松(QE),活络经济,很像人在洗热水澡;而通缩很像人在洗冷水澡,就是让他缩,让他降温,不要让他过热。这个通胀和通缩同时存在意味着什么,就是一个人上半身洗热水澡,下半身洗冷水澡。如果说你洗热水澡很热,烫死人了,而冷水澡又冻人,这种情况就是上半身洗热,下半身洗冷的,一定会死得更快。如果以魏晋南北朝各朝转换之快速来看的话,其实又有一个这样的比方,当你上半身洗热水澡的时候,下半身洗冷水澡,前一秒钟是这样,但下一秒钟相反,上半身突然变冷水了,下半身突然变热水了,它是这样一个状态。

　　同时有这个现象,原因是什么呢?因为各朝政府都是"惜铜爱工"的,为什么"惜铜爱工"?因为他们有财政的大量耗费,或是个人的私心,像魏明帝曹叡,他为了在洛阳大兴土木,也去发行轻薄的五铢,之所以曹家的天下会被司马氏拿去,它的经济政策被诟病处也是很多的。

最后，我们用简短的理论来说明。货币是什么？它像润滑油一样，提供市场运作的流动性。比如说车子引擎里面有润滑油。润滑油的品质很重要，而且不能太多，当然也不能太少。太少就通缩，太多就通胀。通货太多，它就会停止流通，意思就是说当你的引擎润滑油非常稀薄，品质非常差，你灌得太多了，一开动引擎，它瞬间就坏了。富兰克林也知道这个道理，一定量的货币是市场运作所需要的，太多也不行，太少也不利。清朝康熙盛世的时候，我们找到这样一则史料的描述，由于康熙帝搞海禁，结果白银就没有流入。如唐甄在《潜书》中所言："清兴五十余年，四海之内日益困穷，农空、工空、市空、仕空。"正因为商人没有计算的单位，没有办法用钱去交易，所以市场萎靡，这是在康熙盛世之时发生的。或许那个时代根本就不是盛世。康熙的时候应该只能说战争停止，和平恢复，如此而已，却因为海禁的关系导致严重的通缩。近来有一个说法是"康熙萧条"，而不是康熙盛世，因为流动性太少。这是唐甄一手的观察。唐甄是少数有实际经商经验的知识分子，对市场的嗅觉非常敏锐。他的观察应该是正确的。全汉升先生也写过论文，海禁时期的白银缺乏造成康熙时期的萧条。

通胀，通胀会造成什么社会影响？首先是达官贵人暴富，因为当政府要搞通胀政策的时候，那些在权力核心的政治人物，他们最先知道，所以他们会预做准备。当房价涨了，他们先买；降了，发生通缩，先卖。所以货币的频繁变动会让这些靠权力聚敛、掠夺的机会大大增加。很有名的例子是梁武帝的弟弟萧宏，萧宏累积那么多的财富，他性爱钱，百万一聚，红榜标志，千万一库，总共有30余库，3亿余钱。如果我们换算成现在的购买力，可能是天文数字！他也利用货币制度的变动去搞高利贷。西方也有这样的案例,罗马帝国后期搞通胀的时候,达官显要急忙将手中的钱币花掉,屯购物资。中西历史都一样;经济逻辑不可能不一样。

我们总结一下魏晋南北朝,这是我的一些粗浅看法。中古时期几个特点,这个时期气温较低,战争、民族冲突很多,还有庄园制度、大土地、所有制,税役很重,钱穆先生告诉我们那时的税率可能超过50%所得,人民寿命也很短,这个我们都可以推算出来。因为魏晋400多年,人口基本上没有什么增长。当然我们发现这个时期,400年人口几乎没有增长,意味着这400年里大部分男孩子大概都还没到结婚的年龄,就为国捐躯了,要不然就是结了婚,但是长期不在家里。在座的同学想象一下,结婚以后老公不在家,长期都不在家,怎么生小孩,对不对?所以人口都没有增长。那是一个非常悲惨的时期,很痛苦的。大致来讲原因不外是这400多年的政权都是在鬼混过日子,没有好好提出一个正确的经济或是财政或是货币政策,所以老百姓就要过那么苦的日子。这是我对这个研究方法的心得。

我用的材料考古方面比较多,文献为辅,同时理论也不偏废。我认为古代史研究应该重视几种联结:地上史料和地下史料的联结,理论和现实的联结,动手跟动脑的联结,制度变化跟经济后果的联结,这些都非常重要。尤其是多从制度变化的角度去看古代的社会经济发展。其实,研究者用什么去看,比看到什么更为重要。我介绍的如格雷欣法则,流动性、通胀、通缩等,概念非常浅显,但它们是很强大的研究工具。我的专业是货币史,各位同学可能从社会科学、人类学、政治学、文化理论中也可以找到一些更好的工具。所谓史学只是史料学,只讲究动手动脚找东西的时代,应该已经过去了。

"狸猫换太子"传说的虚与实[*]
——后真宗时代：宋代士大夫政治下的权力博弈

王瑞来

> 透过"狸猫换太子"传说，实在可以洞察宋代政治不大为人所道的真相……撇去表面荒唐无稽的浮沫，洞察到的将是一个时代历史的大真实。

一、引言："狸猫换太子"传说由来

对于今人来说，宋代是一个不远不近的存在。尽管古代的"四大发明"在宋代就占了两项，"唐宋八大家"也让宋人占去了六个，但由于戏剧性的事件不多，人们对于宋代的印象或多或少有些模糊。不过，在模糊而平淡的印象之中，有一个传说还是清晰而生动的。这便是有关北宋仁宗皇帝身世的"狸猫换太子"。

这一传说尽管在元杂剧中已略见雏形，但最终形成则很晚。孙楷第先生的《包公案与包公案故事》考证说："宋真宗后刘氏谋害太子事发起于元曲（指元杂剧《抱妆盒》），更张于《桑林镇》（见

---

[*] 本文由作者据其2017年11月1日所做同名报告修订。——编者注

于明人《包公案》),集成于《万花楼》(指清人所作《万花楼杨包狄演义》)。但自《桑林镇》以下,都是粗疏脱略的民间传说。到了《忠烈侠义传》才为之补充缮完,成了一个轰轰烈烈的'换太子'话本。"①由于富有戏剧性,后来便被演绎成为京剧、越剧等多种艺术形式,遂为众所周知。近年,又有了长达 30 集的电视连续剧的《大宋奇案狸猫换太子传奇》,便更为家喻户晓。

尽管耳熟能详,在这里我还是想先简单叙述一下原始的传说。传说在宋真宗的皇后去世后,刘妃和李妃都怀上身孕,为了争夺皇后之位,刘妃串通太监和产婆,在李妃分娩昏迷之际,用一只剥掉皮毛的狸猫换走刚出生的太子。真宗看到血淋淋的狸猫,以为李妃产下妖孽,怒将李妃打入冷宫。因此刘妃所生之子被立为太子,刘妃也被册立为皇后。后来刘妃之子夭折,被换掉的李妃之子又被刘妃找到,养为己子。刘妃又谗害李妃,李妃逃往民间。真宗死去,李妃之子即位。包公包拯遇到流落民间的李妃,得知真相,将李妃带回京城,设法让仁宗皇帝与生母李妃相认。真相大白后,已成为太后的刘氏惊厥而死,悲剧以皆大欢喜收场,包公也被任命为宰相。

近年上演的电视剧则进行了极大的铺衍,成为这一传说的最新版本。电视剧的剧情梗概如下:

> 北宋真宗年间,外忧内患,朝中有人妄图加害真宗。宰相寇准力保真宗的安全和江山社稷的安定,但是反被郭槐和丁谓诬陷,真宗不察之下竟贬寇准为雷州司户参军。刘妃、郭槐一伙阴谋得逞,渐渐开始干预朝政。在雷州,寇准

---

① 孙楷第:《包公案与包公案故事》,《沧州后集》卷二,北京:中华书局,2009 年,第 46 页。

展开一系列行动,终于发现原来这一切都是因为刘妃争宠酿成的。局势发展,李妃被刘妃一伙打入冷宫,她为皇上产下的太子下落不明,朝廷危机四伏。在寇准的策划下,众英雄从宫中救出了危在旦夕的李妃,经过众位英雄的百般努力。终于,在整个过程中受尽苦难煎熬、因真宗殡天哭瞎了双眼的李妃得见天日,与当了皇帝的儿子在上元节闹花灯之时母子相见,成就了历史上脍炙人口的一段佳话。

这一段是摘录自国际文化交流音像出版社音像制品的简介。① 从这一简介看,电视剧较之以前的小说、戏曲,在情节上都大大附益了,并且置放到当时朝廷政治斗争的背景之下,使过去单纯的个人悲剧得到升华,显得更有深度。对于原始的"狸猫换太子"传说的荒诞不经,已经多有学者定论,但对戏说成分很多的最新版本,则似乎没有看到太多的分析。

不仅古史有顾颉刚先生所说的"层累地造成"过程②,许多距离并不太远的事件,也存在这样的现象。历史上,刘皇后、李宸妃真实存在,并且仁宗确曾被刘皇后养为己子。从这样些许的历史事实而生发出来的"狸猫换太子"事件,从原始传说到电视剧本,人物形象愈发鲜明,故事情节愈发曲折,事件构架愈加张大。层累地造成的虚构,早已将那一丁点的真实淹没。不过,从小说到戏曲,再到电视剧,如同相信其他诸多的历史戏说一样,人们也相信"狸猫换太子"事件的真实性。信以为真的原因,大约有两点。

一是中国有着深厚的演义讲史传统,而像《三国演义》那样优秀的讲史,基本依托史实,多数都可以找到历史痕迹,至多是

---

① http://product.dangdang.com/8990117.html.
② 顾颉刚:《古史辨》第一册,上海:朴社,1933年,第52页。

"七实三虚"。所以人们也相信其他讲史也是如此,大抵真实。有了这样的传统垫底,人们在看多数历史戏说时,都抱着一个"信"字,先入为主。就像打卦算命,大多因为是相信才去求的。所以当打卦算命的人仅仅碰巧被说对了一分的时候,连其余的九分也跟着信了。

二是包括"狸猫换太子"在内,多数的历史戏说都没有达到离谱的荒唐。如果讲的都是"关公战秦琼",超出了人们最基础的常识范围,那么就不会有谁去相信了。世上似是而非的东西,最足以迷惑人。少许的错误对接,短时期的时间错位,很少有人去认真追究。比如"狸猫换太子"事件的主人公包拯,在仁宗出生之时才是十一岁的儿童。包拯尽管在天圣五年(1027年)进士及第,但为了赡养年迈的父母,十年没有出来做官。在父母去世后,包拯才开始政治活动,出任知县。此时已是景祐四年(1037年),"狸猫换太子"的主角李宸妃、刘太后早在四五年前已经相继死去。但由于包拯的确主要活跃于仁宗时期,又曾做过谏官、御史,清要职名也带过龙图阁直学士,担任过相当于北京市市长的权知开封府,最终尽管没有做到宰相,但也在去世前一年做到了主管全国军政的副长官枢密副使。① 包拯的这些经历与"狸猫换太子"传说在时期和史实上并没有太大的错位。② 这种似是而非,便让一般人相信"狸猫换太子"确有其事。

"狸猫换太子"事件,从原始传说到电视剧本,出场人物多是实有其人,仁宗被刘皇后养为己子又实有其事,因此可以说,整

---

① 参见《宋史》卷二百一十一《宰辅表》,北京:中华书局,1985年。
② 关于包拯事迹,详见《宋史》卷三百一十六、《隆平集》(王瑞来校证本,北京:中华书局,2012年)卷十一《包拯传》以及宋人吴奎撰《宋故枢密副使孝肃包公墓志铭》(参见杨国谊:《包拯集校注》附录,合肥:黄山书社,1999年)。

个故事是在真实基础上的虚构。担任知谏院的包拯在皇祐二年（1050年）曾参与处理过诈称皇子事件。有人考镜，说"狸猫换太子"事件是说书艺人对此事的焊接。其实，依照说书艺人的文化水准，不见得会知道这一不大引人注目的事件。根据前面孙楷第先生所述，"狸猫换太子"传说，于元杂剧初见形迹，在明代又有更张，至清代方完全形成。从这一过程看，明代实为重要的一环。从《水浒传》到"三言二拍"，明人写小说多托宋人而言时事，"狸猫换太子"情节想象的产生，大概不能说与明宪宗时万贵妃谋害太子之事完全无关。还有学者认为，"狸猫换太子"传说的形成，是受到印度文化的影响，借用了《佛说孝顺子修行成佛经》中太子转生成银蹄金角牛犊以及《大阿育王经》中的猪崽换太子的故事。①

尽管如此，透过"狸猫换太子"传说，实在可以洞察宋代政治不大为人所道的真相，而这才是"狸猫换太子"传说所体现出的另一层深刻意义。

二、传说背后的真实：宋真宗与士大夫政治的形成

"狸猫换太子"的原始传说，诉说的基本上是一个反映个人恩怨的悲剧，刘皇后虽然凶狠恶毒，但与政治关涉不多。而到了根据一定史实大加铺衍的最新版本的电视剧那里，便在历史的政治时空中展开了这一传说。我们的考察将兼顾原始传说与最新版本，严格依据史实，无一事无来处。我想，这样的考察将有助于人们认识"狸猫换太子"传说所投射的时代。

---

① 参见罗璇：《中印文化转型重构的一个生动个案："狸猫换太子"故事元素分析》，《怀化学院学报》，2007年第4期。

（一）真宗其人与即位风波

宋太祖凭借实力夺得政权，宋太宗则是在"烛影斧声"的疑惑之中登上的皇位[①]，宋真宗才是宋朝第一个正常继统的皇帝。真宗是太宗的第三子，在嫡长为继的传统下，本来轮不到真宗来承继大统，可阴错阳差居然就落在了他的头上。

长子元佐，原本是太宗作为继承人培养的，但由于反对太宗迫害叔侄，佯狂放火烧宫殿，被废为庶人。[②]次子元僖则跟太宗关系紧张到快要兵戎相见的地步，后来不明不白地死去。[③]真宗是按顺序轮到的，但其中也有寇准说项的因素。[④]不过，在多疑的太宗下面，做继承人既而做太子并不舒服。真宗在担任开封府尹时蠲免属县租税，让太宗感到了收买人心的不快。[⑤]承唐末五代百年混乱之后，都城的人看到首次册立的太子真宗，欢呼为"少年天子"。这事传到太宗耳中，跟寇准抱怨说："人心遽属太子，欲置我何地。"[⑥]类似的事情一定不少，为了保住继承人的位子，真宗只能更加低调，临渊履冰，小心翼翼。如对太宗指定的老师李沆等每见必拜，不让大臣对他称臣等。[⑦]但这样做的结果是，从一开始，这个少年天子的自尊心便已消失。在他即位之初，见到吕端等大臣时，常常是又鞠躬又作揖，并且还不直呼其名。[⑧]真宗对大臣的这种态度，与他一直生活于太宗的阴影之下

---

① 参见王瑞来：《"烛影斧声"事件新解》，《中国史研究》，1991年第2期。
② 参见李焘：《续资治通鉴长编》卷二十六"雍熙二年九月丁巳"条，北京：中华书局，2004年。
③ 参见《续资治通鉴长编》卷三十三"淳化三年十一月丙辰"条。
④⑥ 参见《宋史》卷二百八十一《寇准传》。
⑤ 参见《续资治通鉴长编》卷四十二"至道三年十一月丙寅"条。
⑦ 参见《宋史》卷五《太宗纪》；《续资治通鉴长编》卷三十八"至道元年十月乙亥"条。
⑧ 参见徐自明撰，王瑞来校补：《宋宰辅编年录校补》卷三，北京，中华书局，1986年。

有关。

　　真宗在即位之际,也经历了一场惊吓,差点没当成皇帝。太宗病重,内侍王继恩、参知政事李昌龄、知制诰胡旦、殿前都指挥使李继勋就密谋拥立已被废为庶人的太宗长子元佐。这一阴谋还极可能有李皇后参与。因此在太宗驾崩后,李皇后命王继恩去召宰相吕端。吕端一定是事先对阴谋有所察觉,所以他扣押了王继恩之后,才去见李皇后。李皇后对吕端说应当立嗣以长,当即被吕端否决。他说先帝立太子就是为了今天,哪能先帝刚刚去世就违命呢? 这样,真宗才被招来。在即位之时,看着垂帘的殿上,吕端就是站立不拜,要求卷帘。然后他亲自上殿看清楚确实是真宗后,才下殿率群臣拜呼万岁。①试想倘若殿上帘后被李皇后等人换成了元佐,吕端等群臣糊里糊涂地下拜,那就极有可能生米煮成熟饭,真宗的即位成为泡影。由于新君即位之际变幻莫测,所以政治经验丰富的老臣吕端充满警觉。无愧太宗曾评价吕端"大事不糊涂"②。这一未遂的宫廷政变,惊心动魄,想必对真宗刺激很大。因此也可以理解他何以对吕端等大臣又揖又拜,这里面包含有感激和敬畏。

　　即位虽然还算顺利,但真宗并不轻松。谋立元佐的几个人已被贬往地方,但李皇后还在,他的几个兄弟都有可能成为皇位的觊觎者。真宗可以依靠的,只能是忠心维护他的宰相吕端以及太子时代的老师李沆等一批人。从成为继承人的时代开始,长期严酷的客观现实与巨大的心理压力,终于铸成了真宗庸懦的性格。

――――――――
　　① 参见《宋史》卷二百八十一《吕端传》;《续资治通鉴长编》卷四十一"至道三年三月癸巳"条及"四月甲戌"条。
　　② 《宋史》卷二百八十一《吕端传》。

(二) 士大夫政治的形成

真宗的庸懦却给士大夫们重塑皇权带来的契机,给中国历史后来的政治走向带来的契机。在"烛影斧声"之下不清不楚登上皇位的太宗,最初想收复被石敬瑭割让给契丹的燕云十六州,以不世之功树立威望,冲淡人们对他即位的疑惑。但太宗毕竟不是善战的太祖。连连败北的太宗最后将精力转向内政建设。内政建设需要人才,当时从中央到地方充斥的,多是后周入宋和降服后诸国的官员,并且随着时光的流逝,这批官员也在逐渐老去。维持王朝运营的官员急待补充。然而,官员再生产装置的科举,自隋历唐至宋初,不过如涓涓细流不绝若线,只给少数及第者带来荣誉,并未在王朝统治机器中发挥很大的作用。有鉴于此,太宗毅然扩大科举取士的规模,由原来一榜取士十几、几十人骤然扩大到几百人、上千人。十几年下来,宋王朝的统治机器,从中央到地方,终于由自己培养的士大夫全面接手。

"满朝朱紫贵,尽是读书人。"①大批读书人通过科举及第走上仕途。其中的出类拔萃之辈迅速脱颖而出,十几年不到,便登上了政界的制高点,或是成为代掌王言的翰林学士之类,或是成为宰相、执政。贯穿了整个真宗朝的几个主要宰相,都是在太宗朝进士及第的士大夫,如李沆、王旦、寇准都是太平兴国五年(980年)的进士,而王钦若、丁谓则是淳化三年(992年)的进士。太宗朝的进士到了真宗朝,始成气候,开始了全方位的掌控,士大夫阶层全面崛起,士大夫政治从此形成。

传统中国的君主制政体,赋予了皇帝至高无上的权力。不过,宋代皇帝的角色定位,到了宋真宗,却进入了一个很微妙的

---

① 张端义:《贵耳集》卷下。

时期,也是一个决定性的时期。在士大夫政治业已形成的新形势下,性格谨畏的宋真宗,无法做到像他的父辈开国皇帝太祖、亚开国皇帝太宗那样强势专权,大事小情无所不统。真宗自幼接受的是正规的帝王教育,据他自己讲,在东宫时,光《尚书》就听了七遍,《论语》和《孝经》也都听了四五遍。①传统经典的为君之道,已在真宗的头脑中设置了不可逾越的政治伦理规范的"雷池"。

不仅如此,在士大夫政治的设计下,真宗即位后,对皇帝进行再教育的侍读侍讲制度也被重新建立。据南宋的陈亮讲,相对于台谏阻皇帝不正确行为的谏身之制,侍读侍讲制度是一种防患于未然的"谏心之制"。②真宗所接受的教育,使他拥有较强的自律。这个既无创业之功又是非长而立的皇帝,对政务几乎都是"每事问",根据宰执大臣的意见做出决定。当他的意见遭受抵制时,很少固执己见。有时他还要动点脑筋,耍点小花招,才能使自己的想法在宰臣那里获得通过。比如,真宗在王钦若的建议下打算举行封禅大典,担心宰相王旦不同意,便在一次酒宴后,送给王旦一坛好酒。王旦回家打开一看,原来是满满一坛珍珠。③于是,等于是受贿的王旦便没在封禅一事上再提出过反对意见。

中国过去的君臣关系,不同于商业中的主顾关系。皇帝常常把臣僚看作是师友。关于真宗在位二十六年间的几个重要宰相,我略微做了归纳。真宗初年的宰相李沆,可以称之为畏友。因为他在真宗即位前就是太子师傅,真宗即位后也一直向真宗灌输忧患意识,以此来规谏真宗,让真宗整天战战兢兢。继李沆

---

① 参见《续资治通鉴长编》卷七十二"大中祥符二年九月乙亥"条。
② 参见章如愚:《人臣门》,《群书考索》别集卷十八,文渊阁四库全书本。
③ 参见《宋史》卷二百八十二《王旦传》。

之后长达十二年为相的王旦,可以称之为诚友。他兢兢业业,以忠诚获得真宗的信赖,从而达到真宗对他的话言无不听的地步。力主真宗亲征,以澶渊之盟开创北宋一百余年和平局面的寇准,可以称之为诤友。忠心耿耿,但处事强硬,让真宗虽不满意又不得不依靠。靠投机取信,靠阿谀获宠的王钦若,可以称之为佞友。他同真宗一起伪造天书,鼓动真宗东封西祀,真宗对他"一见辄喜"。而丁谓则是初期靠他的能力让真宗离不开他。后来大权在握,在真宗病重的特殊时期,对真宗公然欺瞒,当面矫诏,十分霸道,而真宗也拿他无可奈何。对后来临朝听政的刘太后,丁谓也不放在眼里。因而可以称之为霸友。

在士大夫政治形成初期,以这几个宰相为主的士大夫精英的活动,无论忠奸美丑,都给士大夫政治打下了鲜明的印记,为后来明确的理论建设提供了最近的审视与解剖的活体。降至仁宗朝,范仲淹、欧阳修等人发轫的政治文化重建,最主要的参照系就是刚刚过去的真宗朝。从仁宗朝开始的政治文化建设与理学创生,其主要资源就是来自真宗朝的政治实践。因此说,研究宋代以及宋代以后的历史,真宗朝实在可以说是一个极为重要的起点。真宗朝君臣的共同行为所形成的祖宗法,又对后世的君主形成规范。从真宗朝开始,士大夫政治走上君主合作下的宰辅专政轨道,而皇权的实际政治空间则日渐狭小,逐渐走向权威化、象征化。

三、传说背后的真实:皇帝参与的政变

(一)刘皇后的出场

"狸猫换太子"事件的主角刘皇后,其活动不仅贯穿整个真

宗朝，与真宗渊源深厚，还在真宗后期和仁宗前期对宋代政治产生巨大的影响，实在是不亚于其他宋代皇帝的一个重要存在。

刘氏身世不明，《宋史·后妃传》的记载属于显赫后的伪造，不足为信。从少年时代起，四川出身的刘氏便走上街头，成为拨鼓卖艺的艺人，后来嫁给银匠龚美。由龚美携至京城，转让给还是皇子的真宗。①《宋史·后妃传》记载说"后年十五入襄邸"，恐非属实。据《宋史·真宗纪》，真宗封为襄王在端拱元年（988年），开宝二年（969年）出生的刘氏这一年已经虚岁二十。减去五岁，无非是想证明刘氏的年幼清白。襄王跟一个来历不明的卖艺女子交往，很快为奶妈告发，被太宗下令赶走。②

至道三年（997年），真宗即位，终于如愿以偿，将刘氏迎入宫中。此时已是十年之后，可见真宗终未忘情。不过宫中亦有制度在，进入等级森严的皇宫，刘氏仅成为嫔妃中四品之末地位低下的美人，距离上面的贵妃隔着二十二级，仅比最低的才人、贵人稍高两级。③不过，有真宗的宠爱，这些都不是问题。入宫后，这个连亲属都没有的女子，指认前夫龚美为兄，为此龚美只得改姓为刘。此时的刘氏已经接近三十岁。时光飞快，又过了十多年，大中祥符五年（1012年）五月，在前几年成为修仪的刘氏升为仅位于贵妃、淑妃之后的一品德妃。④是年十二月接近月末的一天，真宗在皇后去世的第七年终于立刘氏为皇后。⑤刘氏成为皇宫中的女性之首、母仪天下的皇后，若从她结识真宗时算起，已经过去二十多年，即使从进宫算起，亦已走过了十五年。这一

---

① 参见王称：《章献明肃皇后传》，《东都事略》卷十三，文渊阁四库全书本。
②③ 参见《续资治通鉴长编》卷五十六"景德元年正月乙未"条。
④ 参见《续资治通鉴长编》卷七十七"大中祥符五年五月戊寅"条。
⑤ 参见《续资治通鉴长编》卷七十九"大中祥符五年十二月丁亥"条。

年,刘氏已经四十三岁。刘氏以这个年龄成为皇后,比三十二岁成为皇后的武则天还要让人吃惊。作为一个女人,四十三岁宠压群芳,母仪天下,绝非仅凭颜色容貌。这是任何人都可以做出的简单判断。

并且,刘氏成为皇后不仅要击败宫内众多的竞争对手,还要冲破来自朝廷的重重阻力。当真宗决定立刘氏为皇后时,宰相王旦、向敏中以及前宰相寇准等多数大臣都明确表示反对,理由都是"出于侧微不可"①。特别是真宗朝进士状元的李迪几次上疏强烈反对,说她"起于寒微、不可母天下"。参知政事赵安仁不仅反对,还给真宗提供了一位高贵的人选:出身于故宰相沈义伦之家的沈才人。②有学者曾以郑樵所云"婚姻不问阀阅"为证,论述宋人在婚姻方面已无门阀观念。③其实,这至少与皇帝的婚姻状况不符。赵安仁推荐的沈才人,据《宋史·后妃传》记载,当初就是"以将相家子被选"④。可见,皇帝选妃一定要讲究家世,必须出身名门。这也是刘氏在立后之际遭遇强烈反对的原因之一。

刘氏最终能够在反对呼声强烈的情况下成为皇后,当然主要还是取决于真宗的态度坚决。不过,这并不代表皇权的力量。在士大夫看来,皇帝的皇后是谁,无关乎政局变化,所以没有彻底干预皇帝的个人私事。此外,这也与首相王旦在最后一刻妥协有关。王旦长年为相,史载"事无大小,非旦不决",拥有很大的权威。前面提到,甚至真宗要举行封禅大典都要事先贿赂王旦,以取得同意。不过,王旦处理君臣关系的方式非常温和,跟

---

① 司马光:《涑水记闻》卷七,北京:中华书局,1989年。
② 参见《续资治通鉴长编》卷七十八"大中祥符五年九月戊子"条。
③ 参见张邦炜:《试论宋代"婚姻不问阀阅"》,《历史研究》,1985年第6期。
④ 《宋史》卷二百四十二《后妃传》。

李沆和寇准都不同，从不勉强真宗。而刘氏当时也很在意王旦的态度。王旦因病没有上朝，刘氏便劝真宗推迟讨论立后之事，后来王旦上疏表示同意，此事方得以决定。①

这里，还需要提及一下"狸猫换太子"传说中的另一个主角李妃。李妃初入宫就被指派给刘氏做侍儿，从此便与刘氏开始了不解的关系。这个比刘氏小十八岁的宫女，在真宗到刘氏那里去时，被指定为司寝，因而有孕。大中祥符三年（1010年），生下一子，后为仁宗。在丧失唯一的九岁儿子之后，真宗复得此子，欣喜逾常。李氏因此被封为县君，但还没有进入嫔妃之列。后来又生下一女，虽然夭折，但此后李氏却得以进入嫔妃的最低一级五品才人。到了真宗快去世时方升为二品婉仪。②

由于李氏是当时尚为修仪的刘氏房里的侍儿，因而所生之子为无子的刘氏养为己子，并无不自然之处，而犹如刘氏奴隶一般的李氏也不敢作声。由于地位的悬殊，李氏根本没有可能同刘氏争夺皇后之位，连想都不敢去想。刘氏无须抢夺，更没有必要以什么狸猫来偷换。刘氏房里有了真宗的唯一子嗣，自然也是刘氏两年后成为皇后的一个很重的砝码。

在"狸猫换太子"传说中有一个情节，说真宗看到李妃产下剥了皮的狸猫，大为惊恐震怒，指为妖孽。这很具有逻辑真实。真宗笃信天命鬼神。《宋史·真宗纪》说真宗出生时左脚趾有文成"天"字。其实这不过是新生儿的皮肤皱褶，但真宗相信这是天命的暗示。他长在宫中，幼年时跳上太祖的龙椅玩耍，太祖问他："天子好作否？"他回答说："由天命耳。"③后来真宗伪造天

---

① 参见《续资治通鉴长编》卷七十九"大中祥符五年十二月丁亥"条。
② 参见《宋史》卷二百四十二《后妃传》。
③ 参见《宋史》卷六《真宗纪》。

书,大搞封禅,固然有平衡心理的外交意义,因为澶渊之盟后宋辽天子互相承认,在出现天有二日的状况下,要以此来昭示宋朝奉天承命。还有真宗缓解自身精神焦虑的因素,以天书的"付于恒"来强调自身的正统地位。①而选择天书封禅这种形式,则主要是出于真宗以及王钦若等人的宗教狂热,不然不会有长达数年的持续。与李妃有关,《宋史·后妃传》记载了这样一个细节:"(李妃)既有娠,从帝临砌台,玉钗坠,妃恶之。帝心卜:钗完,当为男子。左右取以进,钗果不毁,帝甚喜,已而生仁宗。"见钗不坏而喜,见狸猫而恶,都反映的是同样的真实,真宗笃信天命鬼神的真实。

(二) 走向前台的刘皇后

在大中祥符末(1016年),真宗中风病倒。此后几年,身体有所康复。不过,天禧四年(1020年)春,病情再次加重,这便将刘皇后推到了处理政务的前台。史籍记载:"时上不豫,艰于语言,政事多中宫所决。"②不过,刘皇后并不是突然走向前台的,这之中有一个很自然的过渡。《宋史·后妃传》记载说:"后性警悟,晓书史,闻朝廷事,能记其本末。真宗退朝,阅天下封奏,多至中夜,后皆预闻。宫闱事有问,辄引故实以对。"从这段记载可知,刘皇后与唐朝的武则天一样,不仅通晓文辞,还有见识,成为皇后之后,在内廷充当了真宗的秘书与助手的角色。从这一角色转身,直接处理政务,对刘皇后来说,不过是从幕后走向前台,驾轻就熟。《宋史·后妃传》接着记载说:"天禧四年,帝久疾居宫中,事多决于后。"就是说,在真宗病倒后,以真宗名义发出的诏

---

① 参见《续资治通鉴长编》卷六十八"大中祥符元年正月乙丑"条。
② 《续资治通鉴长编》卷九十五"天禧四年六月丙申"条。

令裁决，多是出自刘皇后之手，然而也显示着皇权。不待真宗去世，真宗病倒，刘皇后走向前台，就意味着后真宗时代已经开始。

（三）真宗末年的政局

天禧元年（1017年），长期任相的王旦逝去后，在中书，除了宰相向敏中之外，真宗宠爱的佞臣王钦若被补充进来，成为宰相之一。①天禧三年（1019年），曾担任过宰相、枢密使的判永兴军寇准，急于重返政治中枢，以牺牲道德原则为代价，奏上了他素所不信的天书。这次的天书跟大中祥符年间真宗跟王钦若一同伪造的不同，是寇准手下一个叫朱能的巡检勾结内侍周怀政伪造的。②上天书，主要是想投热衷此道的真宗所好。这也是寇准试图与皇权结盟从而重返政治核心的一步棋招。这当是寇准分析了当时王钦若"恩遇浸衰"的现状而走出的一步。③在奏上天书之后，寇准成功地取代政敌王钦若，再度执掌相印。④

王旦去世，已届真宗朝末期，中央政治乱象纷呈，已无往昔的安定。帝政、后党以及执政集团内外，各种矛盾交织在一起，形势异常复杂。因此从明哲保身的角度，有谋士曾劝阻寇准此时不要进入中央搅这个乱局。⑤不过，或许出于贪恋权位，或许出于试图挽回王旦去世后朝廷颓势的责任感，更或许是同年盟友宰相向敏中，甚至还包括真宗的暗自相召，总之，寇准义无反顾地返回了政治核心。

在寇准拜相的同一天，真宗朝的另一个重要人物丁谓也再

---

① 参见《宋史》卷二百一十一《宰辅表》。
② 参见《续资治通鉴长编》卷九十三"天禧三年三月乙酉"条。
③ 参见《续资治通鉴长编》卷九十五"天禧四年六月丙申"条。
④ 参见《宋史》卷二百一十一《宰辅表》。
⑤ 参见《续资治通鉴长编》卷九十三"天禧三年五月甲申"条。

次进入中书,成为副宰相参知政事。①似乎是上天有意给寇准树立了一个对立面。本来,寇准早年对丁谓很欣赏,曾屡屡向他的同年进士宰相李沆推荐丁谓,但李沆似乎看透了不可"使之在人上"的丁谓的人品,硬是没有起用。②后来颇有能力的丁谓出任主管财政的三司使,在天书封禅活动中,积极给予真宗财政支持,因此而颇得诟病。在当时便被公论冠以"五鬼"之一的恶名。③从当时寇准私下言及丁谓的讽刺语气看,受公论的影响,寇准对丁谓已经改变了印象。不过,真宗和宰相向敏中似乎并不知道寇准对丁谓印象的这一变化,还记得早年寇准对丁谓的欣赏,以为他们会和衷共事,所以如此搭配了执政班底。

在共事之初,丁谓倒是对寇准恭敬有加,但这样做有时反而更增加了寇准的鄙视。史载:

> 谓在中书事准甚谨。尝会食,羹污准须。谓起,徐拂之。准笑曰:"参政,国之大臣,乃为官长拂须耶?"谓甚愧之。由是,倾诬始萌矣。④

这就是汉语中"溜须"一词的来源。寇准如此羞辱丁谓,在丁谓的心里埋下仇恨的种子。可以想象,在寇准与丁谓在中书共事期间,类似的事情肯定不止这一件。仇恨由积累到爆发有一个过程。经过了一定的积蓄,遇有适以爆发的机会,就会爆发,这是势所必然。

---

① 参见《宋史》卷二百一十一《宰辅表》。
② 参见《宋史》卷二百八十二《李沆传》。
③ 参见《续资治通鉴长编》卷一百七"天圣七年三月戊寅"条。
④ 《续资治通鉴长编》卷九十三"天禧三年六月戊申"条。

丁谓报复寇准的机会是伴随着一场宫廷政变来临的。就在寇准入相的天禧三年，真宗患上中风，不仅说话不利落，而且神志也有些恍惚。因此，在真宗不能处理日常政务的情况下，"政事多中宫所决"，即政务在经过皇帝这道必要的程序时，多由真宗刘皇后代为处理。这就使颇喜欢干预政事的刘皇后权力骤然增大，并且也给朝廷的政治派系的角逐与组合提供了新的机会与可能。

寇准不是看不出刘皇后权力增大的政治形势，但寇准似乎有些瞧不起这个出身寒微的女人。当年，真宗准备立刘氏为皇后时，寇准就提出过反对意见。这件事肯定已使成为皇后的刘氏怀恨在心。偏偏就在刘氏权势日增之时，寇准又做了件蠢事。"刘氏宗人横于蜀，夺民盐井。上以皇后故，欲赦其罪。"这时寇准则坚持要求法办。结果，"重失皇后意"，深深地得罪了刘氏。[①]本来就有龃龉，现在又如雪上加霜。新仇旧恨，彻底把刘氏推到了寇准敌对势力的一方。说寇准做蠢事，是从政治斗争的角度而言。从道德上说，寇准在这件事上并没有错。但政治斗争并不以道德人格言是非，而是以成败论英雄。这就是政治斗争的残酷无情处。

当时朝廷的政治形势，尽管刘氏权势增大，但毕竟处于宫内，在发号施令上，则不如宰相有力。因为从业已形成的政治传统上，宰相主政，皇帝则基本上是实施名义上的裁决权来支持宰相主政。在皇帝与宰相之间，很少有尖锐对立。因此，当时中书内寇准与向敏中两个宰相，在权力上足以敌过刘氏，至少可相抗衡。

---

① 参见《续资治通鉴长编》卷九十五"天禧四年六月丙申"条。

不过,暂时的平衡很被打破了。宰相向敏中于天禧四年(1020年)三月薨于相位。向敏中当是寇准重要的同盟,寇准的再入相,并不是真宗一个人能完全做主的事,至少是得到过宰相向敏中的首肯,甚至是推荐。而向敏中的去世,则使政治天平开始倾向于寇准敌对势力一方。

从寇准入相到罢相整整一年期间,朝廷执政大臣状况如下表①:

人　名	中书	枢密院	就任时期	备　注
向敏中	宰　相		大中祥符五年～	天禧四年三月卒
寇　准	宰　相		天禧三年六月～	天禧四年六月罢
曹利用		枢密使	天禧二年六月～	天禧三年十二月以前知枢密院事
李　迪	参知政事		天禧元年九月～	
丁　谓	参知政事		天禧三年六月～	天禧三年十二月以后为枢密使
任中正		同知枢密院事	天禧元年九月～	天禧三年十二月以后为枢密副使
周　起		同知枢密院事	天禧元年九月～	天禧三年十二月以后为枢密副使
曹　玮		签书枢密院事	天禧四年正月～	

对上表中的执政大臣,我们姑且以对寇准的态度为标准,略做分析。

向敏中,如上所述,当属拥寇派。

曹利用,早在"澶渊之盟"时,寇准就与其有过从。不过,对曹利用来说,那是并不愉快的过从。"澶渊之盟"时,曹利用作为

---

① 资料出处:《宋史》卷二百一十一《宰辅表》。

和谈使者出使契丹军中,当时担任宰相的寇准曾威胁曹利用,说如果应允岁币数额超过三十万就杀了他,吓得"利用股栗"。①就是这个曹利用,十年后寇准再入朝廷任枢密使时,居然也被任命为枢密副使,与寇准共事。不过,寇准一直瞧不起这一介武夫。史载:"准为枢密使,曹利用副之。准素轻利用。议事有不合者,辄曰:'君一武夫尔,岂解此国家大体耶?'利用由是衔之。"②所以说,曹利用对寇准积怨颇深,是寇准反对派的主将。

李迪,《宋宰辅编年录》卷三说:"李迪与准同在中书,事之甚谨。"而且,在当初真宗立刘氏为皇后时,同寇准一样是个反对派。③由于这个因素,李迪当可以列入寇准阵营。

丁谓,自不待言,是寇准反对派的主帅。

任中正,"素与丁谓善,谓且贬,左右莫敢言,中正独救谓,降太子宾客、知郓州"④。由于有这一层关系,任中正当属于寇准反对派。

周起,与寇准过从甚密。"起素善寇准。准且贬,起亦罢为户部郎中、知青州",周起"尝与寇准过同列曹玮家饮酒,既而客多引去,独起与寇准尽醉,夜漏上乃归"⑤。因此,周起当为拥寇派。

曹玮,明确被丁谓指为寇准党,"宰相丁谓逐寇准,恶玮不附己,指为准党"⑥。

归纳上述分析,寇准阵营:向敏中、李迪、周起、曹玮;丁谓阵

---

① 参见朱熹:《五朝名臣言行录》卷四,文渊阁四库全书本。
② 《续资治通鉴长编》卷九十五"天禧四年六月丙申"条。
③ 《宋史》卷三百一十《李迪传》载:"初,上将立章献后,迪屡上疏谏,以章献起于寒微,不可母天下。章献深衔之。"
④ 《宋史》卷二百八十八《任中正传》。
⑤ 《宋史》卷二百八十八《周起传》。
⑥ 《宋史》卷二百五十八《曹玮传》。

营：曹利用、任中正。此外，代掌王言的翰林学士杨亿与钱惟演，分别属于寇准阵营和丁谓阵营。

表面的力量对比看，似乎两个阵营彼此彼此，难分轩轾。但寇准阵营在宰相向敏中死后则势力大失。最主要的是失去了与皇权的平衡，这就给了反寇派以可乘之机。而朝廷中一些见风使舵之人，也纷纷投靠向丁谓阵营。史载："翰林学士钱惟演，见谓权盛，附离之，与讲姻好。而惟演女弟实为马军都虞候刘美。时上不豫，艰于语言，政事多中宫所决。谓等交通诡秘，其党日固。"①这就是当时的政治形势。

（四）太子监国之争

面对严峻的政治形势，寇准感到已不能再指望病入膏肓的真宗了，决计寻找新的支持力量。刘皇后他无法也不屑于争取，于是就把眼睛盯在了年仅十岁的皇太子身上。他倒不是指望皇太子能发挥什么作用，而是要"挟天子以令诸侯"，利用皇太子的名义来压倒毕竟不是真正皇权代表者的刘皇后，建立起新的皇权与相权的联盟。如果寇准能像当年在澶渊之盟时左右真宗那样左右皇太子，就意味着重新控制了皇权，也就等于控制了斗争的主动权，足以打垮敌对势力。

为了能利用皇太子，寇准必须先把皇太子的权威树立起来，这样才能发挥皇太子的作用。对此，寇准考虑了两个方案：一是让皇太子监国，二是让真宗退位做太上皇，皇太子即位。只有如此，皇太子这样一个有名无权的少年小儿，才能罩上威力无比的皇权的光环。

---

① 《续资治通鉴长编》卷九十五"天禧四年六月丙申"条。

然而，宋代士大夫政治的最高形式是宰辅专政。宰辅是指宰相和作为辅弼大臣的参知政事、枢密使等人构成的执政集团。就是说，在正常状态下的政治运作，是执政集团的集体领导，并不是宰相独裁。宋代历史上的确出现过不少宰相独裁的局面，那是士大夫政治发展到极致的变质，非常态。在寇准任相时期，还没有走到这一步。所以，寇准要想实现他的方案，首先要在执政集团内获得通过。

因为让真宗退位的事情过大，所以寇准先是把让皇太子监国的方案提出，在执政集团中商议。史载："初，真宗不豫，寇准议皇太子总军国事，迪赞其策，丁谓以为不便曰：'即日上体平，朝廷何以处之？'迪曰：'太子监国，非古制邪？'力争不已。于是皇太子于资善堂听常事，他皆听旨。"①从这段记载看，在太子监国的问题上，寇准、李迪与丁谓的意见是对立的。争论的结果，达成了一种妥协，即皇太子依旧在太子学习的地方听取日常事务性的汇报，而重要事情还是要听取真宗的意见。由此可见，是否让皇太子监国，在什么程度上听政，都是由执政集团来提案和决定的。

由于丁谓的阻挠，寇准和李迪并没有完全达到目的。因为"他皆听旨"，到头来，重要事项到了病重的真宗那里，还可能被刘皇后所控制。实际上，皇太子这个十岁的小孩子在多大程度上参与朝政，并不是特别重要的事情。但皇太子不与朝政，在名义上还是由真宗来主持朝政，而病重的真宗事实上又难以主持朝政，这样大权势必就会旁落到刘皇后手中。而当年支持过刘氏当皇后的丁谓，与寇准和李迪已经产生严重对立，自然同与寇准、李迪有宿怨的刘皇后结成了事实上的联盟。因此，刘皇后揽

---

① 《宋史》卷三百一十《李迪传》。

过大权,当然就如同丁谓揽过大权一样。

反过来,皇太子一旦如寇准所设想的"总军国事",真宗就可以不必过问政事,因而刘皇后也就没有理由过问政事了。皇太子处于宰相寇准的控制之下,也就意味着寇准重新控制了皇权,或者说与皇权建立起了新的联盟。这样就能够名正言顺地发号施令,在朝廷政治斗争中夺得主动权。所以,成功与否对寇准来说至关重要。寇准一时还无法对付与他对立的刘皇后,但可以通过皇太子"总军国事"来剥夺她攫取的皇权,从而实现寇准打败丁谓集团的最终目标。因为对寇准造成直接威胁和伤害的不是刘皇后,而是丁谓集团。寇准试图剥夺刘皇后皇权的目的,也主要是为了打击丁谓集团。

(五) 政变:从密谋到未遂

丁谓的阻挠,使寇准让皇太子监国的方案未能全面实现。所以寇准便棋走险着,开始尝试启动第二方案,让皇太子即位,真宗退位做太上皇。历史上在位的皇帝成为太上皇的原因很复杂,固然有出于皇帝本人的意愿,也有大臣做主的操作。比如南宋高宗、孝宗成为太上皇是出于本人的意愿,而光宗成为太上皇则是出于大臣们的压力。不过,无论如何,在程序上,在名义上,都必须要征得在位皇帝本人的应诺。于是,乘真宗有时还清醒,寇准找机会与真宗单独谈话。史载:"准尝请间曰:'皇太子人望所属,愿陛下思宗庙之重,传以神器,以固万世基本。'"寇准在同真宗说了上述的一番话之后,接着又说:"丁谓,佞人也,不可以辅少主,愿择方正大臣为羽翼。"对寇准的话,真宗表了态:"上然之。"①

---

① 参见《续资治通鉴长编》卷九十五"天禧四年六月丙申"条。

有了真宗的这一态度，寇准大受鼓舞，打算大干一场。据记载，寇准的计划是，"废章献（刘皇后），立仁宗，尊真庙为太上皇，而诛丁谓、曹利用等"①。这无疑是一次政变计划。如果事情成功，不仅会打败敌手，平弭朝廷政争，而且寇准也会因此而成为拥立两朝君主的元勋。这对他权力的稳固具有重要意义。

尽管事情进行得十分隐秘，最终政变还是功亏一篑。问题极有可能就出在寇准身上。他在饮酒忘情之际，不慎失言，泄露了机密，被丁谓的党羽听到，立即跑去报告丁谓。李焘《长编》注引《龙川别志》则说是杨亿对其妻弟说"数日之后，事当一新"而泄露。②总之，丁谓得到情报后，慌慌忙忙半夜乘牛车赶到其党羽枢密使曹利用家商量对策。史载："且将举事，会公（寇准）因醉漏言，有人驰报谓。谓夜乘犊车往利用家谋之"，第二天，"利用入，尽以公所谋白太后。遂矫诏罢公政事"。③诏，是以皇帝的名义发出的命令，体现的是皇权。矫诏，则是伪造皇帝的命令，是对皇权的借用。成功的矫诏便也成为真正皇权的实施。对上述记载，值得注意的是，曹利用入宫，找的不是真宗而是刘皇后。是刘皇后矫诏罢免了寇准的宰相。《长编》的记载不是刘皇后矫诏，是与刘皇后有着姻亲关系的翰林学士钱惟演跟真宗商议后的草诏。尽管如此，寇准罢相，秉承的还是刘皇后的意志。

当计划被泄露之后，《长编》记载"谓等益惧，力谮准，请罢准政事"。值得注意的是这里的"谓等"，即不是丁谓一个人。对寇准的计划感到恐惧的，都是这一计划威胁到其自身利益的人。

---

① 《五朝名臣言行录》卷四。
② 记载亦见于今本《龙川略志·别志卷上》。
③ 魏泰：《东轩笔录》卷三，北京：中华书局，1983年。

除了丁谓和曹利用之外,还应当包括有刘皇后。于是这些人联合起来,在真宗面前对寇准进行了猛烈的攻击。这种攻击无非还是拿真宗做文章。私下劝真宗退位无妨,但一经别人披露出来,就是阴谋废上的不赦之罪。所以,当初杨亿要"夜屏左右为之辞"①,极为隐秘地操作。而计划一旦曝光,寇准必然会被罢相,真宗也保不了他。

一场惊心动魄的政变,还在计划之中,就这样连点响动都没发出,便流产了。

(六)皇帝参与政变的秘密

寇准的政变目标主要针对的是丁谓集团,但为何要废掉刘皇后呢?刘皇后是丁谓集团依靠的大树不错,但她毕竟是皇后,是真宗喜爱的妻子呀?同世间的一切事物一样,人的感情世界其实也处于不断变化之中。患病后的真宗,对刘皇后的态度便发生了变化。这种变化的产生,自然并不是真宗一方发生的,与刘皇后的种种行为也脱不了干系。夫妇之间许多事情难以说得清。但真宗、刘皇后不是普通的夫妇,他们还是两个政治人。真宗并不满意刘氏过分干预朝政,史载:"天禧末,真宗寝疾,章献太后渐预朝政,上意不能平。"②没有真宗的这种态度,尽管寇准等人对刘皇后再不满,也不敢斗胆废后。因此,上述寇准与真宗谈话,"上然之"这样真宗的表态,实在有无限玄机,包罗万象,其中可能就有对刘皇后处理的计划在。因此,我推测,实际上这次未遂政变的计划是真宗与寇准共同策划的。这种推测并非毫无根据的臆测。

---

①② 《五朝名臣言行录》卷四。

由于"章献太后渐预朝政，上意不能平"，从打击刘氏的目的出发，真宗想采取一些行动。而能帮助他实现这一目的，只能是与刘氏对立的寇准和李迪等人，而不可能是与刘氏相勾结的丁谓。《龙川略志》载："真宗晚年得风疾，自疑不起。尝卧枕宦者周怀正股，与之谋，欲令太子监国。怀正，东宫官也。出与寇准谋之，遂议立太子、废刘氏、黜丁谓等，使杨亿草具诏书。"（《别志卷上》）①躺在宦官周怀政大腿上，真宗下达了密令。

所以说，宦官周怀政告诉寇准真宗与他商量的事，绝不是他自作主张的个人行为，而是受真宗之托，传达给寇准的，等于是给寇准下达的密诏。而前面所说"准尝请间"，并非宰相寇准乘没人见到，抽空子偷偷会见真宗。寇准的入见，实际上很有可能是真宗的召见。寇准与真宗商量后，计划变得具体化了，即前面说的"废章献，立仁宗，尊真庙为太上皇，而诛丁谓、曹利用等"。

在这个计划中，"废章献，立仁宗，尊真庙为太上皇"是真宗要达到的目的，而"诛丁谓、曹利用等"则是寇准要达到的目的。这个计划体现了君臣二人的互相利用的一面。即真宗要借寇准之手来达到目的，寇准则是要借助真宗尚能行使的皇权来打击政敌。

当计划失败后，真宗无法面对攻击寇准的人说出这是他的计划。这就委屈了寇准，使寇准在某种程度上成了牺牲品和替罪羊。攻击的结果使寇准的宰相被罢免。但真宗还是尽最大的努力对寇准做了保护。

我们来看一下《长编》卷九十五"天禧四年六月丙申"条对寇准罢相时的记载："会日暮，召知制诰晏殊入禁中，示以除目。殊

---

① 《续资治通鉴长编》卷九十六"天禧四年七月甲戌"条亦载此事，虽文字略异，其源当出于《龙川略志》。周怀正，《续资治通鉴长编》等史籍通作"周怀政"。

曰：'臣掌外制，此非臣职也。'乃召惟演。须臾，惟演至，极论准专恣，请深责准。上曰：'当与何官？'惟演请用王钦若例，授准太子太保。上曰：'与太子太傅。'又曰：'更与加优礼。'惟演请封国公，出袖中具员册以进上，于小国中指'莱'字。惟演曰：'如此，则中书但有李迪，恐须别命相。'上曰：'姑徐之。'殊既误召，因言恐泄机事，臣不敢复出。遂宿于学士院。及宣制，则非殊畴昔所见除目。"由这段记载可知，寇准罢相，是丁谓集团反击的结果。

代王言的翰林学士钱惟演所起的作用尤为重要。钱惟演既同皇后刘氏有联姻关系，也同丁谓有联姻关系。可以说他是联系刘氏与丁谓集团的重要人物。据宣制与晏殊最初所见除目不同这一点来看，钱惟演在其中又搞了名堂。同时他还试图说服真宗，乘机将丁谓推上相位。他站在刘氏与丁谓的立场上，对寇准进行了强烈非难，但从记载看真宗对钱惟演的非难似乎没表示什么态度，对钱惟演处理寇准的意见也不是全盘接受，而是尽可能做了优待。尽管钱惟演对寇准极尽非难，但由于真宗的态度，从收载于《宋大诏令集》卷六十六的《寇准罢相以太子太傅归班封莱国公制》看，竟无一句非难之辞。

寇准罢相，只是以太子太傅归班，并且还封了莱国公，留在了朝廷，偶尔有重大活动还少不了出面。比如罢相后快一个月的时候，真宗召近臣观内苑嘉谷，并设宴款待，也叫上了寇准。①寇准犹如丁谓集团的心头之患，一日不去，一日不安。而真宗的态度，也让他们担心寇准随时会卷土重来。因此，他们加强了对寇准的攻击。《长编》卷九十六于"天禧四年七月癸亥"条载：

---

① 参见《续资治通鉴长编》卷九十六"天禧四年七月辛酉"条。

翰林学士钱惟演又力排寇准曰："准自罢相，转更交结中外，求再用。晓天文卜筮者皆遍召，以至管军臣僚、陛下亲信内侍，无不着意。恐小人朋党，诳惑圣听，不如早令出外。"上曰："有何名目？"惟演曰："闻准已具表乞河中府，见中书未除宰相，兼亦闻有人许以再用，遂不进此表。"上曰："与河中府何如？"惟演乞召李迪谕旨。上曰："李迪何如？"惟演曰："迪长者，无过，只是才短，不能制准。"因言中书宜早命相。上难其人。惟演对："若宰相未有人，可且着三两员参知政事。"上曰："参政亦难得人。"问今谁在李迪上。惟演对："曹利用、丁谓、任中正并在李迪上。"上默然。惟演又言："冯拯旧人，性纯和，与寇准不同。"上亦默然，既而曰："张知白何如？"惟演曰："知白清介，使参政则可，恐未可为宰相。"上颔之。惟演又言："准朋党盛，王曙又其女婿，作东宫宾客，谁不畏惧。今朝廷人三分，二分皆附准矣。臣知言出祸从，然不敢不言，惟陛下幸察。"上曰："卿勿忧。"惟演再拜而退。后三日，拯遂拜枢密使。盖用惟演之言也。迪既出宰相，而准为太子太傅、莱国公如故。

从这段记载中，我们可以清楚以下几点。

其一，无怪乎丁谓等人害怕，寇准在朝廷中是有一定势力的。

其二，寇准谋求再相是在朝廷中活动，而不是去求皇帝。这反映了寇准认为在士大夫中寻求支持甚至比争取皇权的支持还重要。

其三，钱惟演对情报刺探相当用力，甚至刺探出寇准草拟了请求出任地方官的表奏和有人许诺起用寇准这样极为秘密的情报。联想到寇准政变计划的泄露，可见朝廷中党派斗争之激烈。

其四,钱惟演极力想把丁谓推上相位。在寇准罢相时,他就对真宗说"中书但有李迪,恐须别命相",真宗用一句"姑徐之"搪塞过去。这次他又提出了这个问题。

其五,对钱惟演提出任相之事,真宗表示"难其人"。对钱惟演的提名,一再默然不表态,而突然提出了钱惟演所未提到的人。可见真宗不到万不得已是不愿让丁谓集团的人执掌相印的。

然而,在压力之下,真宗只得听从了钱惟演的建议,让与丁谓关系不太密切但与寇准有宿怨的冯拯为枢密使,但同时任命了与寇准政治立场一致的李迪为宰相。"迪既出宰相,而准为太子太傅、莱国公如故。"后来,真宗在受到更大的压力的情况下,尽管对丁谓一党的主要人物,"擢丁谓首相,加曹利用同平章事,然所以待寇准者犹如故"。这一切,都表明寇准所进行的那场未遂政变,是与真宗合谋的,所以真宗才如此回护寇准。

有真宗的袒护,身在朝廷的寇准试图力挽颓势。在钱惟演等人向真宗攻击寇准的时候,寇准也进行了反击。《长编》卷九十六"天禧四年七月壬申"条记载寇准在罢相后的一天,乘"入对"见到真宗的时候,"具言谓及利用等交通踪迹",并且寇准由于是同李迪一起策划太子监国事败被罢相的,所以他同真宗说:"臣若有罪,当与李迪同坐,不当独被斥。"言外之意,这件事你真宗也是赞成的,为什么独独把我罢免了。

不谙政治策略的寇准,并不理解真宗是在压力之下不得已才罢免寇准的苦衷。这让真宗很生气。既然寇准拉上了李迪,"上即召李迪至前质之。两人论辩良久,上意不乐。迪再三目准令退。及俱退,上复召迪入对,作色曰:'寇准远贬,卿与丁谓、曹利用并出外。'迪言:'谓及利用须学士降麻,臣但乞知一州。'上沉吟良久,色渐解,曰:'将取文字来。'迪退,作文字却进,上遽洒然曰:'卿等无他,且留文字商量。'更召谓入对。谓请除准节钺,令外出,上不许"。

从这段记载看,真宗在两面受压的情况下,曾想把丁、寇两党都赶出朝廷。但看了李迪奏上的文字,他改变了主意,决定支持寇党,因此在丁谓入对时提出把寇准驱出朝廷时,被真宗断然拒绝了。

(七) 宦官谋划的武力政变

寇准留在朝廷,不仅是对丁谓集团的威胁,也给寇准集团的人留下了一线希望。本来事情至此,还可能有回转的余地。因为这段时间真宗的神志还算清醒,并且在内心是支持寇党的。然而,寇党操之过急了。就在寇准与真宗进行上述谈话的时候,他们打算进行一次反扑,一举打垮丁谓集团。史载:

> 事泄,准罢相。丁谓等因疏斥(周)怀政,使不得亲近。然以上及太子故,未即显加黜责。怀政忧惧不自安,阴谋杀谓等,复相准,奉帝为太上皇,传位太子而废皇后。与其弟礼宾副使怀信潜召客省使杨崇勋、内殿承制杨怀吉、阁门祗候杨怀玉议其事,期以二十五日窃发。前是一夕,崇勋、怀吉夕诣谓第告变。谓中夜微服乘妇人车,过曹利用计之。及明,利用入奏于崇政殿。怀政时在殿东庑,即令卫士执之。①

这是一次真正的有计划的未遂的武力政变。政变的主谋竟是以宋朝防范甚严的宦官为主,这在宋代历史上是罕见的。这

---

① 《续资治通鉴长编》卷九十六"天禧四年七月甲戌"条。

说明连宦官也卷入到了朝廷的党争之中。在这次未遂政变中出面的宦官,既有寇党,又有丁党。最终是由于丁党势大,也是由于丁党的出色的情报系统,使寇准集团的最后一次挣扎归于失败。这次未遂政变,真宗及寇准都未必知情,但却给丁谓集团彻底清除寇党找到了借口,并且使真宗即使是有心袒护也无能为力了,只能在极为有限的范围内,使寇准等人不致被迫害得太过分而已。

从前引史料中"使不得亲近"这句话中,已反映出当寇准的第一次未遂政变之后,在丁谓集团的严密监视下,包括真宗的亲信在内,一般人已不能随便接触真宗。这反过来也表明,真宗已处于半软禁的行动不自由状态之中了。这次未遂政变促使皇权加速了向刘皇后转移,并且与朝廷中大权在握的丁谓走向合流,形成了丁谓左右一切的局面。

(八)政局大清洗

尽管寇准对这次事件未必知情,但他被视为罪魁祸首,在事发的第二天杀死周怀政之后,又过了两天,首先整肃了寇准。以与周怀政勾结的罪名,把寇准降知相州。与此同时,从中央到地方对寇党开始了大规模的清洗。与寇准同时被罢的是翰林学士盛度和寇准的女婿枢密直学士王曙。"亲吏张文质、贾德润并黜为普宁、连山县主簿。"当时,"朝士与准亲厚者,丁谓必斥之",所以一时朝廷之内,人人自危。[1]

在寇准集团中,杨亿是参与得最深的一个。他与寇准关系密切,太子监国的制词也是杨亿起草的。因此当杨亿被丁谓叫

---

[1] 参见《续资治通鉴长编》卷九十六"天禧四年七月丁丑"条。

到中书时,吓得"便液俱下,面无人色"①。在平时,杨亿敢于抗议真宗修改他起草的诏令,敢于不待命令就拂袖而去,但性命攸关之时,毕竟是书生,还是惜命的。

在如此政治高压之下,寇准党转入了地下活动,他们编造民谣让京城的百姓传诵。《长编》卷九十九"乾兴元年七月辛卯"条载:"谓初逐寇准,京师为之语曰:'欲得天下宁,当拔眼中丁,欲得天下好,莫如召寇老。'"舆论反映民意,但舆论也不是凭空而生的,而是反映了制造者的政治倾向与政治目的。寇准党让百姓传诵这样的民谣,无非是想用民心向皇权的主宰者和朝廷的主政者施加影响与压力。

在这种情况下,丁谓觉得寇准即使是贬到了地方,但离都城很近也很危险,就决定把寇准进一步向远方贬黜。《长编》卷九十六"天禧四年八月甲申"条记载:

> 徙知相州、太常卿寇准知安州。初,李迪与准同在中书,事之甚谨。及准罢,丁谓意颇轻迪。于是谓等不欲准居内郡,白上欲远徙之。上命与小州。谓退而署纸尾曰:"奉圣旨,除远小处知州。"迪曰:"向者圣旨无远字。"谓曰:"君面奉德音,欲擅改圣旨以庇准耶?"

真宗竭力保护寇准,在丁谓提出远徙的要求时,真宗去掉了"远"字,只同意给寇准换一个小一点的州当知州。但丁谓从真宗那里出来后,公然在"小"的前面,按他的意志加上了"远"字。对此,当时也在场的李迪提出了抗议,说真宗没提"远"字。这时,

---

① 《龙川略志·别志卷上》。

丁谓霸道地反诬李迪想篡改圣旨。如果说一件事只有两个人在场,过后谁也说不清楚。但当时至少是三个人在场,而丁谓公然信口雌黄,可见其十分嚣张。丁谓凭借他的权势和在刘皇后那里的信任,已经不把几乎不能视事的真宗放在眼里了。他知道在当时的局势下李迪不敢去找真宗对质。即使对质,真宗也可能装糊涂,甚至是顺从丁谓的说法。

紧接着,当清洗到永兴军时,寇准的亲信、伪造天书的朱能率兵拒捕,最后兵败自杀。这件事更给丁谓进一步迫害寇准提供了借口,使寇准再贬为道州司马。① 在这件事之后,已经处于半软禁状态的真宗,在实际上彻底地失去了权力。

《宋史》卷二百四十二《后妃传》在此事之后载:"于是诏太子开资善堂,引大臣决天下事,后裁制于内。"在寇准任相时,也曾"皇太子于资善堂听常事,他皆听旨"。但那时常事以外"他皆听旨",即重要的事情要通过真宗的渠道由寇准来决定。而现在"他皆听旨"换成了"后裁制于内",就成了刘氏独裁,而与真宗无干了。在刘氏独裁的形式下,朝政实际上是由与刘氏关系密切的丁谓独裁。

在这种形势下,不仅与寇准关系密切的一般官员被清洗,就连执政大臣,丁谓也开始下手了。枢密副使周起、签书枢密院事曹玮一起被罢。在执政集团内的清洗,很快就波及宰相李迪。因为李迪是寇准党在朝的唯一的也是最高的代理人。既是为了保护自己,又是不满丁谓专权,李迪同丁谓的斗争很快表面化了。

---

① 参见《续资治通鉴长编》卷九十六"天禧四年八月甲申"条。

（九）丁李全武行

在丁谓在执政集团中说一不二的形势下，处于劣势的宰相李迪，孤注一掷，当着真宗的面，对丁谓及其党羽进行了总声讨。①本来已处于不管事状态的真宗，为何又出面了呢？我想这是出于李迪的要求。因为他与丁谓等人之间的纠纷，他是不会让同自己有宿怨并支持丁谓的刘皇后去裁决的。而真宗毕竟还是皇帝，只要健康状况许可，谁也没有理由拒绝和阻止真宗出面。

从李迪的指责中，可以看出，当时丁谓是极其专权的。"除吏不以闻"，不仅是指在人事任命上，不同李迪等大臣相商，而且也指不同真宗和刘皇后打招呼，全都是他一个人说了算。本来，作为寇准党在朝的唯一重镇李迪，对丁谓等人大肆迫害寇准一党就心怀愤恨，又这样旁若无人地专权，更让他愤愤不平。

在执政集团中，李迪公开宣言与被他指为"权臣"的丁谓誓不两立。而丁谓也一直在压抑和排斥李迪这个异己。在讨论大臣等高官兼职时，按李迪的资历应当升迁尚书，但丁谓有意压抑，在拟定的方案中，让李迪同一般的执政大臣一样，只兼个左丞，而按惯例，作为宰相的两省侍郎是没有兼左右丞的。新仇旧恨交织在一起，李迪再也忍无可忍了。紧接着，丁谓又要把"五鬼"中的林特拉入执政集团担任枢密副使，更引起李迪的激烈反弹。两人争吵起来，由平日的只是动口发展到了动手。这样才闹到了非由真宗裁决不可的地步。从这两件事看，丁谓不仅是在一般人事任命上"除吏不以闻"，而且包括宰相在内的执政大臣的官职升迁和任命都由他拍板。

---

① 参见《续资治通鉴长编》卷九十六"天禧四年十一月乙丑"条。

既然已经闹到了真宗那里,李迪索性就来个鱼死网破,当着丁谓的面,直斥丁谓奸邪弄权,并具体揭发了丁谓包庇林特之子罚人致死一事。然后就说寇准无罪被罢,而寇准的亲信朱能也不应当公开杀戮,替寇准翻案。同时他一一指出丁谓与钱惟演有联姻关系,曹利用与冯拯也是互相勾结的朋党。在这种情况下,真宗作为皇帝也不能随意裁决是非。首先,试探着问,中书有什么处理不当的事。因为处于微妙地位的真宗要根据大臣们的态度与力量对比来做决定。对此,已经在中书是一手遮天的丁谓自己不直接回答,以免引起李迪的反弹。他十分自信地说,问我的同僚吧。结果真宗问了任中正与王曾。但任中正是丁谓的死党,自然不会说丁谓的坏话,而王曾则出于策略的考虑,也站在丁谓的立场上做了回答。这就使李迪陷于了孤立状态。被争吵闹得很心烦的真宗,索性把丁谓和李迪两个宰相都罢免了。

在罢相的制书未公布之前,丁、李二人都加紧活动,试图恢复相位。李迪前后找了真宗和皇太子。而丁谓不仅自己活动,担心唇亡齿寒的钱惟演也为丁谓活动。最后,丁谓当着真宗的面,很霸道地硬是留了下来,而李迪却被罢免,出知郓州。《宋史·丁谓传》载:

> 罢谓为户部尚书,迪为户部侍郎。寻以谓知河南府,迪知郓州。明日,入谢。帝诘所争状,谓对曰:"非臣敢争,乃迪忿詈臣尔,愿复留。"遂赐坐。左右欲设墩,谓顾曰:"有旨复平章事。"乃更以杌进,即入中书视事如故。仍进尚书左仆射、门下侍郎、平章事兼太子太师。

丁谓之所以敢于当着真宗的面,公然假传圣旨,说他已经被恢复了宰相职位，极有可能是他通过钱惟演的活动，得到了刘皇后的许诺。他命令内侍给他拿来只有宰相才能坐的凳子。

面对如此蛮横的权相，病重且已经无权的真宗无可奈何，只好在丁谓强行去中书视事后，恢复了他的宰相职位，并且还由太子少师升为太子太师。史载："自准罢相，继以三绌，皆非上本意。岁余，上忽问左右曰：'吾目中久不见寇准，何也？'左右亦莫敢对。"①这里的"左右亦莫敢对"，不仅是怕刺激真宗，更是畏惧权臣丁谓的势力。值得注意的是，"非上本意"一语。既然"非上本意"，不是皇帝的意思，那么又是谁的意思呢？谁的意思可以大到贬黜宰相呢？只有新成为宰相的权臣。这种"非上本意"的事情，作为皇帝常常会遇到。《宋宰辅编年录》卷十在叙述贬黜前宰相吕大防时也说："上（哲宗）之念大防深矣。议者由是知痛贬元祐党人，皆非上本意也。"这里也用了"非上本意"一语。而这一语道破的，正是在政治斗争中权臣专权的真相。

乾兴元年（1022年）二月，一切都被人架空了的真宗驾崩，从此他不再有作为皇帝的一切烦恼了，然而作为真宗时代还尚未结束，朝廷的一切都没有变化，只是皇权以"权处分军国事"的形式真正转移到垂帘听政的刘太后手中。十年后仁宗亲政，才给真宗时代打上了终止符。

四、传说背后的真实：后真宗时代的权力博弈

（一）与皇太后联手，丁谓专权

就在真宗驾崩的当月，寇准被丁谓再贬为当时的烟瘴之地

---

① 《续资治通鉴长编》卷九十六"天禧四年八月壬寅"条。

雷州司户参军。而李迪则被"坐以朋党附会"的罪名,贬为衡州团练副使。轮到值班的知制诰宋绶起草二人的责词,"谓嫌其不切,顾曰:'舍人都不解作文字耶?'绶逊谢,乞加笔削,谓因己意改定。诏所称'当丑徒干纪之际,属先皇违豫之初,罹此惊惧,遂致沉剧'"。丁谓的确满腹才华,改定的制词相当工整,但却是用来整人。他把制词改成这样,无疑是想把真宗之死的责任推给寇准、李迪二人。对寇、李二人的贬谪,参知政事王曾认为过重。因为王曾借给过寇准房子,丁谓狠狠地盯住王曾说:"居停主人恐亦未免耳。"这等于是威胁王曾,说你恐怕也逃不脱这样的命运。听了丁谓的话,"曾踧然惧,遂不复争"。①与此同时,丁谓又把在外地领兵的曹玮剥夺了兵权,责授为左卫大将军、容州观察使、知莱州。

当时有不少士大夫对专权的丁谓采取了不合作的态度,"翰林学士刘筠见上久疾,丁谓浸擅权,叹曰:'奸人用事,安可一日居此?'表求外任"②。大中祥符七年的进士状元蔡齐,"丁谓秉政,欲齐附己,齐终不往"③。

在当时的执政集团中,有这样一个人物值得注意,即前面曾出场的王曾。王曾在真宗大中祥符末年就已经成为参知政事,后来被时任枢密使的王钦若陷害而罢政。当时担任宰相的王旦对王曾的评价和期待很高。④王曾也的确没有辜负王旦的评价和期待,在丁谓专权的时期,他审时度势,相当注意策略,尽可能不同丁谓发生正面冲突。如前面提到的李迪与丁谓争吵之时,他

---

① 参见《续资治通鉴长编》卷九十八"乾兴元年二月戊辰"条。
② 《续资治通鉴长编》卷九十七"天禧五年正月丁丑"条。
③ 《宋史》卷二百八十六《蔡齐传》。
④ 参见《续资治通鉴长编》卷九十"天禧元年九月癸卯"条。

看出了李迪败局已定,就站在了丁谓一边。而在贬黜寇准时,他提出的不同意见被丁谓顶回后,也就没有再坚持。

然而在一些原则问题上,在不致同丁谓发生冲突的前提下,王曾还是不断提出自己的意见的。如真宗驾崩之际,遵遗诏军国事兼权取皇太后处分。但丁谓为了讨好刘太后,想去掉"权"字。权是权宜临时之意,意即在仁宗年幼尚未亲征之时暂时由刘太后代理。如果去掉了"权"字,就意味着刘太后的权力被无限扩大。这件事如果成为现实,不仅仁宗的亲政会遥遥无期,而且刘太后也有可能成为宋代的武则天。所以在这样的原则大事面前,作为士大夫的王曾对丁谓说:"皇帝冲年,太后临朝,斯已国家否运,称权犹足示后,况言犹在耳,何可改也?"①

王曾从两方面驳斥了丁谓的意见。

第一,军国事由太后兼权已经是出于不得已的不正常状态了,有个"权"字表示是临时性质还对后世交代得过去。

第二,加"权"字是真宗的遗诏,真宗刚刚去世,怎么就能改变呢?这是相当有力的反驳。

丁谓毕竟是士大夫中的一员,不管正邪与否,在总体上他还是要维护整个士大夫阶层的利益,即维护官僚政治的正常运作,而皇权不过是在政治斗争中利用的工具。刘太后如果因此而发展为宋代的武则天,那么丁谓也难辞其始作俑者之咎。另外即使丁谓再专权,也不敢冒篡改皇帝遗诏的罪名。如果背上了这样罪名,就会断送其如日中天的政治生命。我想丁谓是认真考虑了王曾的这种并不算是冒犯他个人的意见,而未再坚持去掉"权"字。

---

① 《五朝名臣言行录》卷五。

然而当王曾接着提出不必把尊淑妃杨氏为皇太妃之事载入遗诏时,本来就对王曾反对他去掉皇太后的"权"字有些恼火的丁谓,反咬一口说:"参政却欲擅改遗制乎?"王曾在得不到同僚的支持的情况下,也不再同丁谓对抗了。但王曾当时的表现,正如《长编》卷九十八所言:"时中外汹汹,曾正色独立,朝廷赖以为重。"

这件事还透露了一个秘密,即皇帝拟定的遗诏,在公布之前往往经过了大臣们的改动。这种改动无疑是从一定的利益原则出发的。

不久,丁谓又给包括自己在内的执政大臣加了相当高的官位。尽管王曾本人作为参知政事也被加官,但他仍然提出异议说:"今主幼,母后临朝,君执魁柄,而以数十年旷位之官一旦除授,得无公议乎?"①不在乎公议的丁谓,根本就不听王曾的意见。"今主幼,母后临朝,君执魁柄"这几句话清楚地表明了官员晋升都是由宰相丁谓一个人说了算的。

(二) 与皇权分离,丁谓政治结束

此时的丁谓,可谓是肃清了所有的政敌。人在大敌当前时,大多会警觉性很高,一旦没有了威胁,处于大权独揽的"一览众山小"的地位时,则容易得意忘形,为所欲为。而此时,就正如老子所说的"福兮祸之所倚",新的危机开始萌发了。

对于丁谓来说,从迎合真宗大兴土木,到贬黜寇准,专横跋扈,已经失尽了士大夫人心。而他在权力鼎盛之时又根本无视舆论对他的反应。比如说,他迫害寇准和李迪,必欲置其于死

---

① 《续资治通鉴长编》卷九十八"乾兴元年二月丙寅"条。

地,有人就问丁谓:"迪若贬死,公如士论何?"他若无其事地回答说:"异日好事书生弄笔墨,记事为轻重,不过曰'天下惜之'而已。"①在丁谓权盛之时,人们畏于高压,暂时压抑着不满。这同时也在蓄积着不满。寂然无声,并不意味着人们不反抗,而是等待着机会的来临。而丁谓则是像是坐在一座沉默的活火山口上,随时可能会被突然爆发的火山烧成灰烬。

真宗驾崩后,"得志便猖狂"的丁谓,在朝廷政敌一扫,兼权军国事的刘太后又深居内宫,朝廷的一切他几乎是说一不二。这就更助长了他的专横跋扈,有时甚至就连刘太后也不大放在眼里。比如,本来平时是仁宗和刘太后一起接受群臣例行朝拜,但因为仁宗年幼,早晨起不来,刘太后就同中书的大臣商量,想独自一个人接受群臣朝拜。刘太后提出这一要求时,恰好丁谓告假不在,冯拯等大臣不敢做主,就把事情拖到丁谓来时才商量。丁谓断然拒绝了刘太后的要求,并且责怪冯拯等人没有立即向他报告。②

在刘太后看来,这似乎不是什么大事。但在大臣以及官僚们看来,皇帝受朝,这是极具象征性的一件事。如果没有即使是小孩子的仁宗同在,刘太后单独是没有资格受朝的。一旦受朝,就改变了性质。刘太后可以在实际上执掌皇权,但在名分上却不能代替皇帝。"名不正则言不顺。"在中国不分古今,名分这种具有精神意义的事情要重于许多具体的实际事情。这就是西汉末年农民起义军要找个与刘邦同一血统的放牛娃刘盆子当皇帝的原因。也是北宋英宗时期的"濮议"争得天翻地覆的原因。不仅皇帝如此,士大夫更是如此。"士可杀不可辱"这句话清楚地

---

① 《续资治通鉴长编》卷九十八"乾兴元年二月戊辰"条。
② 参见《续资治通鉴长编》卷九十八"乾兴元年六月癸亥"条。

表明了精神名分重于生命的士人理念。正因为如此，冯拯等大臣对刘太后的要求明知不妥，不敢答应，推到了喜欢专权的宰相丁谓那里。

正是基于上述的理念，丁谓无法答应刘太后。在这件事上，丁谓并没有错，但却"由是稍失太后之意"。即与刘太后之间的关系出现了裂痕。这也意味着同皇权开始分离。后来，丁谓"又尝议月进钱充宫掖之用"。这等于是在经济上对宫廷开支加以限制。长期担任三司使的丁谓，这样做自有其理由，但却因此让刘太后非常不满。对这件事，《长编》卷九十八记载说"太后滋不悦"。不管行为正确与否，一旦与皇权发生分离，执政的政治家在派系斗争激烈的环境下，地位就岌岌可危了。

在丁谓的地位发生动摇之时，"朝廷赖以为重"的王曾开始了他的夺权行动。《东轩笔录》卷三载：

> 真宗初上仙，丁晋公、王沂公同在中书。沂公独入札子，乞于山陵已前一切内降文字，中外并不得施行。又乞今后凡两府行下文字，中书须宰臣、参政，密院须枢密使、副、签书员同在，方许中外承受。两宫可其奏。晋公闻之，谔然自失，由是深惮沂公矣。

王曾的奏疏，无疑是要用集体领导的方式取代在执政集团内丁谓一人的独断专行。而"两宫可其奏"，即对王曾奏疏的认可，则等于是结束了丁谓的专权局面。无怪乎丁谓要"谔然自失"了。或许从这时起，丁谓才意识到他身边的这个参知政事的厉害，而"由是深惮"。从逻辑上推理，王曾上奏一定是发生在丁谓与刘太后的关系发生裂痕之后。

或许是丁谓厄运的开始，就在这时，发生了负责建筑真宗陵墓的内侍雷允恭擅自改变陵墓位置的事件。兼任山陵使的宰相丁谓，当时处于"与雷允恭协比专恣，内挟太后，同列无如之何"①的状态，因此要包庇雷允恭。但纸包不住火，"当时以为移在绝地，于是朝论大喧"②。在这种形势下，权知开封府吕夷简悄悄开始了调查。因为在京畿发生的事情归开封府处理。史载：

> 是时吕夷简权知开封府，推鞫此狱，丁既久失天下之心，而众咸目为不轨，以至取彼头颅置之郊社云云。狱既起，丁犹秉政，许公雅知丁多智数，凡行移推劾文字，及追证左右之人，一切止罪允恭，略无及丁之语。狱具，欲上闻，丁信以为无疑，遂令许公奏对。公至上前，方暴其绝地之事。谓竟以此投海外，许公遂参知政事矣。

这里记载的是来自下面的调查。那么，执政集团内部是如何动作的呢？《长编》卷九十八"乾兴元年六月癸亥"条虽然有所记载，但过于简略，我想引用基本事实相同而生动具体的《默记》卷上的记载：

> 丁谓当国，权势震主，引王沂公为参知政事，谄事谓甚至。既登政府，每因闲暇与谓款，必涕泣作可怜之色。晋公问之数十次矣。一日，因问，闵然对曰："曾有一私家不幸事，耻对人言。曾少孤，惟老姊同居，一外甥不肖，为卒，想

---

① 《续资治通鉴长编》卷九十八"乾兴元年六月癸亥"条。
② 《东轩笔录》卷三。

见受艰辛杖责多矣。老姊在青州乡里,每以为言。"言讫又涕下。谓亦恻然,因为沂公言:"何不入文字,乞除军籍?"沂公曰:"曾既污辅臣之列,而外甥如此,岂不辱朝廷?自亦惭言于上也。"言毕,又涕下。谓再三勉之:"此亦人家常事,不足为愧,惟早言于上,庶脱其为卒之苦耳。"

自后谓数勉之留身上前奏知。沂公必涕下曰:"岂不知军卒一日是一日事?但终自羞赧尔。"晋公每催之,且谓沂公曰:"某日可留身奏陈。"沂公犹不欲,谓又自陈之。一日,且责沂公:"门户事乃尔缓?谓当奉候于阁门。"沂公不得已,遂留身。

既留身逾时,至将进膳犹不退,尽言谓之盗权奸私,且言:"丁谓阴谋,诡谲多智数,变乱在顷刻。太后、陛下若不亟行,不惟臣身齑粉,恐社稷危矣。"太后大怒,许之,乃退。

晋公候于阁门,见其甚久,即顿足掩耳云:"无及矣。"方悟知其令谓自为己谋,不使之觉,欲适当山陵之事而发故也。沂公既出,遇谓于阁门,含怒不揖而出。晋公始悟见卖,含毒而己不觉也。

是日,既至都堂,召两府入议,而不召谓。谓知得罪,祈哀于冯拯、钱惟演及曾等曰:"今日谓家族在诸公矣。"太后欲诛谓,拯申理之。沂公奏请召知制诰,就殿庐草制罢之,不复宣麻。太后从之。责太子太保、分司西京,俄窜崖州。向使谓防间沂公,则岂有此祸?故知权数在谓之上也。

这段记载虽然在描写王曾哀求丁谓方面有些夸张,但比较《长编》的记载,应当说是可信的。读了这段记载,倒让人对丁谓生出一丝怜悯,而觉得王曾有些过分。

然而，大约古今中外的政治斗争都是如此残酷无情，正如俗语所说的"无毒不丈夫"，有妇人之仁，动恻隐之心，就有可能在政治斗争中败北。在对付丁谓这样曾把寇准、李迪、王钦若等所有政敌都打得落花流水的狡猾而凶狠的敌人，王曾不讲究策略，不利用偶发事件，不借助皇权，是无法打倒的。

在打倒丁谓后，如同丁谓在打倒寇准之后一样，一报还一报，王曾同样是在朝野内外清洗丁谓党羽。首先，把在执政集团中的参知政事任中正罢免了，然后把丁谓的三个儿子和三个弟弟均行贬黜，继而贬黜了翰林侍读学士林特、知制诰祖士衡、知宣州章频、淮南江浙荆湖制置发运使苏维甫、户部判官黄宗旦和上官必、权盐铁判官孙元方和周嘉正、权磨勘司李直方等一大批丁谓党羽。①后来又相继贬黜了丁谓的女婿权判盐铁勾院潘汝士以及知开封县钱致尧、知泉州陈靖，最后贬黜了丁谓党中的首恶，枢密使钱惟演。

贬黜钱惟演时，当时的另一个宰相冯拯也说了话："惟演以妹妻刘美，实太后姻家，不可与政，请出之。"②本来，这种话在刘太后摄政时期是会惹恼她的，但在当时由于对丁谓一党是朝野共愤的气氛，刘太后尽管不满也无可奈何。

在第二年的天圣元年（1023年），被贬黜到地方的钱惟演以路过为由到了京城。这时传出了将要任命钱惟演为宰相的风声。监察御史鞠咏立即上奏强烈反对。刘太后慑于舆论压力，把鞠咏的奏疏让内侍拿给钱惟演看，示意他赶快离开京城。但钱惟演还观望不离开，指望刘太后会任命他。这时，左正言刘随

---

① 参见《续资治通鉴长编》卷九十九"乾兴元年七月戊辰"条、"乾兴元年七月壬申"条。
② 《续资治通鉴长编》卷九十九"乾兴元年十一月丁卯"条。

说:"若相惟演,当取白麻廷毁之。"就是说,如果任命了钱惟演,我就把委任状当场撕了。钱惟演听到后赶紧溜走了。①这实际上是士大夫集体与以刘太后为代表的皇权的较量。结果是刘太后也不敢无视士大夫们的意见。

历来,人们往往仅注意到元祐党争的残酷,而且人们还总是把范仲淹在庆历新政前后的活动视为开宋代党争之端绪,实际上,丁谓贬黜寇准党,王曾贬黜丁谓党,一点也不比元祐党争逊色。可以说开启宋代大规模党争的正是真宗朝后期的政治斗争。从此,宋代政治史上,大小党争连绵不断,冤冤相报,愈演愈烈。

(三)宋世已无武则天

真宗驾崩,使"渐预朝政"的刘氏不再有真宗偶尔掣肘之忧。而专横的丁谓垮台,又使刘氏不再有权臣牵制之虑。这种政治形势,或许让刘氏轻松地舒了口气,从此可以安心做她的皇太后,临朝称制了。的确,丁谓垮台之后,朝廷政治走向了相对安定。不过,在业已形成的士大夫政治之下,连皇帝都不可为所欲为,摄政的皇太后就更难以颐指气使了。

从史籍的记载看,刘太后的确在一些方面显现出了专权。《宋史》卷三百一十的卷末论赞就指出:"章献临朝,颇挟其才,将有专制之患。"《宋史·吴遵路传》也指出:"章献太后称制,政事得失,下莫敢言。"唐代武则天称帝之前,就已经长期专权。不过,士大夫政治形成之后的宋代政治势态,已同唐代大不相同。《宋史》论赞接下来叙述:"(李)迪、(王)曾正色危言,能使宦官近习,不敢窥觎。而仁宗君德日就,章献亦全令名。"

---

① 参见《续资治通鉴长编》卷一百一"天圣元年八月乙卯"条。

这里，《宋史》论赞披露了一个事实。那就是，在临朝称制之初被规定连接见群臣都必须垂帘的刘太后，在全面掌握朝政方面具有很大限制，因此她跟历史上的少主与太后临朝一样，需要指挥重用宦官和外戚来贯彻其旨意。仅从《宋史》的零散记载看，在刘太后临朝期间，宦官、外戚势力的确比较昌炽。《曹利用传》就记载说："章献太后临朝，中人与贵戚稍能轩轾为祸福。"①《章得象传》也记载说："章献太后临朝，宦官方炽。"②《司马光传》记载后来的司马光在评价刘太后时也指出："昔章献明肃有保佑先帝之功，特以亲用外戚小人，负谤海内。"③

《宋史》对具体事实也有记载。比如宦官任事弄权，《刘沆传》记载"章献太后建资圣浮图，内侍张怀信挟诏命，督役严峻"④；《司马池传》记载"内侍皇甫继明给事章献太后阁……继明方用事，自制置使以下皆欲附会为奏"⑤；《范讽传》记载"尚御药张怀德至观斋祠，讽颇要结之，怀德荐于章献太后，遂召还"⑥；《宦者传》记载："章献后听政，(任)守忠与都知江德明等交通请谒，权宠过盛。"⑦又比如外戚专横，《王疇传》记载："时龙图阁待制马季良方用事，建言京师贾人常以贱价居茶盐交引，请官置务收市之。季良挟章献姻，众莫敢迕其意。"⑧《高觌传》记载："王蒙正恃章献太后亲，多占田嘉州，诏勿收赋。"⑨

---

① 《宋史》卷二百九十《曹利用传》。
② 《宋史》卷三百一十一《章得象传》。
③ 《宋史》卷三百三十六《司马光传》。
④ 《宋史》卷二百八十五《刘沆传》。
⑤ 《宋史》卷二百九十八《司马池传》。
⑥ 《宋史》卷三百四《范讽传》。
⑦ 《宋史》卷四百六十八《宦者传》。
⑧ 《宋史》卷二百九十一《王疇传》。
⑨ 《宋史》卷三百一《高觌传》。

然而，宦官外戚的专权，在士大夫政治的背景下，遭遇了从上到下的全面抵制。这些抵制，或间接，或直接，指向都是刘太后。比如，前面提到的内侍张怀信，就被刘沆弹劾罢免。

《宋史·蔡齐传》记载："钱惟演守河阳，请曲赐镇兵钱，章献太后将许之。齐曰：'上新即位，惟演外戚，请偏赏以示私恩，不可许。'遂劾奏惟演。"①这里，蔡齐直指刘太后。前面提到的王蒙正，《宋史·程琳传》记载，其子打死人，刘太后为之辩护，被知开封府程琳驳斥得"嘿然"，即哑口无声，终被治罪。②

《宋史·丁度传》记载丁度"尝献王凤论于章献太后，以戒外戚"③。

《宋史·王彬传》记载"部吏马崇正倚章献太后姻家，豪横不法，彬发其奸赃，下吏"④。

《宋史·章得象传》记载"太后每遣内侍至学士院，得象必正色待之，或不交一言"⑤。

《宋史·范仲淹传》也记载当时范仲淹上疏批评刘太后说："恩倖多以内降除官，非太平之政。"⑥

《宋史·孔道辅传》也记载范仲淹后来的政治盟友孔道辅在"章献太后临朝，召为左正言。受命日，论奏枢密使曹利用、尚御药罗崇勋窃弄威柄，宜早斥去，以清朝廷。立对移刻，太后可其言，乃退"⑦。

《宋史·陈希亮传》记载陈希亮"初为大理评事、知长沙县。

---

① 《宋史》卷二百八十六《蔡齐传》。
② 参见《宋史》卷二百八十八《程琳传》。
③ 《宋史》卷二百九十二《丁度传》。
④ 《宋史》卷三百四《王彬传》。
⑤ 《宋史》卷三百一十一《章得象传》。
⑥ 《宋史》卷三百一十四《范仲淹传》。
⑦ 《宋史》卷二百九十七《孔道辅传》。

有僧海印国师，出入章献皇后家，与诸贵人交通，恃势据民地，人莫敢正视，希亮捕治置诸法，一县大耸"①。

不仅是士大夫抵制以刘太后为靠山的宦官外戚，受士大夫普遍抵制的风气影响，武人出身的也常有抵制行动。《宋史·王德用传》记载："章献太后临朝，有求内降补军吏者，德用曰：'补吏，军政也，不可与。'太后固欲与之，卒不奉诏，乃止。"②在前面引述《宋史·曹利用传》"章献太后临朝，中人与贵戚稍能轩轾为祸福"之后，还有记载："利用以勋旧自居，不恤也。凡内降恩，力持不予。左右多怨，太后亦严惮利用，称曰'侍中'而不名。"

除了对倚仗刘皇后的宦官外戚的专横进行抵制，对刘皇后本人，士大夫也多不顾虑她不快，敢于犯颜上言。比如对她与丁谓一起迫害的寇准，在刘皇后临朝之初，便有人要求予以平反。《宋史·贾同传》记载贾同上言："寇准忠规亮节，疾恶摈邪。自其贬黜，天下之人弗见其罪，宜还之内地，以明忠邪善恶之分。"《宋史》接着叙述道："时章献太后临朝，而同言如此，人以为难。"③

这一切，形成一种合力，都对刘太后以及宦官外戚造成压力与牵制，使他们不能过于气焰嚣张。不过，群臣士大夫所抵制的，只是刘太后及其随从者明显有违士大夫理念和损害王朝长远利益的行为，对于与这些关涉不大的人事任免以及正常政务，群臣士大夫并不是一概加以抵制。这也在一定程度上，让刘太后体会到权力带来的愉悦。这种体会愈久愈深，便愈不愿放弃权力。本来皇太后临朝，在士大夫看来，不过是君主制政体下的

---

① 《宋史》卷二百九十八《陈希亮传》。
② 《宋史》卷二百七十八《王德用传》。
③ 《宋史》卷四百三十二《贾同传》。

一种不得已的权宜之计。因此,随着少年仁宗的年龄增长,让刘太后还政于仁宗的呼声越来越高。而刘太后对此极为反感,予以了坚决的压制。

《宋史·滕宗谅传》载:"时章献太后犹临朝,宗谅言国家以火德王天下,火失其性,由政失其本,因请太后还政。"①天人感应,神道设教,从来都是群臣士大夫对抗皇权的一把利刃。《宋史·范仲淹传》也记载滕宗谅的好友范仲淹"上疏请太后还政,不报"。因此范仲淹被左迁,通判河中府。《宋史·刘涣传》载:"天圣中,章献太后临朝久,涣谓天子年加长,上书请还政。后震怒,将黥隶白州,吕夷简、薛奎力谏得免。"②《宋史·石延年传》也记载石延年"上书章献太后,请还政天子"③。在《宋史·孙祖德传》中也有"章献太后春秋高,疾加剧,祖德请还政"④的记载。

不过,刘太后固执地拒绝还政给仁宗,除了贪恋权力之外,还有另外的理由,这是刘太后自己的解释。《宋史·李遵勖传》记录了刘太后与外戚李遵勖的对话:"天圣间,章献太后屏左右问曰:'人有何言?'遵勖不答。太后固问之,遵勖曰:'臣无他闻,但人言天子既冠,太后宜以时还政。太后曰:'我非恋此,但帝少,内侍多,恐未能制之也。'"⑤刘太后所言有几分实情。从前面所述可以看出,她临朝称制,为了贯彻自己的旨意,加上部分私情,重用和纵容不少外戚与宦官。宦官势力在刘太后临朝时的确较以前有很大的增长。养虎往往为患,图一时方便,却成为日后的担心。

---

① 《宋史》卷三百三《滕宗谅传》。
② 《宋史》卷三百二十四《刘涣传》。
③ 《宋史》卷四百四十二《石延年传》。
④ 《宋史》卷二百九十九《孙祖德传》。
⑤ 《宋史》卷四百六十四《李遵勖传》。

刘太后是宋代第一位临朝称制的皇太后。因此,于她于群臣,相去不远的唐代的武则天,便成为一个最近的参照系。对于刘太后来说,最高权力的执掌,必然让她野心膨胀,内心里时时浮现出那曾经的唯一的女皇。而这也成为士大夫的一块心病,时时防微杜渐,防止武则天在宋朝重现。在《宋史·鲁宗道传》中,有这样的记载:"章献太后临朝,问宗道曰:'唐武后何如主?'对曰:'唐之罪人也,几危社稷。'后默然。"①刘太后试探地发问,显得有几分心虚。鲁宗道果决地回答,痛贬武则天。"后默然"三个字,是对听到鲁宗道激烈反应后刘太后的逼真描述。鲁宗道性格耿直,被人称作"鱼头参政"。他的回答,让刘太后清楚地意识到,通向武则天的路途是何等的遥远。

士大夫政治的表述,容易让人们产生一种误解。就是说会被看成为正面意义的表述。其实,无论德政还是恶政,只要是士大夫主宰的政治,都可以称之为士大夫政治。并且,士大夫阶层亦并非铁板一块。固然有多数秉持儒学理念以天下为己任的高尚士大夫,也有为数不少贪权营私的无耻士大夫。在刘太后临朝时期,前面提到的主张治罪刘太后姻亲的程琳,居然向刘太后献上了《武后临朝图》。对于程琳的这种行为,《宋史·程琳传》在两处分别记载说"人以此薄之""君子鄙之",可见士大夫舆论之一斑。

《宋史·后妃传》记载小臣方仲弓上书请依武后故事立刘氏庙。这实在是让梦想成为宋朝武则天的刘太后高兴的举动。但面对强大的士大夫势力,她只好将提案交给执政大臣讨论。这件事在《宋史·鲁宗道传》中也有记载。在其他人态度暧昧的情

---

① 《宋史》卷二百八十六《鲁宗道传》。

况下,又是鲁宗道断然反问道:"若立刘氏七庙,如嗣君何?"听到如此发问,刘太后只有断念,并且故作姿态进行了一番表演:"后掷其书于地曰:'吾不作此负祖宗事!'"

除了这样明显的事情,士大夫群立场坚定地反对,就是在其他一些具有象征性的礼仪上,士大夫们也旗帜鲜明地防微杜渐。比如,天圣七年(1029年),已经临朝了八年的刘太后,想在冬至那天让仁宗率群臣为她上寿。《宋史·范仲淹传》记载了范仲淹的激烈反对:"奉亲于内,自有家人礼,顾与百官同列,南面而朝之,不可为后世法。"意思是说,在宫中,你和仁宗怎么行礼,那是你们家里的事,但在朝堂之上,让天子降等向你朝拜,那会有失体统,开了极坏的先例。

寇准写过一句诗:"趋时事已非。"①刘太后生不逢时,具有武则天的能力,拥有武则天的权势,但生活在士大夫阶层空前崛起,成为政治舞台主宰的时代,便注定她无法成为武则天。

(四)未可厚非吕夷简

我曾在一篇文章中写道:"历史的一面是丰碑,另一面又是耻辱柱。作为历史人物,最倒霉的莫过于成为正面人物的对立面。一旦如此,便被钉上了耻辱柱,万劫不复,难以翻身。而后世的历史家们所喜欢做的,又往往是锦上添花,或是雪上加霜。结果是,崇高的愈加崇高,丑恶的愈加丑恶。"②吕夷简其人,由于在仁宗朝与名臣范仲淹的恩怨纠葛,便很不幸地成为日后作为士大夫精神楷模的范仲淹的对立面。尽管他还没有被视为奸臣佞

---

① 《寇忠愍公诗集》卷中《和赵渎监丞赠隐士》。
② 拙文:《佞臣如何左右皇权:以北宋王钦若为例》,《中国文化研究所学报》,第48期,2008年。

臣,但至少被看作是一个不大不小的权臣,并且还老奸巨猾。

这样看吕夷简,实在有些偏颇。长期以来,人们习惯用感情来体味历史,而不是用理性来思考历史。用感情来体味,便会阻断对传统评价的理性分析。而学者的人云亦云般的跟古人学舌,又会误导今人和后人对历史的准确认识。前面提到过,在真宗去世后担任权知开封府的吕夷简,在粉碎丁谓集团的战役中担任了侧翼进攻的角色。丁谓当时尽管已与临朝的刘太后在结盟方面出现裂痕,相比较寇准、李迪,还处于同一战壕。打垮丁谓集团,是以擅自移动真宗山陵这样同样是神道设教的迷信理由,作为丈夫并且是权力根源的真宗,刘太后无法拒绝在群情激愤的形势下王曾和吕夷简提出的这种理由,尚且当时她与丁谓已有龃龉,也乐得借此除掉。不过,除掉丁谓,从政治策略上看,刘太后势力无异于断掉一臂。从此,朝廷政治重归正轨,刘太后尽管名义上掌控朝政,但已处于士大夫政治的全面制约之下。从这个意义上说,在粉碎丁谓集团的战役上,吕夷简其功居伟。

乾兴元年(1022年),粉碎丁谓集团之后,权知开封府的吕夷简进入执政集团,担任了参知政事。七年后的天圣七年(1029年),吕夷简升任宰相,直至明道二年(1033年)刘太后去世。此后,不过半年,又重新担任宰相到景祐四年(1037年),四年后的康定元年(1040年),又被再度起用任相,一直到四年后庆历三年(1043年)致仕退休。断断续续担任宰相的世间长达十余年。①

我以为除了粉碎丁谓集团,吕夷简主要功绩应当是在刘太后临朝时期。诚如《宋史·吕夷简传》所评价的那样:"自仁宗初立,太后临朝十余年,天下晏然,夷简之力为多。"②李焘的《长编》也

---

① 参见《宋史》卷二百一十一《宰辅表》。
② 《宋史》卷三百一十一《吕夷简传》。

载有这段话,想必是同出宋朝国史。不过,《长编》在"太后临朝十余年"与"天下晏然"两句之间,有"内外无间"一句。①《宋史》本传脱落的这四个字十分重要。这主要是指仁宗与刘太后之间的关系。

《宋史》的《仁宗纪》记载仁宗出生后,"章献皇后无子,取为己子养之"。《后妃传·李宸妃传》也记载说:"初,仁宗在襁褓,章献以为己子,使杨淑妃保视之。"在这里,我们又看到了"狸猫换太子"传说的影子。幼年的仁宗作为真宗唯一存活的子嗣,尽管生而不知其母,但也一直生活在无忧无虑之中,《长编》记载他称呼刘皇后为"大娘娘",杨淑妃为"小娘娘"②,让人感觉不到他的可怜。这种状况一直到仁宗即位后还持续着。可怜的是仁宗的生母这一普通的宫女,在自己的亲生儿子成为皇帝后,依然如《李宸妃传》所云"妃嘿处先朝嫔妃御中,未尝自异"。"未尝自异",实际上是不敢声张。而"人畏太后,亦无敢言者"。所以,"终太后世,仁宗不自知为妃所出也"。

就这样,在明道元年(1032 年),四十六岁的李氏默默地死去了。尽管在去世前李氏的地位略有提高,"进位宸妃",但刘太后依然打算把李氏按宫人草草发送了。这时,知道内情的宰相吕夷简出面了。他启奏刘太后,希望厚葬李氏。吕夷简说这番话的时候,刘太后和已经二十二岁的仁宗都在场。《李宸妃传》载:

> 初,章献太后欲以宫人礼治丧于外,丞相吕夷简奏礼宜从厚。太后遽引帝起,有顷,独坐帘下,召夷简问曰:"一宫人死,相公云云,何欤?"夷简曰:"臣侍罪宰相,事无内外,无

---

① 参见《续资治通鉴长编》卷一百五十二"庆历四年九月戊辰"条。
② 参见《续资治通鉴长编》卷八十二"大中祥符七年三月丁未"条。

不当预。"太后怒曰:"相公欲离间吾母子耶!"夷简从容对曰:"陛下不以刘氏为念,臣不敢言;尚念刘氏,则丧礼宜从厚。"太后悟,遽曰:"宫人,李宸妃也,且奈何?"夷简乃请治丧用一品礼,殡洪福院。夷简又谓入内都知罗崇勋曰:"宸妃当以后服殓,用水银实棺,异时勿谓夷简未尝道及。"崇勋如其言。

从这段很生动的记事,可以看出很多问题。压根没想告诉仁宗李氏是其生母的刘太后,看到吕夷简讲这些话,吓得要命,忙把仁宗引开,单独同吕夷简谈话。开始她还想打马虎眼,问道,一个宫女死了,值得你宰相这么操心吗?吕夷简说,我是宰相,宫内宫外的事情我都要管。确认吕夷简已知实情的刘太后发怒道,你是不是要离间我们母子?吕夷简说,你要是不考虑你自己,那我什么话说都不说,如果考虑,那就要厚葬。这句话等于是提醒了刘太后,让她知道,纸包不住火,早晚仁宗会知道真相的,你不厚葬,到那时你就难办了。

尽管刘太后领悟了吕夷简的意思,但又出现了一个技术性的难题,就是李氏的地位很低,厚葬也不自然。后来还是吕夷简出了主意,以一品的礼节,葬在洪福院。埋葬时,吕夷简又个别嘱托内侍罗崇勋以皇后服入殓,并且用水银实棺。最后,吕夷简还威胁罗崇勋,你若不照办,将来你别说我没告诉你。罗崇勋按吕夷简所说的做了,以后,避免了朝廷的一次大的动荡。

第二年的明道二年,六十五岁的刘太后也离开了人世。据《宋史·后妃传》记载,在刘太后病重时,一直以为刘太后是自己生母的仁宗,又是大赦,又是召集天下名医入京,又是召回被刘太后流放之人,死者也恢复名誉。总之都是为刘太后祈福。在刘太后死后,仁宗的叔叔,"狸猫换太子"传说中出现的"八大王"元俨才将真相告诉仁宗说:"陛下乃李宸妃所生,妃死以非命。"《宋史·后妃传》记载,得知真相的仁宗,"仁宗号恸顿毁,不视朝累日,下哀痛之诏自责",简直是悲痛欲绝,愤怒欲绝。仁宗"尊宸妃为皇太后,谥庄懿",还亲赴洪福院祭奠。

在更换棺木时,仁宗一定是想看看完全没有印象的自己生母的面容。看到之后,棺内的状况让哭泣着的仁宗安静了下来:"妃玉色如生,冠服如皇太后,以水银养之,故不坏。"见到生母的面容冠服,对刘太后的愤怒开始减弱。仁宗慨叹道:"人言其可信哉!"从而"遇刘氏加厚"。

试想一下,如果没有吕夷简的劝说和布置,当仁宗得知真相后,朝廷的肯定会有一次极大的动荡。由此应当感谢吕夷简的远见。《宋史·吕夷简传》的最后,这样评价吕夷简:"夷简当国柄最久,虽数为言者所诋,帝眷倚不衰。然所斥士旋复收用,亦不终废。其于天下事,屈伸舒卷,动有操术。后配食仁宗庙,为世名相。"这是宋朝国史的评价,与后来在政界和文坛掌握了主流话语权的政敌富弼、欧阳修的评价截然不同。我以为这个评价,当得其实,夷简无愧。如若不信,那么《宋史·吕夷简传》记载的王旦对吕夷简的印象应当可以信赖:"王旦奇夷简,谓王曾曰:君其善交之。"真宗朝的宰相王旦,看不到也想不到后来仁宗朝的政争,他的印象不会有偏见。

五、结语:荒诞与真实之间

如果简单地说"狸猫换太子"真实,会立刻遭到专家的非议,我也没有资格作为宋史学者在学界立足。不过，我一向以为，空穴来风必是因为有穴，捕风捉影也是由于有影。学者应当比一般非专业的人更能够洞察到荒唐无稽背后的真实。我给学生讲通史，说大禹治水时化为一头熊而不是别的动物的原因，是因为熊是黄帝一族的图腾。一个女人吞下燕子蛋而生下殷商始祖契的神话背后，反映的是当时殷商正处于母系氏族时期，知其母而不知其父。而另一个女人因踩上巨人脚印而生下周人始祖弃后来又多次抛弃的神话，则反映的是当时周族正处于母系氏族向父系氏族过渡时期。那么，在"狸猫换太子"传说的背后，反映的又是什么样的真实呢？

有人说，史书记载的事情是真的，但事实是假的，而小说述说的事情是假的，但事实是真的。这句话颇有辩证意味。尽管不能一概而论，但出于载笔者的立场和考量，史书所记载的东西有些会与事实拉开差距。小说虚构的只是具体情节事件，而所小说家心目中的时代则不是虚构的，至少反映的是小说家的历史认识。这句话适用于对"狸猫换太子"传说的分析。撇去表面荒唐无稽的浮沫，洞察到的将是一个时代历史的大真实。

此后的北宋与南宋，在非常时期，又有过几次皇太后或太皇太后的临朝，刘太后临朝时期，在士大夫规制下的种种言行，都成为祖宗法，成为效法和遵守的规范。在那些时期的诏书中，我们常能看到"如章献太后故事""依章献明肃皇后故事"的字样。

真宗在位二十六年，刘太后临朝十二年，初期的士大夫政治经历了正常时期，经历了非正常时期。其间还伴随着党争的风起云涌，惊涛骇浪。这可以称得上是一种全经历，短短几十年的初期士大夫政治便把此后几百年的政治梗概全面演习了一遍。于是,宋代的真宗时代与后真宗时代,便成为此后历史的故事与先例。那一时代仅仅一两代人士大夫的短期作为,引导了此后的长时段的历史走向。这一切,都是"狸猫换太子"传说背后所潜藏的真实。

编后记

"思勉人文讲座"迄今已有500余场,我们将按主题进行分类选编,出版"思勉人文讲演录"系列丛书。史思统一,即历史考察和理论阐释的统一,是我们选编本丛书的基本原则。

本书聚焦当代史学前沿,是丛书的第一辑。围绕"中国叙事与世界历史"的主题,所选讲演或注重历史行程的宏观透视,或注重历史细节的具体考察,贯穿其间的是对中国和人类命运的思考。

2007年11月,"思勉人文讲座"由思勉人文高等研究院研究员王家范教授开讲,主题为"'新史学'旨趣实践会通第一人——纪念吕思勉先生逝世50周年"。如今家范老师已离我们而去。本书以此讲演开篇,纪念家范老师。

本书得到了"2019年华东师范大学文化建设项目"的资助,特此鸣谢!在项目实施过程中,思勉人文高等研究院副院长方笑一教授、办公室主任于明静老师、思勉人文图书馆副馆长殷莹老师做了大量工作,责编万骏先生为此书出版劳心劳力,在此谨致谢忱!

编 者

2020年10月